未発選書
30

「大東亜」の読書編成

思想戦と日本語書物の流通

Reformering the Systems of Reading for the Greater East Asia

Thought War and Book Distribution

和田敦彦──著

ひつじ書房

目次

第三部　流通への遠い道のり……223

「大東亜」の読書編成

――思想戦と日本語書物の流通

序章　〈日本〉を発信する

はじめに

本書での方法は基本的にはシンプルなものであり、書物が国境を越え、時を超えて広がり、遺されていったその過程をとらえていくというものである。一言でいえば、書物の読者への広がりをとらえるということになるだろう。より一般化すれば、情報や知の広がりをとらえるアプローチである。書物の広がりをとらえるという方法を通して国内の文化統制を、あるいは海外への文化工作を、さらにはその両者の連続性を解明していく。本書で対象とする第二次世界大戦期には、日本の歴史や文化の価値を海外に知らせ、さらには日本の言語・文化をアジアにおし広げていこうようとする活動が活発化していく。こうした海外に向けた日本文化の発信には、海外に送り出すべき価値あるものとして、国内において日本の歴史や文化を価値づけ、国民に浸透させていく活動が不可欠ともなる。では、こうした国内への文化統制や、海外にむけた日本情報の発信をとらえるうえで、この書物の広がりを問うというアプローチがなぜ有効なのだろうか。

それは、こうした思想戦や文化工作を、単に書物（コンテンツ）やその送り手の水準のみではなく、それらコンテンツを配布し、広げる組織や仕組みの水準で、そして、それを現地で教え、訳し、紹介する水準でとらえることができるからである。書物の内容を研究しても、それがどれだけ広がったのか、そしてどこで誰に作用していったのかを問うことはできない。戦時期の思想戦や文化工作についての研究でも、この具体的な広がりや実践を問うということが、これまで十分なされてきていないのである。

書物の国内、そして国外への広がりをとらえることのもう一つの有効性は、国内に向けた学知や文化の統制と、対外的な文化工作との連続性を明かしてくれるということである。日本国内において日本の言語や文化を価値づけ、浸透させていくことと、海外に向けてその価値を発信していくということとは、いずれも日本の価値を教え、広げていく営為であり、両者の方法や人、組織が戦時期において重なり、あるいは密接に結びついていることを明かしてくれる。

むろん、日本の書物が海外に送り出されていくということは、日本文化を対外的に宣伝していく政策と直結しているわけではない。日中戦争の始まる直前、一九三六年の上海のデータでは、日本の出版物が中国国内で活発に販売され、流通している状況をうかがうことができる。売り捌きをほぼ独占していた内山書店が六万四〇〇〇冊の図書を上海や北京、南京等で販売しており、このうち七割近くが中国人読者への販売となっている（表1参照）[1]。では、誰がこのデータを作ったのだろうか。これらはここにあがっている書店の帳簿類を

表 1-1　上海における日本語書籍販売（1936 年度）

	総売上		中国人購買数	
部類	冊数	金額（円）	冊数	金額（円）
医学	16,000	48,000	10,677	32,000
農業水産	10,080	25,200	6,720	16,800
哲学、宗教、社会、教育、政治、経済、法律、産業	12,600	31,500	8,400	21,000
工業、工学、理科、数学	7,800	23,400	5,200	15,600
日語学習及辞書	6,540	16,350	4,360	10,900
美術、音楽、娯楽	4,500	9,000	3,000	6,000
外国語、歴史、地理	3,525	7,050	2,350	4,700
文学、文芸	3,450	6,900	2,300	4,600
合計	64,495	167,400	43,007	111,600

表 1-2　上海における日本語雑誌販売（1936 年度）

書店別	冊数	金額（円）	日本人講読率（%）	中国人講読率（%）
内山書店雑誌部	178,500	102,000	60.0	40.0
至誠堂	178,540	102,856	90.0	10.0
日本堂	89,263	51,466	98.0	2.0
合計	446,303	256,322		

* 1937 年 6 月、7 月のデータをもとにした推計値

部類別	内山書店雑誌部（%）	至誠堂及日本堂（%）
娯楽雑誌	22.5	32.4
婦人雑誌	16.2	19.5
児童雑誌	12.9	14.8
文芸雑誌	6.0	4.6
政治社会雑誌	13.1	10.1
学術雑誌	14.9	8.6
農業雑誌	2.5	1.5
経済商業雑誌	8.6	6.0
語学雑誌	3.3	2.5
合計	100.0	100.0

もとに作られている。このデータは、日中戦争の開始にともなって、外務省の文化事業部が中国の主要都市の在外公館を通して行った調査をもとに一九三八年にまとめられたものである。

外務省文化事業部は、一九三七年に東方文化研究所に委嘱し、中国華北の文化機関の調査を進め、同年末には大部の『北支文化機関調査書』の形で調査はまとまる。[2] そしてこれらの調査をもとに華北に向けた文化工作案が形作られていくこととなる。[3] そして、これらの調査をもとに形作られていくのが、華北に向けた文化工作案である。この調査自体が、積極的に日本の書物を広げ、それを読む環境を中国に作り出していこうとする日本の対外文化工作の一部をなしているのである。

読書を調べる、ということ自体が、実はすでに文化工作の一部をなしている。本書では、読書を調べ、読者を見出し、そこに働きかけ、再編していく一連の技術を文化工作としてとらえていく。ではそれをどのような活動を通して、何をもとに具体的に明かしていけばよいのだろうか。

本書では、書物の読者への広がりを通して、それら書物を読者に教え、広げていく人々の具体的な活動、実践をとらえていく。書物を紹介し、あるいは、教え、訳し、広げる人々や組織に目を向けるのは、こうした役割がこれまでの研究で見落とされてきたからである。例えば文学研究を例にとれば、作家や作品の研究が主であり、それを広げる人々の活動に目が向けられない。しかし、書物は実際に広がらなければ意味をなさないし、そこにこれら人々の活動が大きく作用することは明らかであろう。

戦時期における読者に向けた統制や教化・宣伝は、これらの活動に支えられた仕組みであり、技術なのである。ここでは、戦時期における日本の文化外交政策や、国内における教育・文化への統制、さらにその両者の連続性を、その具体的な実践の広がりとして明かしていくこととなる。まとめるなら、知や情報を国内、さらには国外へと広げていく過程をとらえるのが本書の手法であり、戦時期の国内ではそれによって思想や学知の統制をとらえることができ、外地や占領地では文化工作をとらえることができる。また、両者の広がりの連続性も問うことができる。

出版、印刷、流通、教育などの技術によって組織化、システム化されるのが読書という行為であり、それゆえ、これら技術の変化によって読書はつくられ、あるいはつくりかえられる。戦時期はそれが意図的に、顕著にみられる時期でもある。このように読書へと働きかける仕組みと、読者との関係を書物の広がりを通じて描き出すのが本書のもくろみだが、それを一言であらわす適当な言葉がない。本文では一言であらわす必要はないが、タイトルでは数百字で説明するわけにもゆかないため、「読書編成」という言葉でこれを示しておくこととした。

まずこの章では、戦前の日本の文化外交の理論的な枠組みをとらえるとともに、対外文化事業を所管する行政組織の変化を概観しておきたい。特に、こうした海外に向けた文化政策の展開や制度が、どのように国内の文化統制と結びついていたのかに注意を向けながら論じていくこととしたい。そのうえで、書物の読者への広がりを問う各章が、そこにどういった光をあててくれるのかを概観しておくこととしよう。

1 文化外交論の〈日本〉志向　国際文化局のゆくえ

日本の海外文化事業としては、義和団事件の賠償金をもとにした中国での教育、学術事業が一九二三（大正一二）年から始められている。とはいえ、日本が、自国の歴史や文化を海外に発信し、また、海外の国々と学術、文化交流をはかっていくことに官民の関心が高まっていくのは、一九三〇年代である。

一九三三年、中国に向けた対支文化事業部のみではなく、欧米をも含めた大規模な国際文化事業を展開するために、国際文化局を開設していく建議が第六四回帝国議会で中村嘉寿らによってなされ、可決される。[4] 同年、日本は国際連盟を脱退するが、それはまた国際的な交流や結びつきを維持、発展させていく方策に関心が向けられていく契機ともなり、翌三四年の帝国議会では外相広田弘毅が各国文化の相互理解の重要性を述べ、政府による文化交流機関の設置にもふれることとなる。[5]

この時期に外務官僚らに構想されていた文化外交やそれを担う組織が、日本文化の研究や日本学、そしてその振興を重視していたこと、そしてその構想が、外務省の枠を越えた広がりをもって国内の日本文化・日本学の振興や、文化・教学の国内統制に結びついていくことにここでは注意しておきたい。

当時の外務官僚の文化外交論としてまとまったものでは柳沢健の論、そして元外務官僚であった三枝茂智の論がある。(6) この時期の文化外交論を検討した芝崎厚士は、当時の論が双方向的な交流というよりも、自国文化の紹介に関心が向いていたこと、またそうした事業に日本の「国内文化の再編や文化的総体としての国家・国民の強靭さを増す」効果があることを意識していたことを指摘している。(7) ただ、当時の文化外交論がもっていたいわば〈日本〉志向が、その後の国内文化の統制や再編にどう接続していくのかについての検討がなされてはいない。だが、後に述べるようにこの対外的な文化外交、文化工作の考え方は、日本の国内への文化統制と実際に結びつき合い、互いに強め合う形でその後展開していくこととなる。

三枝茂智の文化外交論は、冒頭の建議と同じ時期に執筆されたものだが、総説と海外の事例説明を除けば、その枢要な部分を占めているのは「日本学及び東洋学の提唱」である。(8) 柳沢健にしても日本の文化外交を論じるにあたってまず日本文化を論じる必要があるとし、日本を「東方文明の精」、「東方文明の唯一の代表者乃至集積国」として、「東洋学」を学ぶにはまず日本文化を学ぶ必要があることを強調する。つまり、海外に向けた文化交流には、まず発信するに値する日本文化自体の対外的な価値や意味を作り出していく活動が不可欠なのである。

先の外務省の国際文化局構想は同年（一九三三年）に事業費一八〇万円の予算計上を行うが、大蔵省の査定で二〇万円に削減される。文化交流事業を進める組織として、この二〇万円の補助金と民間の寄付金によって財団法人国際文化振興会が翌一九三四年に設立される。ここで指摘したいのは、そもそも最初に国際文化局が構想されていた段階で、日本研究や日本学振興に力点が置かれていた点である。この国際文化局構想については外務省文化事業部の作成した五五頁に及ぶ設置理由説明書が遺されている[9]。

その冒頭で記されるのはやはり「東方諸国ノ多種多彩ナル思潮」を取り入れ、融合した輝かしい「我国ノ精神文化」であり、内外に発信すべき「本邦固有思想ノ精華」である。中国に対する対支文化事業とは財源や目的を明確に分けており、その目的を「我日本文化ノ対外拡布発揚」におく[10]。その構想や事業費をまとめると次の表のようになる（表2）。

これまでは、大蔵省査定で大幅に予算が削減されたため、海外文化交流事業が「已むなく」民間の事業に活路を求め、国際文化振興会が設立されたと説明されてきた[11]。しかし、この理由書からは、当初から外務省のみならず民間からの醵金や民間の財団設置によって国際文化事業を計画していたことが分かる。そしてその財団の名称は「日本国際文化協会」（The Culture Center of Japan）であった。直訳すれば日本文化センターである。前述のように、その構想は

表2　国際文化局予算案

費目	細目	額（円）	補足
日本文化講座費		80,000	米4講座、欧4講座、アジア2講座
日本語研究費		80,000	米3、欧3、アジア4の割合
本邦学者等海外派遣費		70,000	米3万円、欧2万円、アジア2万円
教授及学生交換費	教授交換	50,000	米2名、欧2名、アジア1名
	学生交換	150,000	米15名、欧10名、アジア25名
刊行物の出版	出版	70,000	
	寄贈	50,000	
在外邦人啓発施設費		200,000	
新設財団法人補助費	研究、著述、翻訳及び出版費	150,000	
	内外知名人士派遣招請費	100,000	
	日本文化海外紹介事業費	150,000	
国内文化団体補助費		50,000	日仏会館、日独文化協会に英米文化団体を追加
在外国際文化団体補助費		200,000	米5万円、英4万円、仏4万円、独3万円、その他4万円
本邦芸術紹介費	展覧会	100,000	
	音楽、演劇等	70,000	
	映画事業	80,000	
国際体育並国技の海外進出奨励		50,000	

＊「国際文化局設置理由説明書」をもとに作成

国際文化振興会として形をとっていくが、一方でこの構想と、数年後に生まれる日本文化協会や、日本文化中央連盟といった国内で日本文化振興をはかる組織に、名称以上の共通性があることにも注意しておかねばなるまい。

この時期の対外文化事業構想は、日本文化の研究・振興への強い指向性をもっている。となればその事業は外務省の枠内に収まるはずはない。文部省では思想対策として日本文化や日本精神の発揚をはかる事業が進められている時期である。国際文化局設置の動きが出てくる一九三三年、三四年、文部省はその予算案を思想対策費に集中し、国民精神文化研究所の拡充や思想局の設置を含めた二四〇万円規模の予算を計上することとなる[12]。三四年に設置された思想局は「我ガ国固有文化ノ発揚[13]」をその目的に掲げてもいく。思想局は日本文化や日本精神についての刊行物やそれを講じている大学の授業、担当者情報まで集約、発信していくが、それは海外に日本文化を発信していく際に有用なリソースとしても活用できるものでもある。

この一九三四年、文部省の主導で、内務官僚や国民精神文化研究所員らを加え、官民にわたる機関として誕生するのが前述の日本文化協会であり、「我が国独自の精神・文化」を研究し、国民に浸透させていくことを目的として機関雑誌『日本文化』や『日本文化時報』を刊行していくこととなる[14]。外務省からは柳沢健が招かれて日本文化の国際的な振興について講演してもいる[15]。また、日本文化協会が早くから冊子『近代戦と思想宣伝戦』を刊行してその啓蒙につとめていることも注意しておいてよいだろう[16]。

こうした日本の精神文化の振興をはかり、国内の諸団体を支援し海外へと意識的に情報発信していく機関として、その前年に設立された日本文化連盟がある。「対外的なると同時に対内的なる日本精神運動」を設立の趣意としており、「国際的文化事業に携わる」ことを明確に意識している[17]。それを構想し、設立していくのが当時内務省警保局局長に在職中の松本学(まつもとがく)である。松本学はまた、さきほどの日本文化協会の設立にも参加することとなる。

この日本文化連盟は、一九三七年に財団法人日本文化中央連盟となり、日本文化史編纂、日本文化展覧会、日本文化大観編纂といった大規模な事業を展開していく。連盟の理事は対支文化事業の要職を経てきた出淵勝次や、同じく同事業部長で国際文化振興会の設立にも関わっていく岡部長景、樺山愛輔のほか、情報局や文部省教学局の役職者がつとめることとなる。そしてこの機関は国内部とは別に国際部をもち、政府の補助金を得て「日本文化ヲ海外ニ宣揚スル」事業として、外国語による季刊雑誌『カルチュラル・ニッポン』の刊行や海外への文化使節派遣を行っていくこととなる[18]。

つまり、日本における文化外交政策が具体的な形をとっていく過程は、外務省の国際文化局構想から国際文化振興会設立という系譜のみでとらえるべきではなく、海外を意識した日本文化の研究・振興を国内で統制し、組織化する事業へと結びついていくこと、そしてこれら組織を通して、海外に送り出すべき日本文化、日本精神の具体的なコンテンツや、それを教え、伝える人材が生み出され、かつ実際に送り出されていくことが重要なのである。海外に向けた文化外交と、国内の文化統制とは連続した営為である。

警保局長であった松本学は一九三四年にはアカデミー・フランセーズのような政府による芸術振興機関を構想し、文壇に働きかけて文芸懇話会を作っていくこととなる。[19] 文芸院の構想に対しては、言論・思想統制として当時から批判、警戒する論も多く見られる。[20] 注意したいのは、この構想が「日本精神の作興に貢献」する作品評価を志向していた点である。[21] 松本はこの年に警保局を辞し、貴族院議員に勅撰され、先述の日本文化連盟の中心になって活動を展開していく。松本学の声がけで一九三七年には佐藤春夫、中河与一、林房雄や保田與重郎らの作家が参加する「新日本文学の会」が発足することとなる。参加した中河与一は、会に参加した武者小路実篤の言を引きつつ「日本をよくしようとする」各自の思いによるものとしつつも、一方で「むしろ今こそ日本文化といふものを世界に向つて顕彰し、理解せしめねばならない」と述べている。[22] 日本文化や日本精神を具体化していく表現への志向は、その海外発信と密接に結びあっているのである。

この時期、松本学は国家と個人とが融合、一体化する「邦人一如」という思想を掲げて活動を展開していくが、その活動は国内の文化統制とその海外への文化工作が相互に結びあい、伸張し合う動きをとらえるうえで重要といえよう。松本学については、これまでは主に国内の検閲、思想統制の側面に関心が向けられ、文化外交論の流れの中では「異色」として傍系的にしか扱われてきていない[23]。それは、国際的な文化外交や文化工作と、国内の文化や学知の統制とを切り離してとらえているからである。ただ、それでは両者の結びつきや、その双方向的な連携、展開が見えてこない。

また、ここでとりあげた「国際文化局設置理由説明書」は文化外交の歴史についての研究ではこれまで看過されてきた資料でもある。外務省資料として遺されてはおらず、内務省の出版検閲や国内文化の振興に関わった松本学の関係文書中に保存されてきたからかと思われる。内への統制と、外への宣伝の両者を結びつけることで、既存の資料に新たな光をあてることが可能ともなる。

書物の広がりをとらえ、それらを読者に教え、広げる過程に着目する本書の各章は、この対外的な文化工作と、国内の文化統制との連続性を具体的に明らかにしていくこととなろう。日本を海外へと発信する、その思想戦のいわば弾薬の生産、供給ラインが国内の文化統制である。それはまた文化外交を、遠く離れた地へと書物を運び、もたらす実践として描き出すこととなる。

2　内への統制、外への宣伝

一九三七年の盧溝橋事件から日中戦争が拡大していく過程で、日本の文化外交は対外的な思想戦、宣伝戦の中に位置づけられ、展開していくことになるが、その展開はまた国内における教育・文化の統制策と深く関係し合っている。対外的な情報宣伝と国内への情報統制の施策を、陸海軍を含め各省庁にまたがって扱うこととなるのが、一九三六年に生まれる情報委員会である。情報委員会は同年、特に中国での日本の行動を対外的に宣伝していくための「対外宣伝方策」を具体化するとともに、日本国内に向けて「国体ニ対スル観念」を徹底させ、「日本精神ヲ昂揚」していく「国民教化宣伝方策」を作成し、対外・対内両方面の宣伝施策を展開していくこととなる。[24]

日中戦争が拡大していくなか、情報委員会は思想戦講習会、展覧会の事業を進め、思想戦の研究や啓発活動に取り組むこととなる。[25] 思想戦概念の普及は、戦争報道や防諜といった問題のみならず、より長期的な各国の文化外交、文化工作についての認識を官民に普及していくものともなった。日中戦争に対する文化工作の必要性は新聞や雑誌でも当時数多く取り上げられており、外務省はそれら意見のとりまとめも行っている。[26] 外務省では、蝋山政道が、日中戦争を日本と諸外国とのイデオロギーの対立と位置づけ「東洋学者、文化科学者、哲学思想家の総動員」を唱えていることに強い関心を向けてもいた。[27]

情報委員会は翌年に内閣情報部、一九四〇年に情報局となり、文化工作を含んだ各国への情報宣伝の方針を「大東亜戦争ニ対スル情報宣伝大綱」として打ち出していくこととなる。[28] 欧米や東南アジアに対する対外文化事業はこの情報局の事業となり、外務省文化事業部は無くなることとなる。一方、中国における外務省文化事業部の活動の多くは一九三八年に興亜院に移され、興亜院は陸海軍との密接な連携のもと中国各地で広範な調査事業を展開し、また文部省とともに日本語教育の普及にも力を入れていく[29]。

そして一九四〇年には外交方針として「大東亜共栄圏」構想が公表され、文化外交、文化工作は、「大東亜共栄圏」という新たな文化圏構想のもとで展開していく[30]。この年九月には日本のフランス領インドシナ（仏印）進駐が始まり、日米開戦を経て一九四一年一二月に日本軍はマレー半島に上陸、翌年にクアラルンプール、シンガポールを占領、さらに同一九四二年にはジャワ島に上陸、占領し、ビルマの全域を制圧する一方、フィリピンも占領下に置いていく。これら進駐、占領地の急速な拡大は、大東亜共栄圏構想を実践、具体化していく文化工作の場を作り出していくこととなる。

一九四二年二月、内閣総理大臣のもとに諮問機関として生まれた大東亜建設審議会の答申が「大東亜建設基本方策」の形でまとまり、「大東亜文化」の創造が掲げられることとなる。「日本語」、「大和民族」を基本としつつも、単に日本文化の複製、移植ではなく「大東亜」というわば新たなパッケージの文化工作の実践が求められていく[31]。東南アジア諸国を対象に、それを具体的に実践していく文化工作の構想として、陸軍の高嶋辰彦が一九四三年に作成した「宣伝戦根本方策大綱」がある[32]。

そこでは、日本文化会館を東南アジア各地におき、それらを拠点とした文化工作が構想されている。日本語教育や日本語図書館、民族博物館といった社会教育機関と通信社、新聞社といったメディアを結びつけた文化工作の拠点を作り上げていく方法であり、占領地ではフィリピンのマニラに設置された日本文化会館をそのモデルとしている。この大綱では、フィリピンと同様の日本文化会館を、占領地のジャワ、セレベス、インドに設立していく方針が構想されている。[33]

このマニラ日本文化会館は陸軍第一四軍のもとで一九四三年に設置される。そこで館長として対外文化工作にあたるのは国民精神文化研究所の吉田三郎である。[34]吉田はその著書『思想戦』で、国際間の思想戦を国内の思想戦、すなわち「教学刷新、国体明徴の実現」と明確に結びつけており、ここでもまた国内への思想統制が文化外交に結びついていることがうかがえよう。[35]

もしもこれら日本文化会館の当時の蔵書やその活動がうかがえる資料が遺っていれば、日本が各地で展開した具体的な文化工作が見えてくるのではないだろうか。そこには日本の歴史や文化を学ぶための書物や情報が備えられているだろう。そしてそこからは、当時発信された日本の情報が、どのような形で各地に届き、形をなしていたのかも見えてくるだろう。そしてそこで日本語を教え、日本文化を紹介していた人々の活動も見えてこよう。

書物の現地への広がりから文化工作をとらえる本書のアプローチでは、実際に海外に遺された日本文化会館の蔵書をもとに、これらの問題を明かしていくこととなる。海外に遺された戦時期の日本語資料は、本書のアプローチにとって貴重な手がかりとなる。詳しくは各章で扱うこととなるが、この日本文化会館の遺された蔵書についてここでもう少しふれておこう。

3 日本文化会館蔵書と文化工作

今日、海外で確認できる日本文化会館の蔵書は、二箇所のみである。ニューヨークの日本文化会館の蔵書と、ベトナムのハノイ日本文化会館の蔵書である。一九三四年に国際文化振興会が生まれていく点についてはすでにふれたが、この国際文化振興会の出先機関のような形で一九三七年にニューヨークに日本文化会館が設置され、日本文化の発信、普及活動を担っていく。このニューヨーク日本文化会館の旧蔵書は現在、コロンビア大学が引き継いでおり、ハノイの日本文化会館の旧蔵書は、ベトナム社会科学院に引き継がれ、いずれも今日それらを確認することができる（図1）[36]。

ともに「日本文化会館」の蔵書印を押されたこれら二つの蔵書は、日本の書物を含め、日本についての知や情報の広がりをとらえる何よりの手がかりとなる。さらにはそこに作用していた文化政策や、実際にそこで日本文化を伝え、広げていこうと活動した人々の営みをもとらえることができよう。一九三七年にニューヨークに置かれた日本文化会館は、館長とな

図1　ハノイ日本文化会館の蔵書印
ベトナム社会科学院所蔵。ハノイは漢字で「河内」と表記される。

った前田多門のもと、米国議会図書館で日本語資料を担当していた坂西志保と連携し、米国各地の大学と広範なネットワークを形作っていく(37)。

本拠をおいたマンハッタンのロックフェラーセンターでは日本文化に関する講演会や展覧会を活発に開催し、またトラックを改造して日本関連の写真や図書を備えた移動図書館を作り、州をまたいだ活動を展開していった(38)。その活動の軌跡は、当時の日本についての書物やその情報が、具体的に米国の各地でどのような人々と結びつき、広がっていたのかを描き出すことにもなっていく。文化工作の現地における具体的な実践がそこからとらえられるわけである。

表3　仏印に発送された日本映画（1941年から1942年）

製作会社	題名	字幕	摘要
松竹	暖流	仏語	
松竹	西住戦車長伝	仏語	1942年5月15日封切り、大好評
東宝	田園交響楽	仏語	1941年11月11日封切り、好評
東宝	支那の夜	仏語	1942年2月24日封切り、特に大好評
松竹	桜の国	仏語	未上映
日活	将軍と参謀と兵		皇軍慰問に提供
東和	新しき土	日英語	皇軍慰問に提供
東和	新しき土	仏語	未上映
東宝	希望の青空	仏語	未上映

このニューヨーク日本文化会館は日米開戦で一九四一年に閉鎖、翌年日米交換船で前田や坂西は帰国する。欧米では枢軸国側のイタリアで四三年までは日本文化会館の設置準備が進み、土地の選定まで進んではいたが、日本からの人やモノの移動自体が難しくなってく。[39]一方で南方、東南アジアで、日本は大東亜共栄圏構想のもと文化外交を積極的に展開していく。なかでも、今日のベトナム、カンボジアにあたるフランス領インドシナ（仏印）と日本の間では文化交流が活発化し、日本国内でも仏印関連の多くの出版物が刊行され「仏印ブーム」と言ってもよいほどの関心が向けられていくこととなる。

この日本と仏印の間での学術・文化交流では、一九四一年の太田正雄（木下杢太郎）派遣にはじまる教授交換や、日本美術紹介のために同年ベトナム各地で開催された日本美術の巡回展覧会について詳しい研究がなされている。[40]また、こうした学術レベルの文化交流のみではなく、仏印での日本語教育や映画上映といった形での広範な文化工作が現地ではなされていった。ハノイ日本文化会館に顧問のような形で関わっていた小松清は、仏印での上映映画の選定にもあたっており、現地で紹介される日本映画の状況について伝えている（表3）[41]。

こうした文化工作の現地拠点として、一九四三年にハノイ日本文化会館が設置され、対外文化事業を引き継いだ大東亜省と、現地の学術機関とをつないでいく。詳しい経緯については本書第四章、第五章でふれることとなる。当時ハノイ日本文化会館に勤務していた蘆原英了は、日本語教育の広がりにふれつつ、「大至急彼等の読書欲を満足さすべき書籍を作らなければならぬ」と書いている[42]。日本語教育の次は、日本語で何を読むかという問題が浮上してくるわけである。

ハノイ日本文化会館の蔵書や、会館の運営にかかわった人々を追っていくことができれば、日本の東南アジアでの文化工作の具体的な様相が浮かび上がってくるだろう。それはニューヨーク日本文化会館で展開されていた文化工作とはかなり異なった様相をとっていたことも想像される。ベトナムの場合、フランスによる統治、文化政策と日本による文化工作という重層的な統治・支配関係がそこにはある。と同時に、日本が統治・支配の一方で、「大東亜」という枠内でのベトナムとの共通性や同質性を文化工作で強調していく点でも異なった様相が見えてくることとなろう。

また、日本文化会館の蔵書ではないが、インドネシアには日本が占領中に構築していた日本語文庫が遺っている。今日、まとまった形で東南アジアに遺されている戦時期の日本語蔵書は、ハノイとこのインドネシアの資料であり、本書ではそれらを通して文化工作の具体的な実践を追うことになる。

戦前・戦中の日本の文化外交をその政策や制度のレベルのみでとらえるのではなく、書物の具体的な広がりを通して、日本についての知や情報を伝え、広げ、読者へと働きかける人や組織の実践という形の中でとらえていくのが本書のアプローチとなる。

さて、文化外交、文化工作は、今日ではソフト・パワー、あるいはパブリック・ディプロマシー、文化戦略といった形で問題化されるが、本書で用いる用語について、少し整理し、説明しておいた方がよいだろう。

ソフト・パワーの概念を、ジョゼフ・ナイは「自国が望む結果を他国も望むようにする力」とし、自国の価値観を相手に魅力あるとものとして共有してもらうことが目的に結びつく点を強調する。[43] こうした活動はまた、パブリック・ディプロマシー、あるいは文化戦略という用語でも論じられる。パブリック・ディプロマシー概念は、ある国が相手国の政府ではなく、他国の個人や組織へと働きかける活動を指しており、そうした接点を生み出す文化的な活動に関心を向ける。ただ、ソフト・パワー概念とは異なり、活動の担い手を政府及び政府関係機関による、自国の利益や目的に向けた活動に限定して用いる立場もある。[44] とはいえ、第二次大戦期の総力戦体制の日本では、文化外交に民間と政府機関との間で明確な境界線は引きがたい。政府機関の役割には注意を向けていく必要があるのはむろんだが、民間の人々がそこで果たした役割やその責任も、同じく問うていく必要がある[45]。

日本では文化外交や文化工作、文化宣伝といった用語が新聞、雑誌等で広く用いられてくるのは一九三〇年代に入ってからである。そしてこの章で述べてきたように、日本の場合、その概念は自国文化を明確に価値づけていくことと、それを統一的に国内へと広げていく思想動向とも深く結びついている。当時においても関連する用語の多様な用法が見られるが、ここでは日本の文化を価値づけ、海外に向けて発信していく活動を、政策の水準から具体的なその担い手の活動まで含めて、文化外交という用語を用いたい。したがって本書では、文化工作も文化外交に含まれるが、文化工作、または文化宣伝という用語は、対象となる人々を教え、作りかえていく、教育的・階層的な力関係を志向し、あるいは実践している場合に特に用いるようにしたい。

4 技術としての学知

文化工作は、国内外の読者に向けて働きかけ、その思想や文化を統制し、作り替えていく技術となる。戦時期においてこうした技術が、思想戦や文化外交に関する知識として普及していくとともに、具体的な実践として広がってもいく。それは単なる知識の広がりとしてで

表４　宣伝技術を基盤とした教課再編構想

宣化学（宣伝原理論）	
	歴代天皇御製
	歴代御詔勅
	古典
宣化戦史（歴史、宗教、語学を再編）	
	日本
	東洋（日本との関連に於て）
	西洋（日本との関連に於て）
宣化技術学（宣化技術の史的、技術的解明）	
	芸術（映画、演劇、美術、音楽）
	政治（政治組織の諸類型、政略）
	法律（法律思想史、立法並に運用技術）
	経済（経済組織、通貨、企業、生産技術）
	科学（自然科学）
	厚生（栄養、医療、薬物、厚生施設、厚生運動）
	国土計画（建築、交通、地誌）
	報道（新聞、通信）
	放送（放送組織、放送技術）
	祭祀（祭祀形態、行事）
	軍事（軍事教練、体育、武道）

*「宣伝戦根本方策大綱　宣伝戦研究所の関与・実施せんとする要綱」より作成

はなく、この時期の学術、教育の大規模な統制・再編の中で生まれ、広がっていった実践の形でもある。つまり文学を含め人文科学の知を、対象を統治、操作する技術としてとらえ用いるということである。簡単に言えば、文学を教化・統治の技術としてとらえれば宣伝となる。実際に、戦時期には戦争に役立たない大学の文学部を、すべて宣伝学部に再編していくという構想も見られる。

　戦時下の大学では工学、

理学等の学部が充実していく一方で、人文科学系学部は、縮小、再編され、一九四三年には学徒出陣が始まる。先述の「宣伝戦根本方策大綱」では、これら縮小された国内の文化系学部を、文化工作に向けた宣伝学部（宣化学部）へと移行させていくことを構想している（表4）[46]。

文学部の学生は外国語の教育を受けており、また、日本の言語・文化についての知識をもっているため、対外文化工作に活かせる人的リソースとなるわけである。文化系の高等教育を文化工作の技術を学ぶ教育課程にすべき、という提案は、先にマニラ日本文化会館でふれた吉田三郎も同様にこの時期に主張している[47]。

戦時下に有用な知として、人文科学の学知は再編され、また活用されていく。人文科学の多様な領域でこうした学知の再編と、技術化が進んで行く。新聞学や宣伝学が大学で明確な領域を構成し、占領地や植民地の統治の学として民族学や人類学の知が動員されていく点はこれまでも指摘されてきた[48]。次章でもとりあげることとなるが、日本の言語・文学研究はその中で、文化外交に有用なコンテンツ、すなわち日本の固有の精神、思想やその価値を明かす役割を担うとともに、それを伝え、広げていく技術知として価値を帯びていく。

アーロン・モーアは日本の戦時動員や植民地支配のイデオロギーとして、「技術」という表象の果たした役割に注意を向けている[49]。その議論はおもに戦時期の技術者や技術官僚の思考に向かうが、人文科学においてもその再編に技術的想像力が大きく作用している。例えば樺俊雄は、文化の核心に技術的知性を置き、それによって東洋文化と西洋文化、精神文化と物質文化といった二項的な思考を克服し、乗り越えていくべきとする。[50]それは国家的な統制政策に適した文化の形ともなるものであった。

本書では、抽象的な学知のレベルでその再編や統制をとらえるのではなく、そうした学知の変動や再編が、あるいはその技術化が、具体的な文化工作の実践としてどうあらわれているかを明かしていくことになるだろう。それが読者への書物の広がりをとらえる本書のアプローチの特徴ともなる。国内の読者を統制していく技術を、そしてまた海外へと日本の言語、文化の価値を押し広げていく技術を、以降の章では文化工作の実践として描き出していきたい。

第一部「国内の文化統制から対外文化工作へ」では、大きく三つのトピックを扱っている。第一章で問題としているのは、戦時期に日本文学を教える大学という場である。戦時期に日本の文学や文化の価値が、教育の場でいかに作り出され、広がっていくのかを問題にしている。次にとりあげるのは、読書指導という場である。特に戦時下に活発化する読書傾向調査に着目し、それが読者を指導・統制する国民読書運動に結びついていく過程をとらえている。国民読書運動はまた、外地での文化工作の技術としても転用されていく。第三章では、東南アジアへの文化工作の広範な実践を青年文化協会の機関誌『東亜文化圏』からとらえる。青年文化協会は、日本を中心とした「新興東洋文化圏ノ拡充強化」の人材育成を目的として掲げ、特に中国以外のアジア諸国との対外文化事業を展開していく財団法人である[51]。いずれも、具体的に書物を教え、広げていく場を問題としている。第一部では、こうした書物を読者へと広げていく人や組織、すなわち仲介者の活動を、その資料とともにとらえていく方法をとっている。

第二部「外地日本語蔵書から文化工作をとらえる」では、日本の文化工作を、東南アジア、特に戦時期のベトナム、インドネシアへの書物の広がりと通してとらえる。書物を広げていく仲介者の資料に加え、日本が文化工作を行った現地に遺された日本語資料を重要な手がかりとしている。それが主にベトナムやインドネシアに日本から送られ、今日遺されている戦時期の日本語資料である。これらが本書でのアプローチに役立つことは言うまでもない。それは書物の広がりを、そしてまた文化工作の技術を、具体的なタイトル、形をもって示してくれるからである。第二部では、これら書物の広がりを通して、ベトナム、そしてフランスでの日本の文化工作を、現地に設置された日本文化会館や、占領、進駐した日本軍の活動の中で描き出していく。

第三部「流通への遠い道のり」では、この書物の読者への広がりをとらえるという方法を、より遠い場所への広がり、あるいは時間を隔てた広がりとして展開している。第二部では日本が進駐、占領した東南アジア地域を主な対象として論じているが、日本からさらに離れたブラジルへの広がりをもとに論じてく。それはまた、ブラジル政府による国内の文化統制の力と、日本からの移民地に向けられた文化工作の力とがぶつかり合う読書空間をとらえることともなろう。第三部ではまた、空間的な広がりのみならず、戦時期の書物が国境と時間を隔ててどう受け渡され、広がっていくのかを、南京大虐殺事件を描いた書物をもとにとらえることを試みている。

第一部　国内の文化統制から対外文化工作へ

第一章　再編される学知とその広がり
――戦時下の国文学研究から

はじめに

日本を海外に向けて発信していく対外文化事業は、発信するべき日本の精神や文化の価値づけと不可分である。これまで述べてきたように、日本の対外文化事業の構想は、国内の文化統制と結びつきあったものでもあった。一九三四年の帝国議会の演説で、広田弘毅外相は東アジアという枠を越えた国際協調を述べ、互いの国の文化を理解し合う国際交流のための組織作りを提唱する。それに続く貴族院での二荒芳徳（ふたらよしのり）の発言は、こうした国際的な文化事業が、実は国内文化の統制と不可分であることをよく示している。二荒は、続けて、世界に向けて発信すべき「日本ノ精神」の重要性を説くとともに国内の「今日ノ思想傾向」への憂慮を述べ、文部省、内務省に学生風紀対策や出版統制の徹底を求めていく(1)。

外への宣伝と内なる統制は実質的、技術的にもつながっている。海外に向けて日本の文化を発信していく際には、まず海外に誇るべき、送り出すべき日本の精神や文化を明確にすること、そしてそれを体現したコンテンツの創出や、それを教え、広げる技術と人員の養成が必要となる。国文学の研究・教育は、こうした点で戦時期における重要な技術となる可能性をもっていた。
この章では、日本の歴史や文化についての価値を見出し、伝え、教えるという技術として、戦時下における国文学研究・教育が再編されていく点をとらえたい。日中戦争の開始から日本の敗戦にいたる過程のなかで、国文学研究・教育がどのような役割を担っていくのかを、具体的に早稲田大学という研究・教育の場に焦点をあてながらとらえることとする。
戦時下における日本文学の作家や詩人の戦争責任のみならず、国文学研究者の果たした役割を問う試みは、これまでにもなされてきた。敗戦の翌年『国語と国文学』の組んだ特集「国文学の新方向」において、西郷信綱は芳賀矢一『国民性十論』を引きながら、日本文学から「日本的なるもの」を取り出し、それを古代から続く永続的な国民性として価値づける思考が国文学研究に根をはっていたことを指摘し、批判している。[2] また、同特集で近藤忠義は、国文学研究者の戦争責任が「総懺悔」という名のもとに解消されることのないよう、戦時下での具体的な協力の諸相をあきらかにする必要性を強調してもいた。[3]
ただ、九〇年代の末、「国文学者は、文学者の戦争を問うことはあっても、国文学者自身についてはは大方不問にしている」と村井紀が問題提起したように、戦時下の国文学者の活動は検証されるよりもむしろ忘却・切断されていった。[4] この問題提起は、国文学研究自体の歴史性や政治性に光をあてていった点で、日本の「古典」や「名作」自体が近代において価値づけられていった過程を問い直す同時期の研究とも共通した問題意識に立っていたと言えよう。[5]

その後の近代文学研究においても、「作家」や「ジャンル」を含め、それらが近代に価値づけられていく過程を意識化していく手法は広く共有され、展開していったと言えるだろう。

一方戦時下における人文科学研究については、日本の植民地・占領地についての研究や資料の蓄積も進み、国語学や、民俗学、人類学など、多様な領域で、それぞれの学が担っていた政治的な役割が検証されていった。例えば国語学では安田敏朗の一連の仕事や、植民地での教育政策を追った駒込武の労作『植民地帝国日本の文化統合』、あるいは人類学でも中生勝美『近代日本の人類学史』やヨーゼフ・クライナー編『日本民族学の戦前と戦後』などの試みが指摘できよう。[6] また、文部省、教学局による教育・研究の場への干渉と、国文学研究を含めた人文科学領域の側との協力体制については、国民精神文化研究所や日本諸学振興委員会についての研究成果も逸することができない。[7] この点についてはまた後にふれることとしたい。

戦時下の国文学研究者の活動については、坪井秀人が先の村井の指摘を引き継ぐ形で、その研究が「異常なまでに立ち遅れてきた」現状に対して、網羅主義的な断罪でも総懺悔的な責任の解消でもなく、細かい差異に踏み込んだ研究の必要性を指摘した。[8] その後の研究としては笹沼俊暁による国文学研究者の戦中、戦後をとらえる試みが重要だろう。[9] ただ、こうした先行研究ではここで扱う戦時下の早稲田大学の国文学研究はほぼふれられてきていない。だが後述するように、早稲田大学という場は、戦時下において国文学研究の学知を広範に広げていく機能をになっていた。早稲田大学に限らず、こうした学知を広げる個々の場に焦点をあてた研究が必要なのだ。

先行研究では官学アカデミズム批判に主として力点が置かれていたため、また特定の国文学者の思想へと関心を向ける方法が主にとられてきたため、学知を流通させ、広げていく場やその機能が十分考慮されてきていないのである。本書では、日本についての知を教え、広げる仕組みにこそ関心を向けている。国文学を学び、教えるという具体的な場に目を向け、当時の文教政策の中でその担った役割をとらえていく必要がある。

むろん、大学という場に戦時下の責任をすべて押しつけるべきではないし、また当時の個々の研究はそれぞれに検討されるべきであって大学単位で代行されるべきではない。にもかかわらずここで大学という場を重視するのは、その場が国文学研究を育み、支えるとともに統制し、制限するからであり、かつまた機関誌や読書会、師弟関係等を通して、むろんまた教育を通して国文学研究を広く流通させていく場だからである。

戦時中、学部生のみでも五千人を越える学生を抱えていた早稲田大学は、こうした場として重要な分析対象ではあるが、自身がここに所属しているという責任もまたこの調査対象の選択の理由でもある。現在の自身を含めた国文学研究者が抱える危うさやもろさを直視し、責任をもってそれに向き合うための試みともしたい。

1　教学刷新下の国文学研究

まず、当時の教学の統制の中で、国文学を含めた学知が置かれていた状況を確認しておこう。満州事変を契機として大規模な日本の軍事行動が展開していく一九三一年、文部省は学生思想問題調査委員会を設置し、その答申のもと、翌年八月には国民精神文化研究所が創設される。学生の思想問題は、教育や研究内容の国家的な統制と連動していく。一九三四年には文部省で思想問題にあたっていた学生課（後に学生部）が思想局となり、「国民精神」の積極的な浸透が図られていく。教育を通した学生思想の統制は、その後、文部省の外局として設置される教学局に引き継がれていく[10]。

こうした教学刷新の動きの中、一九三五年には文部大臣の教育諮問機関として教学刷新評議会が設置され、そのもとで「国体、日本精神ノ本義」に基づいて日本独自の学問体系を創造、発展させるために構想されていくのが日本諸学振興委員会であり、学問領域や大学を横断した、全国的な学知の再編を牽引していくこととなる[11]。最初に作られた教育学会につづき、哲学会や国語国文学会など、人文科学を中心として八学会が設置されていく。文部省による『国体の本義』（一九三七年）の編纂、刊行事業も並行して進んでいった。

ではいったいこの「国体」や「日本精神」の内実をなすものは何なのか。他ならぬその問いを背負うことを期待されたのが「国語国文学」の研究領域だった。駒込武は、それまでの帝国大学の講座編成の中で国語国文学が占めていた比重にくらべ、日本諸学振興委員会で国語国文学がより大きな比重を占めており、教学刷新の中でこの領域が重視されていたことを指摘する。また、藤村作をはじめとした著名な国文学研究者たちが、こうした動向を国語国文学がアカデミズムの中でプレゼンスを高めていく好機会ととらえていた点にも注意を向けている。(12)

その藤村作は、一九三七年の日本諸学振興委員会で「我が国に於ける国文学研究は、今日が空前の盛時と言はれております」と述べ、また文部大臣で同委員会の委員長でもあった木戸幸一は「国語国文学の中に真に我が国民精神の具体的な姿を見ることができる」と述べる。(13)こうした教学刷新における後押しがあった一方で、一九三〇年代はまた国文学研究がジャーナリズムの中でのプレゼンスをもまた高めていく時期でもあった。一九三三年には岩波書店の『文学』が、一九三六年には至文堂の『解釈と鑑賞』が刊行され、国文学研究は一般読者に向けた出版物としても普及してゆく。近代文学、つまり明治時代以降の文学が国文学研究の対象となってきたこともこうした隆盛の要因となっていよう。(14)

この時期に国文学研究を概観した石山徹郎は、それまでの大学ごとの学閥によるまとまりではなく、学説や方法によるまとまりが研究者たちの間に生まれている点を指摘している。(15)ただ、石山は訓詁派、鑑賞派、文献派などの八つの区分を立てるが、「厳密には学派といへない」ものも含んでいると自身で述べる通り、当時の研究方法に見られる特徴を総覧的に提示したもので、区分自体に体系性は見られない。

当時の国文学研究の諸潮流を見渡すとき、むしろ二つの史観を両極とした中で位置づけ、整理した方がより明確だろう。つまり日本の文学史を、古代から続く永続的な価値の発現として見るか、経済的な仕組みや社会的な関係の変化に応じて形をとったものとして見るか、という対立する二つの極である。日本主義に立つ史観やアプローチは前者に、唯物史観に立つ歴史社会学派のアプローチは後者の極になろうが、当時の個々の国文学研究はこの両極の間の遠近のもとに位置づけられようし、少なくともこうした両極の軸線が当時の思考の枠ともなっていた。藤村作が、国語教育で古典を学ぶことが唯物史観に影響された学生への有効な対策になるのではと主張するはこのためである[16]。一九三四年には全国的な組織として国語教育学会も生まれるが、この主張はそこでなされたものである。

教学刷新における国文学研究に対する評価・重視は、あくまでこうした日本主義の立場に立った国文学研究にあったことは言うまでもない。日本の古典から国家や民族についての固有で永続的な価値を読み取る立場を、ここではひとまず日本主義としておきたい。むろん、その価値の位置づけ方や発現の仕方をどう説明するかに応じて、多様な日本主義のヴァリエーションが存在した。大学での講義や研究内容に激しい攻撃を向けた「原理日本」の場合であれば、日本主義は説明や評価を超越した、確信のもとにある原理にまでなる[17]。また、後に見る五十嵐力の場合であれば、古典から現在へと永続するその価値として「明・浄・直」という性質が核（コア）のように存在するという考え方となる。あるいは当時「文芸学」という用語を前面に出しながら活発に発言していく岡崎義恵の場合にしても、「日本文芸」全体の根源に美的な意志や特徴を見いだし、古典を「一切の歴史の典型」として意味づけていく点ではそのヴァリエーションの一つと言えようし、その点では教学局の方針と親和的なものでもあった。[18]

一九三五年に刊行された『日本イデオロギー論』で戸坂潤は、ここ数年で日本主義を含めた「「ニッポン」イデオロギー」が言論界や文学、科学の世界に大量、かつ急速に広がってきた状況を指摘する。[19]彼は先述した両極の史観では日本主義のちょうど対極に位置しており、国文学研究者を含め、永続する価値を古典から立ち上げようとする立場の奇妙さを分かりやすくこう批判してもいる。

> 六百万人の東京市民が「もののあはれ」を感じながら労働しているとは思えないし、五千万人の農民が武士道で暮している筈もない。[20]

戸坂はまた同時代にあってこれら日本主義とともに進んでいく思想統制についてすぐれた考察を展開してもいた。戸坂は思想統制が、曖昧で統一性のない日本主義や国民精神へと向かう段階から、それが国体という具体的な内容を得ていく段階へと移行し、さらには一九三七年に始まった近衛内閣のもと、挙国一致をスローガンとした積極的な思想の「動員」の段階へと移行したと見る[21]。

大学教育・研究においても、この思想の動員が具体的な指示としてなされていくこととなる。一九三九年には帝国大学の教育内容や講座設置を具体的に指示し、「各大学ニ日本学ヲ体系化スヘキ講座ヲ増設シ且ツ学生ノ忠良ナル国民性ヲ陶冶スルニ必要ナル施設ヲ為」すとする建議案が帝国議会で採択される[22]。そして翌年に出される文部省訓令では国立・私立大学に向けて、大学の教授は「国家ニ須要ナル学術」を学生に向けて指導し、「国家思想ノ涵養及人格ノ陶冶」に向けて学生の「薫化啓導」つとめるよう指示がなされることとなる[23]。

当時の教学統制の中で、国文学の研究・教育がどう位置づけられていくのかを追ってきたが、それは個々の大学という場でどういう形の実践となってあらわれていくのだろうか。それを、具体的な早稲田大学という場をもとに以降ではとらえていく。本章でのねらいは、こうした国文学を教え、広げていく場の役割を明かしていく点にある。むろん、早稲田大学の国文学研究・教育は規模や影響力は大きくとも一つの事例にすぎない。今後、他大学や各地における事例の調査や研究がなされていくことも重要な課題となろう。

2　早稲田大学における国文学研究

一九三七年に閣議決定された国民精神総動員実施要綱は、まさに思想動員を目指しており、皇国精神の涵養や勤労奉仕といった形で、文部省から大学へと次々と指示がなされていく。また、翌年に公布、施行される国家総動員法にもとづく勅令や省令の形で、大学の研究や教育は行政の具体的な指導を受けていく。早稲田大学内でも同年には対中国戦略や文化工作についての科外授業、戦争演劇展、陸海軍への恤兵金の献納、南京陥落祝賀会といった活動が活発化していた(24)。

日中戦争が長期化し、米英との開戦によって「大東亜戦争」へと移行していく中、戦争への実効性のある理工系部門の研究施設が国内大学では拡充される一方、人文科学系学部の縮小、再編が加速していく。早稲田大学では一九三八年に鋳物研究所、四〇年には理工学部研究所が生まれ、同年に東亜経済研究所が新設されていく。

こうしたなか、早稲田大学文学部は、学部長であった吉江喬松のもと、一九三六年から四〇年にかけて、哲学・文学・史学を総合する共通の必修科目を設置し、それと専攻科目を組み合わせてカリキュラムの刷新を図っていった。吉江は一九四〇年に没し、一九四四年には「著しく時局性を示した」学科再編へと向かう。学科、専攻は廃止され、「日本精神ヲ基調」とした科目編成となり、必修の共通科目として「国体ノ本義」「日本中心ノ世界観」が置かれてきた五十嵐力であった。

ることとなる。[25]そしてこの「国体ノ本義」の担当は、早稲田大学で国文学科をそれまで牽引してきた五十嵐力であった。

早稲田大学の国文学科は、一九二〇（大正八）年の新大学令のもと、文学部文学科に専攻分野として設けられた。そこで中心となるのが五十嵐力であり、窪田通治、山口剛が専任職に加わって体制を整えていく。戦時下、昭和十年代後半の国文学科の体制については藤平春男が簡明に以下のようにまとめている（［］内は著者による補足）。

昭和十年代の後半には日本文学の専任教員数も四教授（岩本堅一、伊藤康安続いて岡一男、暉峻康隆）四助教授（安藤常次郎・稲垣達郎・岩津資雄・窪田章一郎）を長老の五十嵐［力］・窪田（通［治］）両教授（山口［剛］教授は昭和七年没）に加え、後には芸術学専攻として独立していったが河竹（吉村）繁俊教授が徳川文学、本間久雄・柳田泉の両教授が明治文学、野々村戒三教授が室町文学の講義を分担した。[26]

五十嵐力は東京専門学校時代から当時まで四〇年にわたって教鞭をとってきた学科の重鎮でもあったが、同時にこの時期の教学刷新の動きに深く関わっている。前節で述べた日本諸学振興委員会では、国語国文学領域の臨時委員となり（一九三七年、及び四一〜四三年）、教学局から学校や官公庁に広範に配布され、また市販もされた教学叢書の第十輯に「古文学に現れたる日本精神」を掲載、現下の情勢を「仁義平和の皇化が次々と推し及されて、皇化に潤ふ」国土が満洲や南方諸国まで広がったことを祖先の希求が現実化したこととし、「国民的大理想が、昭和の現代に至つて立派に結実した」と述べる。(27) また、その門下であった岡一男は、一九三七年に開催された日本諸学振興委員会国語国文学会で国文学研究の任務を論じ、日本文芸を主体的に把握することが、アジア諸国を指導する日本民族の自覚とその新たな文化理念の獲得に至ると説いている。(28)

つまり、彼らは当時にあっては日本主義の立場に立って積極的に時局への国文学研究の貢献を提言しかつ教育の場を通して実践していたと言える。次節では、五十嵐力の国文学史観についてより具体的に検討するとともに、その学知の広がりをとらえることとしたい。

3 戦時教育の中の国文学

五十嵐力に学び、やはり早稲田大学で教鞭をとることとなる岡一男は、五十嵐について「東大派の国文学史とその方法に根本的に反対して、純粋に文芸的に独自の文学史の方法をもつて『国文学新論』（明治四十一年）や『新国文学史』（明治四十五年刊）を著し、学界・文壇を瞠目させた」(29)と位置づけている。『新国文学史』は五十嵐の初期の代表的な著述と言えるが、そこではどういった方法、史観がうかがえるだろうか。

この書が目を引くのは、日本文学史をまず現代文学（明治文学）から論じはじめるスタイルだろう。つまり古典はそれらを享受し、楽しむ現在の読者との関係の中で意味や価値が生じるという立場であり、字義や作者情報、刊行形態よりも読者の心を動かす「意義、趣味、品位、価値」を重視する五十嵐力の立場は晩年まで一貫している(30)。

本書のもう一つの特徴は、古代から現在に至る日本文学を、永続的な価値が貫いているという史観である。すなわち日本文学史は、「現実的、自然的、写実的、平凡的」な現代文学と、「理想的、伝奇的、技巧的、典拠的」なそれ以前の文学とで対照的に描き出される。しかしながら、彼は古典から現代にいたる「大和民族の特性」があるとし、それを「明るき、浄き、直き心」に見て、この「明・浄・直」を、三種の神器に対応させて価値づけていく(31)。

五十嵐がこの発想を得たのは一九〇四（明治三七）年、日露戦争の頃で、坪内逍遙が作成していた中等学校用『国語読本』を手伝っていた頃だった。五十嵐は逍遙から既存の国語読本に対する批判をまとめること、そして日本の国民性について論をまとめるよう指示されたという(32)。これが、『新国文学史』での「明と浄と直と」の部分であり、古代の祝詞や宣命から見いだしたそれらの価値は、それぞれの時代に形を変えながらもその後の作品のうちに核のようにあるのだとする。五十嵐力は、後に一九二九年、自身で中等学校用教科書を作成するが、やはり「国民性の核心、明、浄、直」と題する同趣旨の自作教材を入れており、この考えはその後も揺るがない(33)。一九三七年に文部省が刊行した『国体の本義』は「明浄正直」を、歴史を越えた日本の「国民性」として位置づけており、その思想の近接性が指摘できよう[34]。

五十嵐自身が作成した教科書『純正国語読本』の編纂趣意において、彼は「日本文化の精華を発揚し国体観念を涵養し、国民精神を振作しようと努めた」と述べており、早い時期から思想動員に結びつく志向をもっていたことがうかがえよう[35]。実際に教材では明治天皇を称える素材とあわせて、水野広徳「此一戦」や東郷平八郎の日本海海戦に関する素材や、あるいは爆撃から身を挺して火薬庫を守る「少年愛国家ニイノ」といった戦争に絡んだ素材選択がなされている。さらにこの教科書については教師用の参考書『省労抄』も彼は作成しており、これらの素材採用が「大和魂の精華」や「愛国的精神」の涵養をねらいとしていることが明確に記されてもいる[36]。

早稲田大学は一九〇三年以来、高等師範部を設置して多くの教員を輩出しており、五十嵐力や岡一男はそこでも教鞭をとっている。そしてまた、こうした教科書・教員用手引き書制作・出版事業や、その少なからぬ採用状況を考えるとき、早稲田大学という教え、研究する場が、彼らの思想を伝え、流通させるうえで担った役割に注意を向けねばなるまい[37]。繰り返しになるが、戦時下の個々の思想や発言のみ切り取ってそれだけを問題にしても実際にはその果たした役割は分からない。それらの考えが流通していく場や経路をあわせて考えるアプローチをここでとっているのはそれゆえである[38]。

五十嵐力、岡一男や金田一京助らが日本語学習用の教科書の編纂事業に参加していく点にも注意しておきたい。一九三八年に設置された興亜院は翌年から日本語教育用教材の検討を進め、その活動は文部省に引き継がれる。文部省は一九三八年に国語対策協議会を開催し、占領地での日本語の教授法・教科書研究を活発化させ、翌一九三九年には日本語教科用図書調査会が設置される。(39)日本語教科書を制作する場合には、日本語を教える方法論が重要となるのはもちろんだが、同時に、「日本」を教えるうえで価値ある文章を誰が、どう選択するかが課題となる。国文学研究者は、こうした役割を担っていく可能性をもっていた。

早稲田大学の場合、日系二世の日本語教育に対する取組みが一九三五年から、早稲田国際学院を支援する形で展開していた。(40)同学院副院長で学務の中心にあった名取順一は「滅私奉公、忠君愛国、犠牲！」とする日本精神をその教育思想の中心においていた。(41)その学院の「皇紀二六〇〇年（一九四〇年）記念事業」として、日本文化の「精髄ヲ体得」させ、「皇国ノ精華ヲ発揚」する日本語教育ための教科書作成が企画され、そこに関わっていくわけである。(42)日本語や日本文化を教え、伝え、広げるという技術として、国文学の研究・教育が多様な場と結びつき、展開していく様相を見てとることができよう。

国文学研究者による多様なメディアを介した活動の広がりを視野に入れるなら、明治文学研究を担当していた柳田泉のこの時期の活動にも注意しておく必要があろう。その戦時下における「海洋文学」、「南進文学」への関心や発言である。(43)柳田泉はこうした海洋文学についての稿をついでいる中で日米開戦の報に接し、その関心をさらに「南進」へと向けていく。

時なるかな、この南進理想実現の大ニュースが来た。そこで、私は、勝手に単に海洋文学に就いてといふ題目を変更して、南進論、南進理想実現を予想した意味での海洋文学を書くつもりで、南進文学と題した（後略）

この南進文学を論じた部分を加えて、『海洋文学と南進思想』がラジオ新書として翌一九四二年刊行される[44]。また一九四三年二月には南洋経済研究所に招聘されて「南進思想の文学について」を講演、刊行する[45]。

柳田泉のこれらの研究は、明治期以降の日本近代文学の南洋表象、侵略表象の全体像を実証的にとらえ、また「文壇正統派の文学」から無視されてきた文学を掘り起こしたすぐれた研究だと私は評価している。また、今日の「南洋文学」研究においても先駆的な研究として評価されている[46]。ただ、研究として優れた達成であるということは、当時においてこうした研究がどういう役割や意味を担ったのかという批判的な問いを欠いてよい理由にはならない。これらの成果が、海外への日本の侵略を自明の理想とし、史的な「発展」ととらえる思考に結びつくことは容易に想像できるからである。

また、同じく海洋文学に傾斜していったのが、当時文学部の学部長として学部カリキュラム改革にあたっていた吉江喬松であった。吉江喬松は一九三八年に海洋文芸を提唱し、海軍省軍事普及部の指導斡旋を得て、海洋文化協会設立にあたり、その有力な準備委員として尽力することとなる[47]。その「海洋文芸論」では「民族的、国民的機能」を発揮する文芸の可能性を海洋文学に見ている[48]。吉江の所属はフランス文学科ではあったがむろん作家・詩人でもあり、前節で触れた国民精神文化研究所員の一人となり、また、日本諸学振興委員会の常任委員ともなっていく。

彼が当時の教学刷新の動きに積極的に同調していたことは、戦時下において彼が編集した児童向けの新日本少年少女文庫『心を清くする話』からもうかがえる。そこでは「皇室の有難き御逸事」にはじまり、「加納部隊長と愛馬宮鈴号」や「「魂」の入営」では、日中戦争で戦死した軍人や、軍人となることを夢見て入営前に死んだ青年をとりあげ、哀感を誘う逸話を通した共感と献身へと誘う物語が配されている[49]。この本について吉江は、一九三九年の五月に皇居外苑で行われた全国学校教職員及び学生生徒親閲式に参加し、そこで感激して涙し、「日本人として」感銘と「心の浄化」を得た経験が背景となっていることを記している[50]。

4　抗いの多層性

ここでは早稲田大学という場で、国文学研究という回路を通して教学刷新が具体化し、かつ教育やメディアを介して広がっていく際の重要なアクターとして教員が関わっていた点を明らかにしてきた。国文学という学知が、日本という言語や文化の価値を教え、広げていく技術として、国内に向けた思想統制のうえでも、また海外への文化工作においても活用可能なものであった。

むろん、国文学科の教員や当時の研究がすべてこうした方向にあったわけではないし、また個々の研究・教育内容にまできびしい圧力がかかっていたことも見逃してはならない。一九四〇年、早稲田大学の教授であった津田左右吉は、前述した原理日本社によって批判され、著書の絶版、辞職にまでいたる。[51]早稲田大学ではその後も、翌一九四一年に津田と同じく日本史を担当していた京口元吉がその講義内容を自由主義的と目されて警視庁から注意を受け辞職にまで追い込まれるほか、哲学の帆足理一郎への右翼からの告発や、出版処分を受けた教員への文部省からの絶版勧告、あるいは講義内容の報告指令が度々なされる状況にあった。[52]

こうしたなかで、日本主義の立場で国文学研究を通した国家への貢献を積極的に主張する研究と、あからさまな抵抗の形をとらないながらもそこから批判的な距離をとろうとしていた研究との違いを、いわば抗いの諸相や推移をすくい取っていくこともまた重要だろう。早稲田大学の国文学研究においても、永続した民族性や価値観を日本文学の中に見いだしていく立場とは対極の史観に立った研究もやはり見て取ることができる。戦時下に刊行された暉峻康隆『文学の系譜』は、「時間を無視して価値に終始する古典論」、「非歴史的な文芸論」への明確な批判から始まる。そのような非歴史的な価値観は、文芸の享受者の多様性や変化を無視することで成り立つとする。[53]

同書の「近世日本風刺文学論」を今日読むとき、それが平賀源内を取り巻いていた社会状況や彼の階層、思想への説明であると同時に、この論自体が戦時下への痛烈な風刺ともなり得ていることが指摘できよう。暉峻はまず時代に対する不満や批判の意欲と、その表現を阻む強権との間の摩擦面に風刺文学が生まれると仮定して論を立てるが、その結論ではそれら歴史的な要因は風刺文学を生み出す後押しにはなるものの、結局は源内の科学者としての認識と、不遇な状況下での強い自己意識による固有の志向がそれを生み出すうえで不可欠であったとする。

そう結論せざるを得ない理由を、今ならこう言えるだろう。もしも時代に対する不満とその表現を阻む強権との間に風刺文学が自然に芽吹いていくのだとしたら、戦時下こそ風刺文学が生まれているはずだからである。ところが実際にはどうか。「風刺文学に関する限り、百の評論も遂に一人のスウィフト、一人の源内を生むことのできない悲しむべき事実を私は認めざるを得ない」とただ記して暉峻はこの稿を閉じる[54]。

また、同年に刊行された稲垣達郎『作家の肖像』における森鷗外の小説「かのやうに」への関心からもこうした批判意識は見て取れよう[55]。「かのやうに」に登場する五条秀麿は、学習院の歴史科を出て、日本の歴史を書きたいと思いつつ、古代の神話を史実でないと明確に批判すれば父親や社会と対立してしまうことに思い悩む。家族や社会関係が、神話と歴史との境界への問いを抑圧し、回避することによって成り立っている仕組みをこの小説はよく形象化しているが、稲垣はそこに、大逆事件に際しておかれた鴎外を重ね、正面から社会を改めていく活動とは距離をとりつつも社会主義思想に関心・共感をもった「消極の積極」を論じる。自分の信じている歴史を書くことが出来ないという戦時下の状況がこの論で主題化されていることは容易にうかがえよう。終戦間際の『早稲田文学』でも稲垣はこのテーマに再度ふれている[56]。

先の暉峻の論は、もとは早稲田大学国文学会の機関誌『国文学研究』に掲載されたものであり、一九三三年の発刊から戦時下に至る『国文学研究』を見れば古典作品からその永続する美質をうたいあげるような史観から、かなり公式的な唯物史観によった文学史記述までかなり幅広い論が見られる[57]。また、これら史観とその研究対象とする時代との関係性も指摘できよう。特に古代や中古を対象とした論の多くは、それらを評価する自身の方法に対する批判意識、歴史意識が希薄だが、その理由もいくつか考えられよう。

古代から永続する価値が文学に見られるという立場に立てば、その価値のもともとの形をとらえるうえでも、またその価値の永続性を証するうえでも、古代文学の研究が最重要の位置を占める。また、「東亜新秩序の建設」に日本の建国を重ね合わせれば、「記紀、祝詞、宣命、万葉集」こそが最も有用な文学研究ともなる[58]。しかしながら、これらを自明の価値あるものとした出発点に立つとき、研究は実証する手続きを不要とし、それらに感動するよう自己を調律する傾向を強めてしまう。だがこれらの価値を否定する道はなく、またそもそもその本文自体の考証もつきつめれば津田左右吉と同じく記紀の史実性への批判に結びつきかねない。

とはいえ、当時にあっても発禁の対象であった好色本やプロレタリア文学を抱える近世・近代文学研究においてはこうした評価軸への疑いも容易に生じるし、文献の考証や収集も当時は現在進行中であって、その作業をぬきにして作品の永続性を信じることも難しい。暉峻の場合、享受者の階層性や歴史的な変化にも強い関心を向けることとなったが、さらにこの傾向を強めた史観に立つ論も見られる。ここでは羽仁新五「国文学研究法に対する二三の反省」と、それに続く「古典評価考再考」をとりあげておきたい[59]。

羽仁は一九三三年に早稲田大学を卒業し、羽衣高等女学校で教鞭をとりつつ、大阪府女子専門学校の明治文学同好会に参加し、同校の石山徹郎とも交流があった[60]。彼もまた、永続的な古典の価値を主張する立場を批判するが、羽仁の場合、古典の価値はそれぞれの時代の享受者が決定するという立場に立つ。ただし、一見ラディカルなこうした姿勢も、その危うさや弱さを見定めておく必要があろう。こうした立場に立てば、一方でその時代の多数の享受者によって支持される価値観に批判的な距離をとることができない。二年後に掲載された羽仁の論では、この享受者に「現代に生きる日本国民」が代入され、さらに享受者と独立した価値を作品に認めるという立場へと変化する。それはまた新たな国家建設への動員へ誘う史観へと限りなく近づいてしまう[61]。

おわりに

この章では、戦時下における国文学の研究・教育の場を通して、日本の言語や文化を価値づけ、それを伝え、広げていく技術が生まれ、広範に広がっていく様相を明らかにしていった。本書では、こうした日本についての知や情報を教え、広げていく人々や組織へと関心を向け、その役割を解明していく。

最初に述べたように、これらの事例を明かしてきたのは過去の研究を批判し、忘却・切断するためではない。自身も含めた国文学研究の危うさをこれらの事例から考えていくことも重要だろう。国文学研究という領域では、文学作品を日本人や日本文化の特性・独自性へと還元してしまう事例や、永続的な美や理念をあらわす語彙に結びつけてしまう研究事例も少なくない。また、研究者が自身の鑑賞や感動を一般化・普遍化したり、作家や作品を無条件に神格化したり、あるいは研究する対象と研究者の価値を混同したりする危うさもそこにはある。時代と状況の中で国文学研究者の方法を今一度見直し、検証していく必要がある。(62)

そして、国文学研究は特定個人の読み方としてのみではなく、教育や研究の場を通して統制や動員の多様な技術と結び合わされていく危険性があることも、ここでは具体的に明かしてきた。戦時下の個々の研究は、様々な場における広がり方、用いられ方とあわせて問題化していく視点が必要だ。戸坂潤は「日本精神主義」は大東亜を掲げる「アジア主義」の精神性に引き継がれたとする。[63] そうした視野に立てば、国文学研究は、戦時下におけるアジア研究の方法や意義の中核としても機能し得るものでもあり、当時の東洋史研究との具体的なつながりも検討してみる必要がある。また、戦時下の国文学研究が、早稲田大学という場で文学表現とどう交差していくのかも問うていくことが可能であろう。

研究者の戦争への貢献や抵抗の在り方は、教育や研究を制約する多様な要因の中で見定めていく必要がある。ここでふれた暉峻康隆や稲垣達郎の研究にしても、それを抵抗と呼んでよいのかは議論が必要だろう。そして彼らも当時は日本文学報国会に所属している。ただ、それだけをもって戦時下の活動をただ協力と見なすのは一面的にすぎようし、積極的に当時の教学刷新に寄与していった事例とは明らかな差異がそこにはあり、その抗いの手管を注意深くすくいとっていくまなざしもまた必要となろう。一九四四年、暉峻康隆は出征する。『国文学研究』掲載の論文「近世小説における挿絵の位相」の末尾、召集令状が届いたことを彼はこう記している。[64]

帰宅すれば同じくお召の電報我を待つ。教育招集より早々なれば妻もまた動じる色なし。ただビールなきを嘆ずるのみ。

第二章　読書の統制と指導——読書傾向調査の時代

はじめに

戦時下に、早稲田大学の学生達が「推し」ている小説は何だろうか、そのベスト3をあげると何が入るだろう。これを今の学生達に聞いてみるが、むろんめったなことでは当たらない。一九四二年の調査では、第一位が倉田百三『出家とその弟子』、第二位が島木健作の『生活の探究』、第三位に吉川英治『宮本武蔵』が入っている。

このデータは一九四二年に早稲田大学の学生の愛読書や個人蔵書などを対象として行われた調査『早稲田大学学生読書調査報告書』(図2)の結果であり、調査したのは在学中の川越淳二である。[1] 川越は当時文学部で社会学を講じていた松田治一郎や川又昇のもとで学び、戦後は愛知大学の教員となる。[2] こうした愛読書・雑誌や感銘を受けた書物といった個人の読書嗜好を質問紙などによって調査する方法をここでは読書傾向調査と呼んでおきたい。したがって出版点数や図書館の利用者数・貸出点数などによる読者調査とはここでは区別しておきたい。[3] ちなみに早稲田大学の図書館の貸出ランキング(一九四〇年)では第一位が吉川英治『宮本武蔵』、第二位が尾崎士郎『人生劇場』、そして第三位は榊山潤『歴史』である。[4]

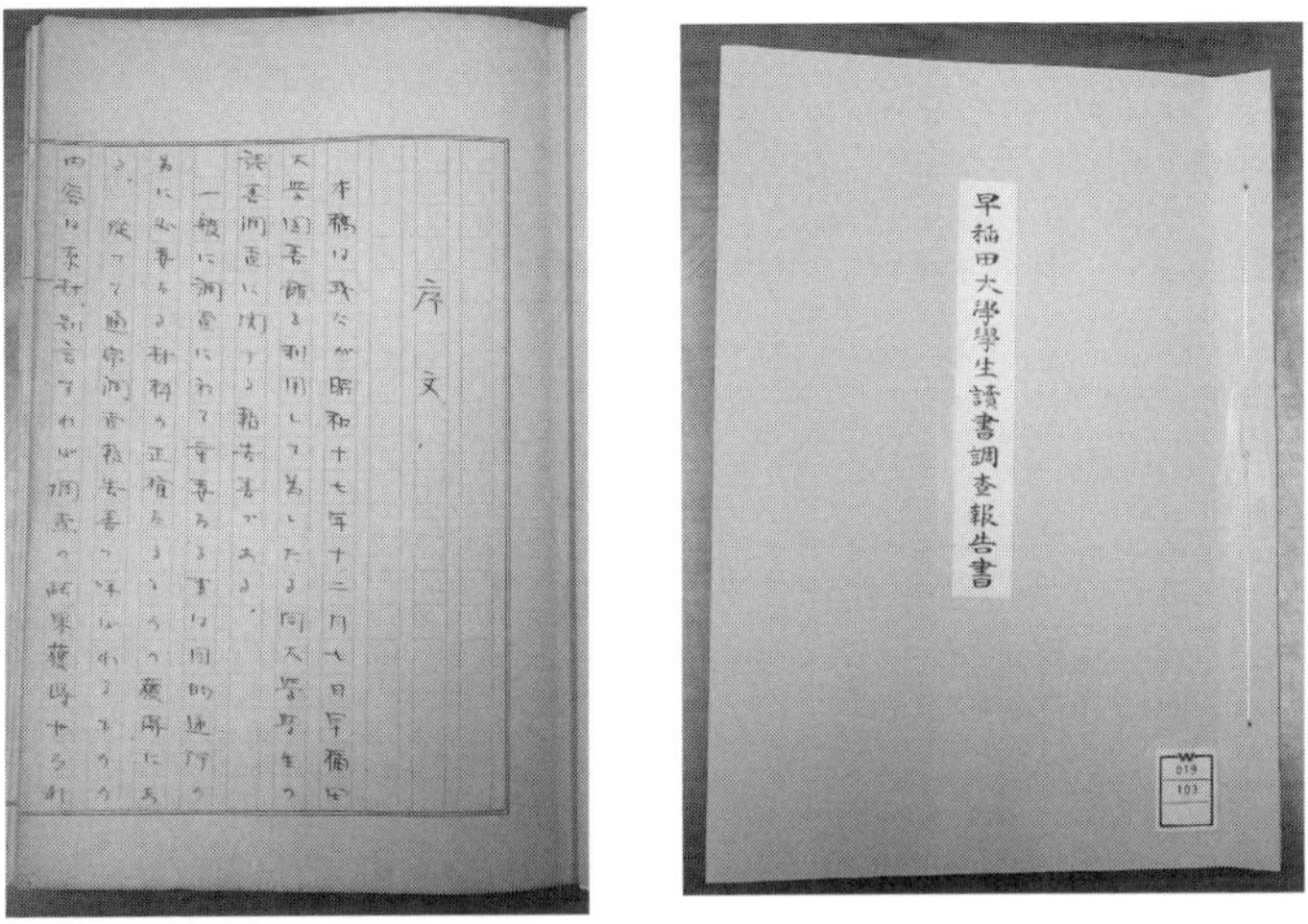

図２　早稲田大学学生読書調査報告書
早稲田大学図書館所蔵。調査用紙のほか、細かい調査手順の検討がなされている。

読書傾向調査は一九二〇年代から多様な領域で見られるが、規模や対象が戦時期には拡大する。読書傾向調査は、現代とは異なる作家や作品のランキングなど、その時代の読書をとらえるうえで重要な情報ともなるが、戦時期には全国的に組織化されていく読書指導のネットワーク、すなわち国民読書運動が生まれていく階梯においても重要な役割を果たしていく。ただ、これまで、戦前から戦中に至る読書傾向調査については、ほとんど研究はなされていない。

本章では、戦時下に活発化していく読書傾向調査の全体像とその系譜を明らかにしていく。読書傾向調査が図書の推薦・選定や読書会指導、読書日記と結びついて読者を統制していく過程をとらえていくこととなる。ここでねらいとしているのは、ここでふれた戦時下の読書傾向調査を、この時期の推薦図書の選定、広報事業や、それを読む読書会の組織化と密接に結びついた国内の文化統制の手法として位置づけていくことである。そしてまた、こうした読書を広げる一連の技術・手法が対外文化工作に利用・転用されていく道筋をもとらえていきたい。

書物を教え、伝え、広げていく人や組織の活動に本書では焦点をあてているが、この章で扱う国民読書運動は、まさにこうした読書を全国的に指導、統制する仕組みである。また、その仕組みは満州における文化工作としても利用・転用されていくこととなっていく。内への統制と、外への宣伝とが連続していく様相がここでもとらえられよう。

戦時期における読書指導や読書統制については、図書館界の動きを軸に詳細にその展開をおった奥泉和久の研究や、関連する資料を含めた高岡裕之の研究、あるいは読書指導の地域での広がりや実践をとらえた山梨あやの研究がある。[5]とはいえ、いずれも読書傾向調査にはほとんどふれていない。読書の統制を推薦図書運動からとらえる中野綾子の研究は、この時期の出版統制と結びつけて読書傾向調査に触れている点で重要である。ただ、中野の研究は戦地・学徒兵の読書の研究であるため、銃後の国民読書運動との連続性が十分見えてこない。[6]本章では、戦前の推薦図書運動の統制機能と、戦中の国民読書運動を架橋するものとして、読書傾向調査を位置づけていく。

1　読書傾向調査というトレンド

一九四二年に早稲田大学で川越淳二が行っていた読書傾向調査についてふれたが、この年に読書傾向調査をしていた大学生は川越ばかりではない。早稲田大学で川越が調査していたその同じ年の夏、法政大学で学んでいた石川春江は調査対象を大学生ではなく「勤労青少年」として読書傾向の調査データをまとめ、その成果を翌一九四三年の『教育』や『図書館雑誌』に発表する。[7]

そして戦時下の日本で、こうした読書傾向調査への関心が高まり、かつまた数多くの調査実践・報告がなされることとなる。読書傾向調査に関心をもって取り組んでいたのは都心の若者ばかりではない。この前年、長野県の農村では青年団員の読書傾向調査が、やはり青年達自らの手でなされ、調べた理由がこうつづられている。

この重大な時局下において農村男女青年団員が、いかなる雑誌を愛読し、いかなる人物を崇拝してゐるかといふことは、こんにちの農村青年をしる上からも、したがつて明日への飛躍の指針となる点からも非常に切実な関係を有するばかりではなく、それは銃後農村の物心両面に並々ならぬ係はりをもつてゐるのでゆるがせに出来ぬと考へたからである。[8]

読書傾向が調べるべき重要なことであるという認識が広がっていることが分かるが、こうした読書傾向調査はこの時期、規模やその数がにわかに増していく。同じ時期に読書傾向調査の依頼を受け、実施した大澤益二郎は次のように記している。

勤労青年の読書問題が、俄に世の視聴を集め、日本図書館協会の図書館雑誌、大日本青少年団機関誌「青少年指導」日本出版文化協会機関誌「日本読書新聞」等々に、各権威者の調査、論文等が数多く発表さるるに至つた。(9)

こう述べる大澤益二郎も、日本出版文化協会からの依頼で読書傾向調査を行っている。出版統制が進む中で、出版業者の団体は一九四〇年に日本出版文化協会に統合され、それまで出版情報誌として刊行されていた『日本読書新聞』は協会のもとで運営されることとなる。(10)『日本読書新聞』は、出版情報のみならず、独自に読書傾向調査を行い、また、他の読書調査に関心をもって報じていた。その誌面や同時期の学術雑誌等をもとに、この時期の比較的規模の大きい読書傾向調査を表にまとめた。(11)

そしてこの時期はまた、文部省が図書館の全国的なネットワークを活用しながら、読書の指導、統制の仕組みを強化していく時期でもある。図書館界や、さらには大政翼賛会を通して推奨する図書群を共同で読書するよう、全国各地に読書会が組織され、読書指導が活発化

表５　読書傾向調査一覧

調査機関	調査種別	調査対象	対象者数（回答者数）	調査時期（期間）
川崎造船所	新聞雑誌購読調査	職員	23,000	1937 年
文部省教学局	全国学生生徒生活調査	専門学校以上男女学生	63,000	1938 年
桐原葆見	青年の読書に関する調査	青年学校生徒	13 校	1938 年から1939 年
岡部教育研究室（飯島篤信）	都市青年の生活調査	青年学校生徒	2,607：男性/780：女性	1939 年
秋田市	学童の読物調査	男女小学生	10 校、1,500	1939 年
岐阜第二中学校	生徒課外読物調査	中等学生	536	1940 年
東大都市学会	東京密集地区読書傾向調査	一般		1940 年から1941 年
東京府学務課生徒課外読物調査委員会	生徒課外読物調査	中等学生		1939 年
文部省	小学児童読書調査	男女小学生	7,641：男性/7,327：女性	1939 年から1940 年
東京府学務課生徒課外読物調査委員会	第一回男女中等学生読書調査	男女中等学生	2,693：男性/2,730：女性	1940 年
海後宗臣	青年の読書傾向調査	青年男性	3,000	1941 年
労働科学研究所	青少年の勤労生活観	青年学校生徒	1,500	1941 年
日本出版配給株式会社調査部	全国主要都市一人当り平均図書購入高	一般		1942 年
東京都市学会	東京密集地区読書調査	一般	1,031 世帯	1942 年
働く女性の家（奥むめお）	働く女性の読書傾向	職業婦人	90	1942 年
石川春江	勤労青年の読書生活	勤労青少年		1942 年
山口文庫（高橋慎一）	山口文庫読書傾向調査	東京芝浦電気職員		1942 年
横浜商業専門学校	学生閲読調査	専門学校生		1942 年
日本読書新聞	勤労青少年の読書状況	勤労青少年		1942 年
日本出版文化協会	児童の読書調査	国民学校児童	7 校	1942 年
大日本産業報国会	勤労青少年読書調査	勤労青少年		1942 年
文協児童課	勤労青年読書調査	東京大阪勤労青年		1942 年
大日本産業報国会	勤労青少年読書調査	勤労青少年	8,000	1942 年
産業組合（栃折好一）	農村読書児童状況調査	児童	5,000(723)	1942 年
日本放送協会	農村文化調査	一般	9 ヶ村	1942 年から1943 年
大澤益二郎	青年学校生徒の読書傾向	青年学校生徒	110	1943 年

していく時期にあたる。では戦時下において、読むべき図書を選定し、さらにはそれを広く読ませようとするこの動きと、この時期に活発化している読書調査とはどのように結びついているのだろうか。ひとまず戦時期に強化されていく読書指導の動向を確認しておきたい。

2　「自由読書」はなぜ批判されるのか

戦時下の読書指導の普及、そして読書指導の指導者育成の最前線で活動していた人物に堀内庸村がいる。その著『国民読書と図書群』での「自由読書」の弊害、批判をまずおさえておきたい[12]。彼はここで、当時出回っていた代表的な読書指導書を実際に三冊取り上げ、「自由主義読書」に対する批判を展開している[13]。いったい自由な読書の何が批判されているのだろうか。

よく読めば、実は堀内が批判しているのは自由な読書ではないことが分かる。彼が批判しているのは、自由に書物を選び、自由にそれらを読むということが、一部の特権的な人間にしかできないという状況にある。ここで取り上げられた読書指導書の著者達には、書物を読む能力も、購入する資力や読む時間も満足に得られない不自由な読者の存在が見えていない、という批判であり、それ自体は妥当な指摘と言えよう。

そして堀内が強く影響を受けた中田邦造の読書指導の思想、活動は、もとはこうした、特に地方での不自由な読者に向けて読書の機会を作り出していこうとする活動でもあった。[14]中田の思考には「一般大衆の読書からの阻害を克服しようとする発想」があり、反自由主義、反商業主義と結びついていた点についても、これまでに指摘されてきた。

ただここで指摘したいのは、この堀内の批判は、これらの読書を論じる識者達が読者に対して無知である、あるいは無関心であるという批判でもあった点である。どこに、どれだけ読める人々がいるのか、ということへの意識の欠如がそこで指摘されているといってもよい。読者を知る、調べることの必要性が堀内の批判の根底にはある。

中田邦造もまた、その活動の始発にまず読者を知るための読書調査があったことが知られている。中田邦造は一九二七年に石川県立図書館長となる。そこでまず取りかかったのが、県内町村の「読物調査」、具体的には各家庭の蔵書調査である。[15]といっても蔵書といえるほどの蔵書がない現状に、「何としても先ずドシドシ図書を送り込」み、身近に書物とふれられる環境を作ろうとする。読書指導についても早くから取り組んでおり、一九三一年から、地方青年を選抜し、集団的な読書の場である「読書学級」を開始、そこで読むための図書を県内識者の推薦をもとに準備している。[16]

こうした活動の中で、中田は読者を均質な能力をもった集団ではなく、知識や能力に応じた甲、乙、丙の三つの読者集団に分け、それぞれの集団の能力や関心に応じた図書、すなわち「図書群」を提供することが有効と考えていく。[17]一九三九年には石川県図書推薦委員会が設置され、翌年その選んだ甲種（国民学校卒業程度）の読者に向けた図書群の目録「甲種図書群目録」が公表され、その選書はいわば全県的な標準の価値を帯びていく。読書の指導には、何を読むかという書物の選択が常に伴う。その書物が具体的な書名として固定されたとき、読書指導は思想指導に限りなく近づいていく。奥泉和久がこの図書群の公開を「一地方の「読書指導」から「国民読書運動」への転回点」と位置づけているのはそれゆえである。[18]

中田は一九四〇年に石川県立図書館を辞し、東京帝国大学の司書職につく。その前年に日本図書館協会の理事となった彼は、四〇年五月からその機関誌『図書館雑誌』の編集兼発行人となる。日本図書館協会は、日中戦争開始の翌一九三八年、国民精神総動員の徹底のために各地の中央図書館を基軸とした「図書館総動員」による活動が必要であることを提唱していく。[19]時局に向けた図書館の積極的な活動が求められるなか、図書館による読書指導への関心が高まっていく。

この年、一九四〇年一〇月には大政翼賛会が発足、すべての政党が解散して一元化されるとともに、国内に向けた「民族精神の振起」、国外に向けた「大東亜精神の昂揚」を実施するための宣伝啓蒙体制のために、大政翼賛会文化部が設置される。[20]初代部長となった岸田国士は、一九四一年、五十周年を迎えた日本図書館協会で講演し、図書館によるこの読書指導の活発化にふれるとともに、それをさらに広げていくよう訴えかけている。[21]そして翌一九四二年、協会は文部大臣からの「国民読書指導ノ方策」に対する答申として、読書指導を積極的

表6　甲種図書群目録の冒頭に掲げられた著述

二荒芳徳	聖勅謹解	大日本図書、1936 年
千葉嵐明	明治天皇御製謹話	講談社、1938 年
斎藤瀏	戦陣訓読本	三省堂、1942 年
竹内尉	日本士道	健文社、1940 年
上杉慎吉	憲法読本	日本評論社、1928 年
高須芳次郎	日本はどんな国か	新潮社、1942 年
西村真次	日本人はどれだけのことをして来たか	新潮社、1939 年
藤谷みさを	皇国二千六百年史	大阪毎日、1940 年

＊目録冒頭「皇国民トシテノ自覚ヲ促スモノ」より作成。

に強化していく必要性を「大東亜共栄圏建設と国民読書指導方策」として掲げる。[22] この読書指導は、具体的には全国の中央図書館を拠点とした、地域の読書会の組織化、指導の形で構想されていく。

一九四二年九月、文部省主催で読書会指導についての研究協議会が開催され、当時社会教育局長の職にあった生悦住求馬（いけずみもとめ）は、各地から集まった図書館長を前に、読書会の全国的な組織化とその指導者の養成が必要であると述べ、「読書会指導要綱」を提示する。[23] ここで用いられている読書会は各地の図書館や地方組織によって運営される「国民読書会ともいふべき」読書会であり、大東亜共栄圏建設に寄与する「自覚的日本人を作る」目的を掲げていた。[24] そしてまたこの「指導要綱」は、こうした読書の仕方のみならず、読むべき図書のリスト（図書群）をあわせて掲げ、その第一には「大国民トシテノ教養ニ資スルモノ」が示されている。つまり集まって集団で読む場を組織的に作るとともに、読む内

表7　読書会での発表図書

1942年11月	1942年6月
アルプスの山の娘（ヨハンナ・スピリ、野上弥生子訳、1941年、岩波書店）	草鞋村長（本間樂寛、1942年、時代社）
吉田松陰の母（吉川綾子、1943年、泰山房）	人間錬成の吉田松陰（品川義介、1942年、東水社）
万葉のこころ（斎藤瀏、1942年、朝日新聞社）	佐久間象山の生涯（塚原健二郎、1941年、学習社）
楠公父子（中村孝也、1934年、建設社）	神国魂吉田松陰（村崎毅、1942年、学習社）
大日本国体概論（山田孝雄、1928年、宝文館）	

容をも方向付けていく。この図書のリストに、中田らが作り上げてきた「甲種図書群目録」が用いられるわけである（表6）。

ここで少し具体的に読書会のイメージを述べておいた方がよいだろう。石川県の読書会はこの年の六月に、金丸村の青少年文庫読書会が「勅使御差遣」、すなわち天皇の民情視察の対象となって注目をあび、また文部官僚も視察してこの「読書会指導要綱」に生かされていく。これら読書会は、参加者が、読んだ図書について感じたことを報告するという会ではある。ただ、視察の対象となった梶井重雄の指導する金丸村の読書会で扱っている図書や報告へのコメントは「皇国の思想」、「皇国臣民道」の体得に向けた強い傾向性をもったものである。[25] 東田平治が指導にあたっていた七塚町の読書会でも「修行の為め」にそれは行われており、文部省から視察に訪れていた有山崧（たかし）は「自己

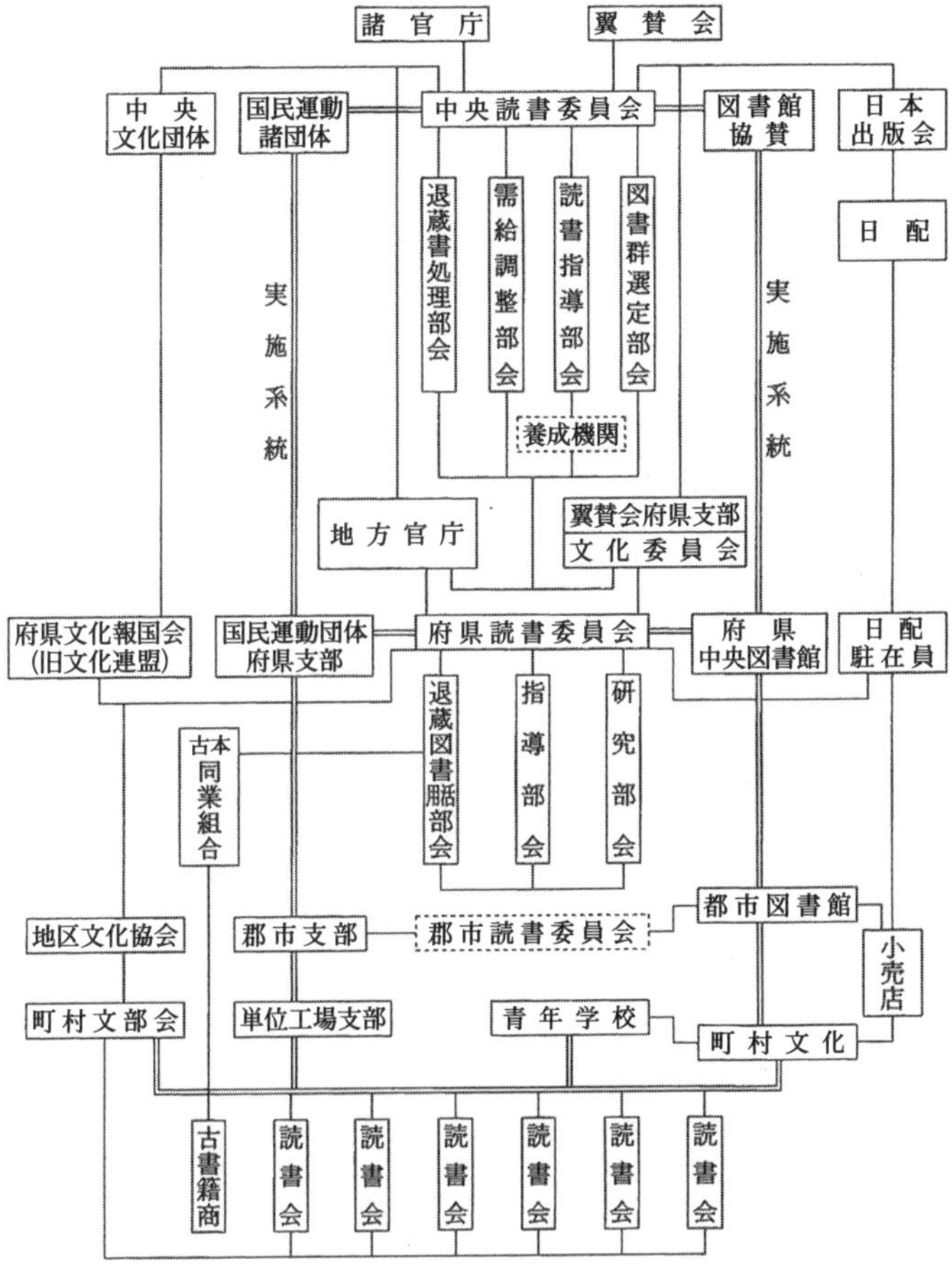

図３　国民読書運動の組織機構

「戦力増強の糧に　国民読書運動を展開します」（『大政翼賛』140 号（1943 年 11 月）をもとに作成）

完成」をめざした「国民学校の訓育調が強い」と記している。[26]

読書会に用いる図書全体が強い傾向性をおびている上に、主に伝記や評伝が選ばれているため、その発表は書物というよりも吉田松陰や楠木正成の思想や生き方に直接向けられ、その国家や天皇への献身を称え、生きる指針とする思いを発表し、共有する場となっている（表7）。読書会ではあるが、有山がはからずも記すように「書物は全く問題となつて居らない」様子がうかがえる。

大政翼賛会の文化部では、こうした読書会の普及を事業として重視し、各地の既存の読書会を再編し、組織化をはかっていく（図3）。[27]この節の最初にとりあげた堀内庸村は、大政翼賛会の嘱託として、その最前線で活動していた。彼は全国に千を超える読書会が組織されたこの頃の状況を「読書会時代の出現」、「読書の共同化時代」と記している。[28]

ここでは、戦時下の読書指導の組織化、広がりを概観してきたが、そこで注意しておきたいのは、この運動の起点や転換点に、読書を調べるという活動、そして読者に適した書物を選択、リスト化するという活動が深く関わっているという点である。以下では、読書指導を、読書傾向調査と読者用の図書群選定とが互いに結びつき、作用し合う中で機能する思想統制の仕組みとしてとらえていきたい。

3　読書傾向調査の系譜

戦時下に活発化していく読書傾向調査については、先に表5で示した通りである。しかし、読書傾向調査は何もこの時期に始まったというわけではない。ではそれまでの読書傾向調査と、戦時期の読書調査との違い、連続性はどこにあるのだろうか。この時期以前の読書傾向調査は、どこがそれを実施するのかという大まかなくくりでいえば、自治体による社会事業における社会調査の系譜、図書館が実施する利用者調査の系譜、心理学や教育学の研究領域での調査の系譜、そして学校や寄宿舎などの行う学生生活調査などの系譜があろう。

まとまった調査として早い時期のものとしては、一九二六年に東京市社会局の行った『小学児童思想及読書傾向調査』がある。これは戦後、都市社会学で知られることとなる磯村英一が東京市の職員時代に取り組んだ社会調査である。児童が自己から社会へとその意識を拡大していく過程に読書が作用すると仮定しての調査で、当時としては先駆的な取り組みでもあったと言えよう(29)。

図書館による調査は蔵書調査や貸出図書の調査は早くからなされているが、読書傾向を利用者に問う形式の大規模な調査は日本図書館協会が一九三四年に実施した三〇〇〇人規模の傾向調査となろう。注意すべきは、この日本図書館協会の調査の場合、「読書指導の目的」を達成するためという調査目的がすでに掲げられているという点である(30)。ただ、この時期には

「読書指導」自体がまだ明確な方法や対象として示されはしない。日本図書館協会はこの翌年、職業婦人を対象にした読書傾向調査、そしてさらにその翌一九三六年には労働者読書傾向調査を実施している。[31]

図書館の行っていた読書傾向調査の中では、児童の読書傾向調査が早くから広く行われていた。一九二一（大正一〇）年にはじまる『東京市立図書館と其事業』は、児童室や児童文庫に強い関心を向けているが、閲覧統計以外に、「児童の学年（年齢）と読書傾向」（駿河台図書館）や「こどもはどんな本を好んで読むか」（京橋図書館）といった児童の読書傾向調査や記事が散見される。[32]

心理学、教育学の領域のまとまった読書傾向調査としては、児童や女学生の課外読物についての読書傾向を調査した松本金寿、安積すみ江らの研究が一九三六年には発表されている。一九二〇年代には海外でも発達心理学や教育学領域で児童の発達と読書の関係が論じられており、それに触発されての調査である。[33]

また、学生の思想統制の中で読書傾向調査が着目されていくという点で、学生生活調査における読書調査の系譜が重要である。一九三六年、文部省思想局では、各地の学校で行われている生活調査、身上調査の情報に関心を向け、全国の大学や高等学校、専門学校でのこれら調査情報を収集、一二一校のデータを整理している。[34]その際に愛読書、読書傾向や崇拝する人物がこれらに共通する質問事項になっていることが明らかとなっており、こうした調査が学生の思想の把握、統制に有用な方法として活用されていくこととなる。一九三八年には文部省教学局自体が、読書傾向調査を含んだ大規模な全国学生生活調査を行うこととなる。[35]文部省によるこの全国的な調査とその公開は、読書傾向調査の社会的な位置づけを上昇させるとともに教育現場でのその普及に大きく作用したと思われる。[36]また、読書傾向調査が図書推薦事業と結びついていく点でも、戦時期への連続性がうかがえる。

とはいえ、これら先行する読書傾向調査の系譜から見るとき、戦時下における読書傾向調査はその規模や数の大きさのみならず、質的な変化をともなっていることが分かる。それをまとめるなら、まず図書推薦事業と明確に結びつき、図書選定の根拠として、またはそれら推薦図書が読まれているかどうかを検証する手立てとして位置づけられていくこと。そして、読書指導の必要性が強調され、自由読書への批判が強まっていくこと。また、規模のみならず、対象となる地域や読者が拡大し、農村地域での調査や、青年層への調査が増加することである。そしてこれらの特徴は、この時期の読書傾向調査の果たした役割に密接に結びついている。以降、この特徴についてより踏み込んで論じていきたい。

4 読書傾向調査から読書指導へ

まず読書傾向調査が、図書推薦事業との連続性を強く意識するようになる点について述べておこう。読書傾向を調べるということと、読者のために図書を選定するということとは必ずしも直結するものではない。しかし少なくとも図書の選定は読書を調べることに明確な目的を与えるものではある。読書傾向調査の中でも児童の読書傾向調査は、前述したようにそれまでにも多様な領域でなされていたが、これら多くの児童の読書傾向調査に対して、一九三六年『教育』誌上で村田隆興は、これら調査がどういう図書を選ぶか、与えるかという実践に結びつかなければ調査の意味自体がはっきりしなくなると批判している。そして児童図書の選定は、この時期に大きな問題ともなる。[37]

一九三八年八月には内務省図書課が、児童向け雑誌の出版社にむけ、「児童への追従主義」や「低調卑猥」で指導性の欠如した内容を「浄化」するよう発禁処分を視野に入れて指示・指導していく。[38]内務省にやや遅れる形で翌年五月以降、文部省が「浄化運動に更に積極性をもたせて」始める児童図書推薦は明確に児童の読書指導と、その図書の選択基準を意識したものである。[39]そしてその推薦について文部省の井本農一は、「公正なる」ブックレビューを越えた指導性を強調するとともに、「指導性の無い図書推薦は少くとも支那事変下の現状に於ては無用」と述べている。[40]

児童向けの図書推薦が積極的な指導性を帯びていくなか、読書傾向調査は、推薦図書の選定やそれが普及しているかどうかを検証するという目的を明確に帯びていく。一九三九年には文部省による児童の読書傾向調査が大規模になされることとなる。この調査は、文部省の

「推薦事業の成果を検証」することを目的としてあげており、検閲や推薦事業からさらに踏み込んだ読書指導の必要性を指摘している。[41] また、日本出版文化協会児童課が一九四一年に行っている傾向調査も、単に図書を推薦するだけでは不十分として、それを与えられた側の児童、さらには国民学校教師と児童父兄をも調査対象に含めていく。地域での調査も、秋田市の児童読書傾向調査では、内務省の統制を「進歩的」として調査を行うとともに、さらに進めて「読書指導連盟」のような組織の成立をも要望している。[42]

読書傾向調査にともなって読書指導の必要性が強調されていく事例は、児童を対象とした調査以外にも広く見られるようになる。勤労青年の読書調査を行った飯島篤信の場合、調査結果をもとに「青年の読書が従来全く自由放任のまゝすて置かれて、これに対する組織的な指導がなされなかつた」ことを批判している。[43] 同じく石川春江の場合も、出版文化協会や文部省の図書推薦が、推薦するのみで読ませるという指導性がないことを批判している。[44] そして、有効な読書指導の方策として、中田邦造らの図書群運動への道筋を示すこととなる。図書推薦は読者を漠然と一般的にしかとらえていないが、読書傾向調査は児童、勤労青年、農村青少年と行った具体的な読者集団の輪郭をうきあがらせるとともに、その集団に見合った図書を選び、積極的に読ませる実践的な活動へと結びついていく。勤労者層の読書傾向調査をもとに読書環境を論じる鈴木舜一も、読書指導は読まれるものを中心とした段階から「「読ませる」といふところまで積極的に乗り出して行かなければならぬものだらう」と述べている。[45]

この時期の読書傾向調査が、図書推薦と結びつくとともに、漠然とした一般読者への図書推薦では具体的な読者へ働きかけることができないという批判へ、さらにはそれぞれの読者集団に見合った読書指導の必要性へと結びついていく点を述べてきた。読書傾向調査は、「児童」や「女学生」、「勤労青少年」といったそれぞれに傾向をもった読者集団を可視化し、それらを指導すべき対象として意味づける技術となっていたと言えよう。この時期の読書傾向調査のさらなる特徴として、調査対象となる地域や読者集団が拡大していくことが先に掲げた表5からもうかがえるが、それは単なる範囲や対象の拡大というよりも、読書傾向調査が様々な地域、能力の読者集団を次々と可視化し、指導対象として見出していったととらえることができよう。

農村地域では産業組合が婦人会や地域イベントを通して雑誌『家の光』の広範な普及活動を展開し、一九三五年にはその発行は百万部に達する。そこでは、『家の光』を用いた読書会活動が早くからその普及に活用されていた。[46] 戦時下における読書調査や読書指導への関心の高まりの中、産業組合もまた一九四二年に全国的な読書状況の調査を行っている。そこでは「農村人の読書」が読書指導の対象として明確化されるとともに、それまでの読書会が読書指導の「先駆」として意味づけられていく。[47] そして、それまでの農村での読書会が書物の選択も含めて自由放任となっていたことを自己批判し、「大東亜戦争完遂」という明確な目的へと読書を位置づける協同読書運動を展開していく。[48] 農村に生まれていた婦人会や青年団による読書会や輪読会を、国民読書運動へと再編し、取り込んでいく過程の中に、こうした読書傾向調査が果たした役割を位置づけてみる必要もあろう。

また、こうして見出される読者層として、勤労者層、中でも青年学校生に注意しておく必要がある。一九三五年の青年学校令で、小学校を終えて就業している青少年のための実業補習機関は青年学校となり、一九三九年には義務制（男子学生）に移行する。青年学校の設置やその義務化は、兵役前の男子の軍事教練を強化するものでもあり、陸軍省の強い支持がその背景となっていた。まさにこれから戦争へと投入される重要な対象でもあった(49)。

文部省は全国的に児童、そして学生の読書傾向調査を行っていたが、尋常小学校を卒業して進学せずに農業に従事し、あるいは工場労働者となる層がそこでは抜け落ちている。青年学校の義務化と普及によって生まれていく青年学校生という層は、重要な読書指導の対象として新たに可視化されていった。調査の一覧表では青年学校、あるいは勤労青年、勤労青少年という言葉で扱われている読者がこの層であり、表を見てもこの層に多くの調査が関心を向けていることが理解できよう。さらに高橋慎一は、この層に対する読書指導について論じるとともに、この層に適した図書リスト（図書群）を試作し、公開してもいる(50)。

5　読書会と『読書日録』

戦時期の読書傾向調査は、明確に図書推薦と結びつくとともに、そこで積極的、具体的に読者を調べ、見出していく役割を担う。そして、見出した児童、女学生、勤労青年といった具体的な読者層へと働きかけ、その指導へと結びついていく。そこでは読者にかかわらず推薦すべき図書があるというそれまでの図書推薦事業の考え方が批判され、具体的な読者層に応じた積極的な読書指導が主張されていく。この点で、読書傾向調査は、それまでの図書推薦事業が、積極的な読書指導へと展開していくいわばスプリングボードのような役割を果たしたと位置づけることもできよう。

この時期の読書傾向調査は、孤立した事象としてとらえるのではなく読書を統制する一連の技術としてとらえる必要がある。読書指導は、読書傾向調査によって具体的な読者集団を浮かび上がらせ、その集団にみあった図書を選定し、与え、それを読ませる場を作り出していく一連の思想統制の手法なのである。

読書傾向調査はそれゆえ、戦時下の国策に寄与する重要な意味を担うものとなる。読書傾向調査の普及や規模の拡大はそのことを示していよう。それはまた、読書傾向が調べるべき重要なテーマであるという意識にもつながっていく。本章の冒頭に示したように、この時期の青年達が読書調査に積極的な意味を見出し、取り組んでいるのはこうした意識が背景となっているわけである。表5に示したように、読書傾向調査は各自治体にも広がっているが、実際には調査は大小を問わず相当な広がりを見せていたと思われる。例えば一九三九年に東京府が中等学校の読書傾向調査を行い、その結果が『日本読書新聞』で報道されるが、これに対して、各地の中学校や女学校から、独自に行った読書傾向調査が数多く同誌に寄せられたという[51]。

国民読書運動を、読書傾向調査から図書群の選定、そして読書会の普及という読書指導の一連の技術としてとらえるとき、一言で言えばそこには読書の可視化とでもいうべき特徴が見られる。この技術は読書傾向調査によって読者を具体化し、可視化するのみではなく、読むという行為自体の可視化をも含んでいる。

第二節でまとめたように、一九四二年、読書指導は文部省の「読書会指導要綱」の形で具体化されることとなる。要綱の作成には日本図書館協会が協力し、中田邦造や文部省の有山崧、そして先に引いた石川県で読書会の指導にあたっていた、梶井重雄や東田平治も作成に関わっている[52]。

「要綱」では、「国民的自覚」を把握させ、修養にも適した方法として読書会を位置づけ、その全国的な普及をはかる。そこでは読書会の経営にあたって、「読書会の誓約」を定めることが推奨されているが、その事例は読書会を「読書修養の同志」とする指導色の強いものとなっている[53]。

この要綱が、図書群として読むべき図書をリスト化し、可視化していることについてはすでにふれた。もう一つこうした可視化の技術として注目したいのは、要綱が「目で読み、手で読み、耳で読み」と記すように、効果的な読書方法として、読んだ図書について口頭で発表すること、そして読書日記に記すことを推奨している点である。[54] つまり読書を個人的な、内的な営みで完結させせずに、集団で読書経験を共有する方法をとる。そのために、読書体験を日記の形で可視化するのである。

この読書日記は読書会の指導者が読書会の前後に点検し、あるいは指導のために随時提出させせて綿密に点検することを推奨している。つまり、読まれること、見られることを前提として構想されており、自身の読み方を、読書会、あるいはその指導者に向けて可視化する方法であった。偉人の伝記や評伝に対して、自己の内面を点検し、その至らなさを反省し、自己を奮い立たせるという読書会の有り様が読書会のモデルとなっていた点はすでにふれてきた。読書日記を通してのこうした内面の可視化、馴致はまた、モデルとなった読書会でも用いられていたものである。中田邦造は、石川県での図書館長時代にこうした役割をもつ「読書日録」を構想している。[55]『読書会指導要綱』が出る一九四二年、実際にこの「読書日録」を普及させるために、日本図書館協会は『読書日録』を作成、販売する。読書日記をつけるために工夫された日記帳であり、日々の読書が文字化され、通覧できるフォーマットとなっている。ちなみに、「読書日録」という用語や書物はこれ以前には見つからないため、この時期

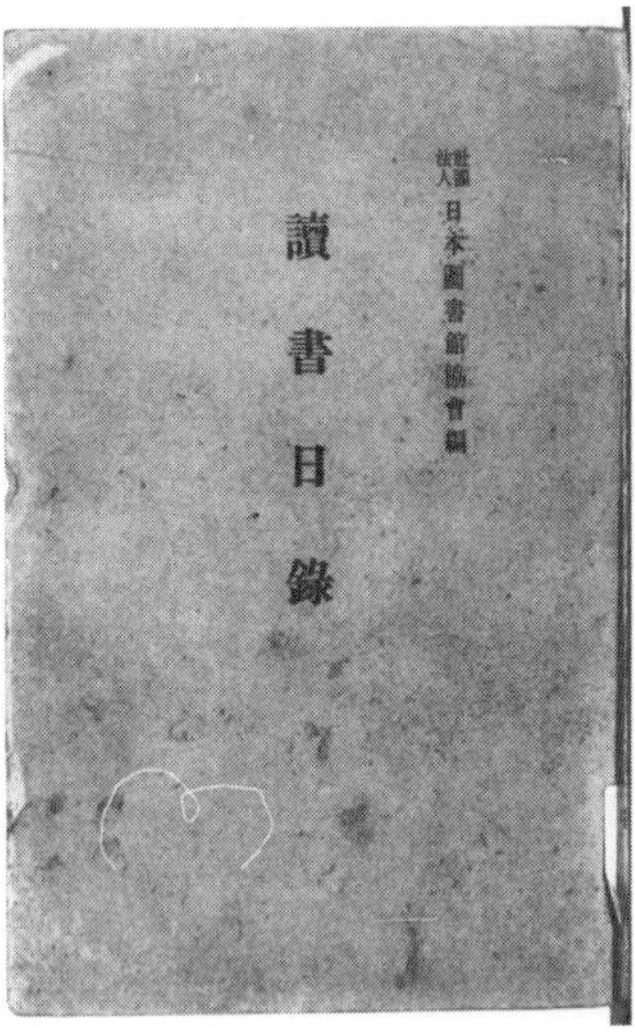

図４　『読書日録』

国立国会図書館所蔵。1942年から発行されており、これは1944年の版となる。

に、おそらくはこの刊行物によって一般化した用語と思われる（図4）。『読書日録』は、「読んでみたい図書・読み終わった図書」の記入欄が五頁ほど、さらに日ごとに読んだ図書、頁や短いコメントが記入できる欄が一年間分、そして概要やより長い感想を一頁分記入できる欄が三〇頁あり、読書会での記録やコメントを記すことができる欄が二〇頁と、実際の使い勝手を意識した作りとなっている。とはいえ、目的として掲げているのはあくまで「良き自覚的日本人たらんことを目指しての読書修養」である[56]。

　ここでは、読書傾向調査、図書の推薦、選定、そして読書日録、読書会といった活動を、読者や読書を可視化し、統制していく手法としてとらえてきた。読書傾向調査はそれ自体、一見中立的で客観的なものであり、読書指導のように明確に批判の対象となりにくいが、ここで示してきたように、読書傾向調査は戦時下の読書指導の規範と目的に明確に結びつく不可欠の要素なのである。

戦時下における国民読書運動の特徴は、読むべき書物を明確に可視化し、固定化していくとともに、読書の内面をも可視化し、戦争に役立つよう明確に意味づけていった点にある。先にひいた岸田国士の大政翼賛会での講演では、個人主義文化が批判され「集団主義文化の発揚」が語られる。[57] 個人の内面で完結する読書は否定され、読書は集団のもとに可視化され、戦争への有用性の中で価値づけられる。前述した産業組合の協同読書運動における読書会の意味づけ、価値づけの変容はそれをよく示している。

読書は其の目的として個人の娯楽、趣味、修養の領域を遙かに跳躍して聖戦目的に直接するを要する。従つて先般提唱せられた協同読書運動の目的も、（一）日本民族的なる世界観人生観の確立、（二）大東亜戦の意義の把握と之が完遂対する信念の徹底、（三）職域奉公のための知能、技術の習得の三点に要約される。[58]

この章では読書傾向調査、図書の推薦、選定、そして読書日記、読書会といった活動を相互に結びつきあった一連の読書指導の手法として論じてきた。ではなぜそうした一連の手法としてとらえる必要があるのか。その理由は、これらの活動が読書指導の中でそれぞれに果たす役割や機能をとらえられるからであり、さらには、これらの活動が互いに結びつきあうことで生まれる機能をもとらえられるからである。

例えば読書調査のみをとりあげれば、それは一見中立的で客観的なものであり、読書指導のように戦後明確に批判の対象となりはしない。実際、戦時下の読書指導はいち早くその反省の対象とはなるが、戦時下の読書調査のデータはそのまま戦後の読書指導書に用いられている。[59]また、国民読書運動についての研究では奥泉和久や高岡裕之らすぐれた先行研究があるものの、読書傾向調査についてはほとんど言及がなされていない。だがここで示してきたように、読書傾向調査は戦時下の読書指導の規範と目的に明確に結びついて働く重要な要素なのである。

読書指導をこうした一連の活動が結びつきあった技術としてとらえる理由はまた、その技術がどのように変化し、利用され、転用されていくのかをとらえる手立てとなるからである。実際に、ここで述べてきた読書指導は、内地のみならず、占領地や移民地でも応用されることとなる。

この点でも、先にふれた堀内庸村が重要な位置を占めることとなる。堀内は「対外文化事業と図書群」を論じ、大東亜共栄圏の文圏建設に図書群が密接に関わってくることを主張する。一九四二年、対外文化事業団体協議会でなされた陸軍省の南方文化工作についての講演会に堀内は強い関心を向けている。そして、その地域や人々、集団ごとに適した図書群による読書指導が文化工作において安価でかつ効果的な手法であることを述べる。そこではまた移民地や占領地での図書群が構想され、実際に満州への図書群と読書指導が活発に展開されたことについても触れている。

満州開拓地には既に十余万人の同胞が北辺の安護と、新文化建設の為に営々と働いて居る。そこの青年諸君の為に図書群を送り、若干の読者指導を行ふことは我々同志の多年の念願であつたが、今回現地農民諸君の熱心な要望と、満州国政務庁次長古海忠之氏や、其の他関係者の強い支持によつてこれが実現をみることとなつた。(60)

満州での読書指導やその指導者の養成のために、一九四三年満州開拓読書協会が財団法人として日本と満州とで成立する。(61) 中田邦造は、開拓地に適した図書群を選定する活動、そしてまたその指導者養成のための機関を構想する。その構想は大政翼賛会の事業となり、一九四四年には静岡県芝富での読書指導者養成所として実現する。中田がその主事を依頼するのが先に読書会の指導者として言及した東田平治であり、養成所の設立を準備するのは大政翼賛会のもとで働いていた堀内と、そして後に直木賞作家となる杉森久英である。(62)

おわりに

本書では、日本の書物を送り出し、流通させていく活動に焦点をあて、戦時下における文化工作の中でその活動を位置づけてきた。本章における読書傾向調査、図書群の選定、読書会、読書日記の励行といった読書指導に結びついた一連の活動は、書物のみならず、読書の場や環境を広げ、作り出していく活動としてとらえることができよう。そしてその活動は、読むべき特定の書目が具体化し、固定化していくことで思想や文化の統制や強制の役割を強く帯びることともなる。そして国内に向けた文化統制と、海外に向けた文化工作との連続性に本書では特に関心を向けてきた。読書指導は、内地に向けた文化統制の手法が、文化工作の手法として用いられていく具体的な事例と言えよう。

中でもこれまで見過ごされてきた読書傾向調査にここでは焦点をあててきた。それが活発に実践されていったのは、その調査に文化や思想を統制していく上での有効性、重要性が見出し得たからである。序章において松本学の活動にふれ、一九三七年に生まれる財団法人日本文化中央連盟についてとりあげた。国内の文化統制と対外的な文化工作との双方向的なその活動について述べたが、この日本文化中央連盟が翌一九三八年からその事業として開始するのが読書傾向調査である。その理事である岡部長景の支援する東京大学の教育学研究室でなされた調査が、一九三九年の飯島篤信や、一九四一年の海後宗臣の青年学校の読書傾向調査である。海後の場合、この年に人文学領域に拡大された日本精神科学奨励費の支援も受けている。前章の国文学研究にしてもそうだが、読書傾向調査はまさにこの時期の学知の「トレンド」ともなっていたわけである。そしてその知はまた文化工作に有用な意味を帯びてもいたのである。

ただ、こうした文化工作の運動、方法の実践は、一連の手法が均質に各地に広がり効果を発揮したことを意味するわけではない。先の堀内庸村を含め、読書会の指導者養成や図書群運動は、読書傾向調査をその手段として明確に含んでいるわけではない。読ませる書目と読書会という運動の様式のみが、固定化、形骸化して広がるとき、読者を調べ、見出す必要性も見失われよう。国民読書運動の場合、実際には満州開拓読書協会の活動はその後行き詰まりを見せることとなるし、また各地の読書会についても、特に都市部ではなかなか実現が困難であった事例も指摘されている[63]。地域で実践されていた読書会では、国家の指導理念と在村指導者との間のずれがあったことも指摘されており、地域におけるその実態を含めた解明が必要となろう[64]。

また、読書会や読書日記における読書の可視化は、読んだ図書の規範や価値観をそのまま内面化、身体化することに結びつくわけではない。読書日記はそれを指導する者と対話的にも機能するし、惑わせ、だます様な戦略をもとり得るからである。こうした点は、具体的な『読書日録』や『読書日記』から今後明らかになっていくこととなるかもしれない。

第三章　「東亜文化圏」という思想

――文化工作の現場から

はじめに

一九四四年二月、ある企画をかかえて中国に渡った日本人のグループがある。作家や画家らからなるこのグループは、中国語で小説を発表し、されにはそれを映画化、レコードにもして現地で広く普及させようとしていた。辛亥革命を素材として、その革命をアジア諸国が西洋の支配から脱していく、さらには分断されたアジアが一つとなっていく契機として描こうという構想であった。

作家は大鹿卓（おおしかたく）、詩人金子光晴の実弟でもある。大鹿とともに画家の水谷清も同行していた。日中戦争の開始以降、出版社や新聞社は作家やジャーナリストを戦地へと派遣し、また作家や詩人の側も一九三八年にはいわゆるペン部隊として陸海軍に従軍し、さらには南方への作家の徴用も一九四一年にはじまる。[1] こうした陸海軍との文化工作とは異なり、この大鹿らの活動は民間の財団によって支援され、実行されていた文化工作であった。企画していたのは東亜文化圏の会、そしてその母体となっていたのが財団法人青年文化協会である。[2]

この章ではこの東亜文化圏の会の発行する雑誌『東亜文化圏』をとりあげる。[3] 東亜文化圏の会は一九四二年に生まれる。同年、東条英機内閣のもと、大東亜建設審議会が設置され、大東亜共栄圏構想が具体化していく。そしてこの年一一月には大東亜省が設置される。「大東亜文化」の創造をかかげ、対外的な文化事業がそこで展開していくこととなる。対外文化事業を担う行政機構の移り変わりについては序章でもふれておいた。中国に対する文化事業の多くは一九三八年に外務省文化事業部から興亜院へと移り、一方、欧米や東南アジアに対する文化事業は一九四〇年に設置された情報局が担っていた。一九四二年に設置された大東亜省は、これらの対外文化事業を引き継ぐこととなる。興亜院は大東亜省に吸収され、また、情報局の事業のうち、学者、学生の交換や各種の芸術の相互普及、日本語教育、また大東亜省管轄地域の文化団体の指導や補助は大東亜省の事業となっていった。国際文化振興会もむろんここに含まれる(4)。

ただ、実際に文化工作を担い、教育や宣伝活動を実践するのは官民の多様な機関である。何を用いて、どのように「大東亜の文化」なるものが作り出され、広がっていったのか、具体的に文化工作の実践にあたった人や組織の活動から明かしていく必要がある。そしてこの新たな文化圏に向けた文化外交の実践に関心を向けているのが東亜文化圏の会であり、この雑誌『東亜文化圏』なのである。急速に拡大していく新たな占領地において、文化工作の具体化、実践が語られ、また実践にあたった人々の意見や情報も掲載されていく。その点では、やはり文化工作の実践に関わっていた後述の日本語教育振興会の雑誌『日本語』とも共通し

た性格をもっている。(5)

ただ『東亜文化圏』の場合、冒頭でひいた事例からも分かるとおり、言語のみならず、映画や音楽を含めた多様な領域の文化工作を結び合わせていく。そしてまた東南アジア諸国をはじめとする地域での実際の文化工作の事例が豊富に見いだせる。この雑誌の特徴は大きく三つにまとめられよう。第一に、対外文化政策を、宣伝学や新聞学といった領域を通して、体系化、科学化していこうとしている点。第二に、言語政策や映画制作など、具体的なレベルでの対外文化政策の実践方法が検討されている点。そして第三に、インドネシアやフィリピンなど、日本の占領地で実際に文化政策にあたった担当者らのデータや報告を豊富に含んでいるという点である。

したがって『東亜文化圏』という場からは、当時における文化外交政策を、それぞれの領域、地域でどう実践に移していくのかがとらえられる。そしてまた、その実践の現場で生まれる問題点、いわば政策と実践とのずれや、そのずれに対する批判的な意識も見出していくことができよう。本章で東亜文化圏の会の活動をとらえていくのはそれゆえである。

1　日本語教育と文化圏の創造

『東亜文化圏』は一九四二年二月に準備号、翌月に創刊号が発刊され、以降、一九四五年二月まで三七冊が確認できる。発行部数は一万部である。[6] 冒頭でふれた大鹿卓らの活動のその後の進展を伝えることなく、翌一九四五年に雑誌は途絶えている。大鹿卓は、当時から台湾や樺太、千島といった日本の周縁部に目を向けて取材、作品化しており、対象の典型化、単純化を拒むその表現は今日でも評価されている。[7] その大鹿が敗戦の前年に中国で具体化しようとした物語の行方は、個人的にはとても興味引かれるところではあるが、それが具体化するには至らなかった。[8]

この雑誌は、先に述べたように映画、音楽、言語といった多様な表現領域での文化工作の提案や実践、そしてまたそのための情報提供を行っており、宣伝や文化工作の理論からその実践にまで関心を向けている点が特徴となっている。加えて、この雑誌がもつ重要な特徴に、「文化圏」という思想がある。東アジアを広く対象とすれば、当然そこに異なる言語、文化が混在する。それらをなぜ、あるいはどうすれば統一的な「文化圏」とすることができるのか、その思想と方法の行方をこの雑誌からはまた見て取ることができよう。

まずこの東亜文化圏の会を事業として行った財団法人青年文化協会について述べておく必要があろう。青年文化協会については、今日、一九四一年から四三年までの事業報告が残されており、そこから設立の経緯もうかがえる。[9] 青年文化協会は、来日した外国人留学生の支援、つまり日本に来たばかりで言語や生活に困る留学生の準備教育や宿泊施設の手配、国内学校との連絡などを目的として生まれている。[10] 米国やフランスでは文化外交政策の中で、こうした外国人留学生の招致やその支援にも多額の国費が投入されていた。一九三〇年代には日本でもこうした海外の文化外交政策への関心が高まり、また日本の文化外交の立ち遅れが批判されてもいた[11]。こうした中で、国際文化局構想が形作られてくる経緯については序章で記した通りである。青年文化協会の設立趣旨においても、海外からの留学生に対するそれまでの日本の政策を「失敗の歴史」と批判し、留学生を取り扱う機関の対立や方針の不統一、留学生指導者やその養成機関の不在を指摘している。

とはいえ、青年文化協会が掲げる第一の目的は、以下のように「東洋文化圏」の拡充である。日本を中心として、世界に伸張しつつある「新興東洋文化圏」の拡充、強化とそのための指導啓発や人材養成の事業、すなわち文化工作の事業であった。

（1）日本を中心とし、東西融合して速にアジア及び諸他の世界各域に伸張せんとしつつある新興東洋文化圏の拡充強化に貢献し得る人材を要請す
（2）日本のアジアに於ける、延いては世界に於ける使命を理解体得せしむ
（3）各民族の奮起を促進し我国使命達成への協力を促進する[12]

理事長は、後述の東南アジア学院の院長も兼務する河原春作がつとめ、第一次近衛内閣で商工大臣や拓務大臣を務めた八田嘉明（はったよしあき）が会長となっている。協会の規程では文化部と教育部

図5　東南アジア学院で学ぶ留学生達
『青年文化協会事業報告』（青年文化協会、1941年12月）

に分かれ、文化部の事業には文化政策の研究や調査、日本文化宣揚、海外交流があげられており、教育部の事業には留学生の教育を行う東南アジア学院や学寮の経営、日本語海外普及に向けた教員養成や教材開発が含まれる。これは前節で述べた大東亜建設審議会の示す対外文化政策とまさに方向を共にしており、大東亜省を含め、政府補助金を得ての事業である。事業報告には収支は示されていないが、雑誌『東亜文化圏』にしても広告はいっさいとっておらず、しかも発行部数一万部のうち五千部を寄贈していることから、政府補助金によるところが大きかったと思われる。

青年文化協会のこうした事業の中でも特徴的なのは、その事業を「南洋及東南アジア諸国」に注力することをうたっている点である。対外文化事業は、前述のように興亜院や情報局が力を入れていくこととなり、主に満州や中国については留学生向けの教育機関も次第に拡充していく。これに対して、青年文化協会はその対象地域を、南洋、東南アジア諸国へと絞っていくこととなる。(13) 一九四一年にはそれまで協会が運営していた留学生向けの教育機関日語学院を拡充し、東南アジア学院として認可を得ている。認可時の学生の多くはタイからの留学生であった（図5）。

青年文化協会は、先述のように、目的とする文化工作に向けて、教育部と文化部を柱として事業を展開している。教育部はこの東南アジア学院の事業と深く関わっており、日本語教育の普及事業を展開していく。事業としては、当時国語審議会の会長であった保科孝一を委員長とする日本語科学研究委員会を設けて、そこで『日本語練習用日本語基本文型』を一九四二年に刊行している。(14) 注意すべきは、この青年文化協会の事業においても早くから、文化工作の政策とそれを実践する現場との間の溝、ずれが意識化、問題化されている点であろう。

南方占領地域更に大東亜共栄圏全般になるべく速に純正なる日本語を普及することは今日の国家的要請である。官庁及び各文化団体に於ても、これに対する施策がそれぞれ講ぜられて居る様であるが、しかもなほ、現場からは教材の不足、教授の混迷等がしきり

に訴へられてゐる。(15)

東南アジア学院の教授には黒野政市や、雑誌『コトバ』の編集主幹であった輿水実(こしみずみのる)がおり、この委員会にも参加している。また、日本語教員養成のための講座を一九四一年から実施し、養成した日本語教員を中国、満州のみではなく、フィリピンやインドネシアなど、東南アジア諸国の機関に斡旋していく。

表8 『東亜文化圏』同人一覧

浅野晃	評論家
磯部美知	医学博士、熱帯医学研究家
大岩誠	仏印研究家、東亜経済調査員
大鹿卓	文芸家
梶原勝三郎	外務省嘱託
吉備三郎	記載なし
窪田雅章	青年文化協会
志村陸城	満州移住協会
鈴木善一	東亜協会主幹
武見芳二	地政学者、東京文理大学教授
富沢有為男	文芸家、画家
藤田徳太郎	国学者、浦和高校教授
藤村又彦	青年文化協会
牧野吉晴	文芸日本協会員、文芸家
水谷清	画家、春陽会会員
保田與重郎	評論家
山名義鶴	満州移住協会

＊同誌の執筆者情報から同人と確認できた人物のみ掲げた。

表9 『東亜文化圏』特集一覧

言語問題特集	1942年 7月
映画問題特集	1942年 8月
先覚志士興亜論集	1942年 9月
興亜錬成論号	1942年 10月
宣伝戦特集	1942年 11月
宣伝戦現地報告号	1943年 1月
宣伝戦現地報告号	1943年 2月
大東亜戦争本質解説号	1943年 3月
調査問題研究号	1943年 6月
興亜先覚論集	1943年 11月

とはいえ、青年文化協会の目的はあくまで新たな文化圏の確立、拡大にあり、日本語普及事業はその手段の一つであった。協会の文化部でその目的を達成するための事業として一九四一年一一月に始まるのが、東亜文化圏の会の活動となる。そして翌年二月に『東亜文化圏』の刊行が始まる。編集事務局長が鈴木善一、編集長に協会職員の藤村又彦が入り、編集員に窪田雅章らがあたった。会の中には宗教、音楽、映画、写真、国語、文芸、そして医療工作の委員会が設けられており、同年七月には言語問題特集が、翌八月には映画問題特集が雑誌で組まれている。そして表からも分かるように、この雑誌は文化工作の実践、現場へとその関心を向けていくこととなる（表8、表9）。

2　地政学の受容とその実践

東亜文化圏の会の活動の特色は、何より日本ではなく「東亜文化圏」という単位での文化工作の構想とその実践にある。そこでは、文化や思想をアジア、あるいは東アジアとしてひとまとまりとする根拠、枠組みが必要となる。では東亜文化圏による文化工作の実践の中で、当時のどういった学知が、こうした文化圏の自明性や根拠を支えていたのだろうか。こうした当時の学知と、文化工作の実践との結びつきをとらえていきたい。

日本における一九三〇年代の文化外交論や、それを具体化する行政組織の構想には、海外に発信していくべき日本文化の研究やその伸張が強く意識されていた。そして、日本の思想や文化を研究する国内機関の振興・統制策とも密接に結びつくものであった。この点については、序章で扱った国内の文化団体の組織化や、第一章における国文学という学知の編成でも論じてきた通りである。

ただ、さらにそれをより広い「文化圏」としてとらえる枠組みがここでの文化工作には必要となる。つまり、世界をいくつかの文化圏に分けてとらえる枠組みである。世界をいくつかの文化のエリアに色分けし、その対立、生存競争としてとらえれば、自国文化の闡明とその強化、伸張が求められる。日中戦争のはじまる一九三七年、蝋山政道が、この戦争を日本と諸外国とのイデオロギー、いわば思想圏の対立と位置づけ「東洋学者、文化科学者、哲学思想家の総動員」を唱えていた点についてはすでにふれた。[16] その後に展開する内閣情報部による当時の啓発活動の中でも、世界は「全体主義国家」、「民主主義国家」、「共産主義国家」に色分けされた「思想戦」の場として表象される。[17]

一九四〇年に公表される「大東亜共栄圏」構想と、それに対応した文化外交は、それまで日本という枠でなされてきた文化工作を、「大東亜」というより広域の対立関係の中で、新たな枠に編成することとなる。そこでは、日本が「大東亜」へと、いわばその身体を肥大化させていくことを自然、正当なこととし、さらにはその肥大化した身体に見合った内面、思想があるとする根拠が必要となろう。その根拠を具体的に作り出し、文化工作の実践に移しているのが、『東亜文化圏』なのである。ではそれはどのようにして可能となるのだろうか。

東亜文化圏の会は、その設立趣意において、日本のこれまでの対外文化工作への無関心を批判し、それを最優先して取り組むべき緊急の課題として主張する。その主張の土台となっていのは、世界を三つのブロックに分けてとらえ、それぞれのブロックがその生存をかけて思想戦、文化戦を展開しているという世界観である。これはそもそも母体となった青年文化協会においても明確に見られるものである。

世界は今、三個の巨大なる星雲に分れて新文化創造に競ひ進みつつある。そはいふまでもなく、南北両米二十一箇国を打つて一丸とせんとしつつある所謂アメリカ文化圏と、営々辛苦以て新秩序建設に直進しつつあるアジアと、而して新秩序打成に苦悶懊悩しつつある欧州である。(18)

青年文化協会の設立趣意書はその冒頭、このように記している。また、東亜文化圏の会の設立趣意でも、第一次世界大戦以降の世界を「地域的大ブロツク圏国家構成」への変化としてとらえ、日本を中心としたアジアブロック圏の確立を「必然的」なものとしてまず述べている。そしてそれぞれのブロックの間での思想戦、文化戦が、「英米自由主義制覇」、あるいは「プロレタリア独裁」を目的とした文化工作としてなされているという現状認識である。

こうした認識の枠組みの自明性・正当性を東亜文化圏の会は多様な学知の領域と結びつきながら主張していく。そうした学知として、当時流行していた地政学をまずあげることができよう。地政学は、ある国家を生き物のようにとらえ、かつそこに地理的な要因が決定的に作用するとする考え方である。学説としては日本では一九二〇年代から紹介がなされ、一九三〇年にはドイツの地政学を紹介する阿部市五郎『地政治学入門』が刊行される。阿部はまたそのドイツ地政学に大きく作用したチェレーンの『生活形態としての国家』も翻訳、刊行している。[19]とはいえ、こうした地理的決定論や国家有機体説は地理学領域では早くから批判がなされており、学説というよりも国家の領土の拡張や維持を目的とする技術知である点も指摘されていた。[20]

しかし、戦時下においてこの思想は、東亜、そして大東亜共栄圏という領域の妥当性を根拠づける手立てとして急速に一般化し、普及していく。大東亜共栄圏は、地理的にみて日本という国家が生きていくうえで必然的で自然な広がりとされるわけである。日本における地政学の受容や普及については、すでに多くの研究が蓄積されている。[21]これら研究によって、地政学の知が大衆化、一般化していくとともに、当時の官民の指導者層にも影響力をもっていた点が明かされてきた。日中戦争の始まる一九三七年、国家総動員体制の立案・実施を担う中枢機関として企画院が設置されるが、企画院やそのさきがけともいえる満州国行政にかかわった革新官僚や陸軍のエリート軍人層に地政学への関心と受容が広がっていた点が指摘されている。[22]また軍官僚と地理学者の具体的な結びつきとして、一九三七年、内閣情報部情報官となり、翌年には総力戦研究室を立ち上げる陸軍の高嶋辰彦が、京都帝国大学地理学教室の小牧実繁（こまきさねしげ）に「政治地理学」研究の依頼していく経緯についても詳細に明かされてきた。小牧実繁は一九四〇年に皇道主義的な立場にたつ『日本地政学宣言』を刊行、四二年までに五回版を重ね、小牧は新聞や雑誌、ラジオ講演に広く登場する。[23]

東亜文化圏による文化工作は、ちょうどこの東亜という肥大化していく身体に、文化という内面を与え、充填する活動であったといえるだろう。『東亜文化圏』では「全東亜を思想的に一体一丸たらしめむとする」ことがその運動の目的となる。[24]その意味では地政学の知を土台にして文化工作という実践に生かしているわけである。むろん東亜文化圏は、日本文化の拡張、浸透によって構想される。その「自然な」成長をさまたげたのが欧米の植民地政策とするこの組織の歴史認識ともそれは連動する。

> 真の東亜共栄圏確立とは、亜細亜諸民族の文化の成長の中に（日本の）民族の文化を浸透して行くことに依つてのみ期待し得るのである。[25]

先述の小牧や、同じく京都帝国大学地理学研究室の室賀信夫は、『東亜文化圏』の寄稿者でもある。小牧の論は、アジア大陸の地形をもとに、「本来の姿」、「自然の姿」という言葉で、日本の勢力圏の拡大を自明のごとく記述し、そこにアフガニスタンやイラン高原の「皇化」も視野に入れて論じる。[26] そこでは日本にとって有益か否かが、科学性や正しさを担保するものとなる。実際に、同じく稿を寄せた室賀は科学的であるか否かという判断は国家を越えて存在しないと明言している。[27] ただ、当時の日本地政学の主唱者たちが単に寄稿しているということをここで指摘したいのではない。重要なのは、この雑誌自体が、地政学の思想を文化工作という形で実践に移していく場となっているという点である。

東亜文化圏という思想を支え、その文化工作を可能としているのは、地政学という学知のみではない。宣伝学や民族学といった、当時の国家総動員体制に有効な多様な実践知が東亜文化圏の会の活動では結びついている。新聞や宣伝は、民族的な同一性や統一性を作り上げていく技術ともなる。その知を研究し、学び、広げる組織として、東京帝国大学の新聞学研究の成立に研究の関心がむけられてきたのはそれゆえである。この新聞学研究室から出てくる小山栄三は、新聞学とともに民族学の研究をも進め、企画院や内閣情報部の事業にも関わっていく。小山の民族学と新聞学の著述の双方に、対象を同化・統合していく共通した思考の形を吉見俊哉は指摘している。[28] また、福間良明は、民族学は多様な対象の把握として、新聞学はその統合への処方として小山において結びついていたとする。[29]

だがそもそもこうした学知は、実際の思想戦においてどう活用されていったのだろうか。その知が、文化工作の現場でどう実践されていたのかが問われねばならないのではないか。

その実践への具体的な広がりを、『東亜文化圏』は示していると言えるだろう。本書で関心を向けているのは、こうした知が統治や宣伝の実践にどう広がり、生かされたのか、なのである。[30]

宣伝学に関しては『東亜文化圏』の場合、「東亜文化政策序説」や「思想戦としての宣伝戦とわが国宣伝の向ふべき方向」を寄稿している米山桂三も注目されよう。米山は宣伝をその指導者の意図をもとに分類し、とらえる。そのため宣伝の分類はイデオロギーの分類にも重なることとなる。[31] そこでは先の青年文化協会の設立趣意と同じく、世界を三つの思想圏の宣伝戦とする空間認識が明確に示されることとなる。[32]

そして占領地での文化工作の実践や経験を豊富に掲載するこの雑誌では、この文化圏が、実際にはばらばらの言語、文化からなりたっていることは自明の前提であり、「東亜文化圏」はすでにあるものではなく文化工作、文化宣伝を通して作るものなのである。志村陸城が「東亜文化圏は、共通点としてあるよりも、むしろただ可能圏としてある」と述べている通りである。[33]

「東亜文化」なるものがあるのかどうか、という論点は、当時においては「東洋文化」という枠組みそのものに疑義を呈した津田左右吉と、それに対する小野清一郎からの批判という形でも問題化していた。[34] この議論に対して、当時、青木節一は、小野の立場を支持しつつ、そのような文化が実際にあるかどうかが重要なのではなく文化工作の上で必要・有用であるとする。『東亜文化圏』の立場もそれに近く、「東亜文化」はすでにあるものというよりも、「作る」べきものであったといえるだろう。(35)

東亜文化圏の会は、一九四一年一一月に創立されるが、その準備として、対外文化工作の問題点や方針を考えるための研究会を軍官民の関係者に呼びかけて開催し、その内容を座談会という形で創刊準備号に掲載する(表10)。

これら参加者からは、この会の活動が、陸軍、海軍から企画院、外務省、文部省を含め、軍官民のネットワークのもとで展開していくことがうかがえる。企画院からは内務省出身の革

表10　東亜文化圏の会創立準備座談会出席者

前田精	海軍大佐
浅田三郎	陸軍中佐
桑原少佐	陸軍
杉原荒太	外務省
本田弘人	文部省
金内良輔	大政翼賛会
菅太郎	企画院
大川周明	東亜経済調査局
大岩誠	同
山名義鶴	満州移住協会
志村陸城	同
岡正雄	民族研究所
浅野晃	評論家
藤田徳太郎	国文学者、浦和高校教授
大鹿卓	文芸家
磯部美知	医学博士
内田吐夢	映画監督
梶原勝三郎	外務省囑託
荻洲重之	台湾拓殖
牧野吉晴	文芸日本協会
鈴木善一	東亜協会
藤原又彦	青年文化協会
窪田雅章	同

新官僚の菅太郎が参加している。外務省からは杉原荒太が参加、杉原は翌年にできる大東亜省の参事（後に総務局長）となる。また、この会の活動が国内における文学や社会科学といった多様な人文学の学知を文化工作という実践の場で結びあわせていく活動であったこともうかがえよう。民族研究所の岡正雄もここには参加しているが、人類学、民族学の知もまた、占領地を統治していく上で重要な位置を占めていた点についてもすでに指摘されている点である[36]。

とはいえ、重要なのはくり返しとなるが、ここで述べているのは人類学、宣伝学、あるいは地政学を含め、戦時下において学知が国策に役立つよう形にその形を変えていったという点のみではなく、文化工作という場でそれが実践に活かされていたという点である。

3　内地と現地実践との溝

『東亜文化圏』では、映画や言語教育を含めたそれぞれの領域での文化工作の方策が論じられていくが、何より実際にそこに関わっている人々からの情報が寄せられているところに特徴がある。東亜文化圏を実際に文化圏として作り出していくうえで、そこに共通する言語を普及させることがその重要な方策の一つとなるのは言うまでもないだろう。日本語教育では、文部省で日本語教科書の編纂にあたっていた釘本久春が『東亜文化圏』に論を寄せている。

文部省は日本語普及に向け、一九三九年に国語対策協議会を開催、四一年には興亜院とともに日本語教育振興会を設立する。釘本はこの日本語教育振興会の理事となり、日本語教科書の編纂にも関わっていく。青年文化協会からはアジア学院で日本語教育にあたっていた輿水実の論が掲載されている。

釘本の主張では、日本語を占領地の現地の言葉を通して教育するいわゆる間接法を支持している点、また、日本の国内における文化統制を重要視している点が注目されよう。駒込武は華北占領地では現地の言語を媒介にした間接法による教育が現実的ととらえられており、日本語を日本語で教えるべき（直接法）とする本国の方針との間にずれがあったこと、また、現地では日本語を通して日本文化の何を教えるべきか、という問いが持ち上がってくる点を指摘している。[37]対外文化工作は、送り出すべき日本文化の闡明、統制に支えられ、強化される。釘本が国内に向けた「対内宣伝」の重要性に目を向けているのはそれゆえであろう。そしてまた間接法による教授を支持している点も、本国よりも占領地に即したものといえるが、それゆえに内地の文化工作の考え方とのずれも生じる。

輿水はこの占領地と本国との認識のずれをより批判的に論じている。日本語教育振興会の作成した『ハナシコトバ』についても手厳しく、東南アジア地域に適合した日本語教材の必要性を強く主張している。[38]この批判がなされた一九四二年段階では日本語教育振興会は中国向けの日本語教育事業を目的としていたが、この後、一九四三年七月からは東南アジアを含めた事業へと実際に拡大されていくこととなる。[39] 青年文化協会からは理事長の河原春作をはじめ、日本語教育振興会に顧問や理事として参加しており、同会への影響力も強かったと思われる。[40] また、教えるべき日本文化のコンテンツが欠けていることについては、当時マレー語の実用的な参考書を作っていた宮武正道も論じており、日本文化の高い水準を示す文献の仮名文字版を大量に、早急に作るべきことを主張している。[41]

文化工作の政策と現地でのその実践との間に生じていたこうしたずれへの指摘や批判はこの雑誌ではしばしば見出すことができる。映画による文化工作もこの雑誌では大きく取り上げており、前述のごとく特集も組んでいる。欧米の映画、特にアメリカ映画が欧米の東南アジアの植民地に娯楽として広く浸透していた状況が背景にはあり、東亜文化圏の会は、これら映画上映を米国の価値観を浸透させていく強力な文化工作ととらえ、その政治性を強く認識してもいた。[42] 大岩誠はそれを「映画によるアメリカの破壊工作」ととらえ、津村秀夫は東南アジアにおける米国の映画産業の進出状況をふまえ「アメリカ映画は東亜文化圏の最大の敵である」とする。[43]

『東亜文化圏』ではこうした映画の文化工作に対する日本の認識、体制の立ち後れが指摘される。フランス領インドシナ（仏印）で上映映画の選定に関わっていた小松清は、日本映画が南方の占領地でも上映できるよう送られてくるものの、それらが文化工作には適さないと批判する。[44] それらは日本人視聴者の好みや知識を前提としており、「フランス人や、殊に安南人が親しみを覚える」日本映画が選定されていないとする。

小松清は、そうしたなかで上映、評価した映画として『田園交響楽』と『支那の夜』があげている。小松清はフランス本国において、『田園交響楽』の原作者であるアンドレ・ジイドの求めに応じて日本からこの映画を取り寄せ、いくどかパリでも上映し、非常な好評を得てもいた。一九三九年のことである。こうした経験もあっての批判であり、実際に仏印で前者は四一年一一月から、後者は翌四二年二月からハノイを皮切りに上映され、現地で好評を得たことも記されている。

文化工作で生じていた本国と現地のギャップの原因として指摘、批判されているのは、映画による文化工作においても、また日本語の普及活動においても、現地の状況や住民への理解不足であり、当時の対外文化政策が、宣伝する相手を知らない、見えていないままに一方的になされているという点である。

戦時下の読書指導の広がりを第二章で扱った際に、推薦図書を一律に選び、読者に送りつけるのではなく、まずそれぞれの場所の読者を調べ、指導するべき読者を見出していった点を指摘しておいた。知を教え、広げていく技術においては、読者、享受者を知る、調べるという活動との連携が決定的に重要となる。

それゆえ、この雑誌では、映画についても、仏印やフィリピンといった具体的な現地の情報や、文化工作の状況について調べ、知ることが重要となる。(45) この点で重要なのが、市川彩(いちかわさい)に

表11　東南アジア、南洋の映画産業（1941年調査）

	人口（万人）	映画劇場総数	発声装置数	年間製作本数	年間輸入本数
仏印	2,400	90	85	–	120
タイ	1,448	90	65	5	100
マレー半島	138	123	110	2	150
東インド	6,640	330	330	7	300
フィリピン	1,326	350	320	60	250
ビルマ	1,466	136	17	–	–
インド	35,283	1,130	1,030	50	529
セイロン島	530	18	18	–	200
計	49,231	2,267	1,975	124	1,649

＊市川論をもとに作成。ただし人口データは仏印は1937年、フィリピンは1936年、ビルマ、セイロン島は1931年のもの。

よる「大東亜戦争と映画工作要綱」である。市川は映画による「アジア文化運動」を目指すが、実際に彼が重視したのは、現地調査である。これに先立つ一九四一年に『アジア映画の創造及建設』では、東南アジア地域、さらにオーストラリアやハワイを含めた圏内の映画の制作、輸入、検閲制度、上映館についての情報を調査、刊行している。[46] そして『東亜文化圏』においても、ここに示したように具体的な映画の流通、配給を可視化するデータを示すことで、文化工作の実践への道筋を示す（表11）。

『東亜文化圏』における文化工作の諸論が、宣伝する現地の対象、相手を知ること、調べることを重視し、それを欠いた文化政策に批判的であった点を指摘してきた。これは、文学領域においても同様である。作家で会の同人となっているのは、先の大鹿卓以外では浅野晃と、富沢有為男であり、彼等は実際に陸軍の宣伝班でインドネシアで活動した経験をもつ。日本語教育から、さらには現地での日本語新聞発行、現地語での文化発信を担うこととなる。すでに現地での日本語教育の実践に関しても述べてきたように、そこでは具体的に発信すべき日本の文化や文学が求められることともなる。占領地での翻訳や紹介に適した日本文学を取捨選択することとなったわけである。

こうしたアジアでの文化工作の実践からみたとき、それまでの国際文化振興会による日本文学の海外への紹介活動は、かなり現場とかけ離れたものとして、また欧米のまなざしの延長上でなされてきたことが意識されることとなる。

> 欧米風の国際文化振興会意識が、南方などにわが国の文化を知らしめるための中心になつてゐるやうでは、まだまだ駄目である。(47)

こう寄稿するのは平安文学研究の藤田徳太郎である。すでに国際文化振興会は日本文学の概説を英語で刊行してもいたが、それらは欧米を模倣した、そして欧米諸国を想定した、しかも特定の専門領域に向けた宣伝刊行物でもある。(48) 会の編集にあたっていた窪田雅章は、文化工作は「現地の現実」を無視しては絶対にできないとし、国際文化振興会の文化工作は「大東亜」の各国に適した文化工作とは質的に全く異なると批判する。(49)

そして一九四三年の一月号、二月号で富沢有為男や浅野晃による宣伝班での実践が、また映画においてもやはり宣伝班の鈴木寿雄による現地での実践が掲載されることとなる。国際文化振興会は、こうした批判や実践に見合う形で、一九四三年にはアジアに向けた文化工作に適した推薦作品を選定し、リスト化、翌年公開していくこととなる。第一回の選定作は次のようなものであった。

岩田豊雄作「海軍」丹羽文雄作「海戦」島木健作作「運命の人」武者小路実篤作「幸福な家族」小川真吉作「隻手に生きる」山本周五郎作「日本婦道記」[50]

さらに次回選定作候補に、「宮崎滔天作「三十三年の夢」谷崎潤一郎作の随筆　濱田安雄作「南方移民村」」の名前があがっている。浅野晃はそれに先だって『東亜文化圏』誌上で「三十三年の夢」を推奨している。[51] 文化工作という面では、『東亜文化圏』は明らかに国際文化振興会の一歩先にあり、そして最前線での実践をもとにその進んでいくべき方向を照らし出していたともいえよう。

日本語の普及のみではなく、それを読み、書く環境を作り出していくこと、そしてまた現地にあった日本語によるコンテンツ、書物や雑誌を提供する環境が、文化圏の構築には必要となってくるわけである。ではそこでどういった書物や雑誌が現地に送られていったのだろうか。こうした活動は、後の章で扱うこととしたい。

4　現地実践の行方

『東亜文化圏』の戦時下における文化工作の実践が、文化工作の現場と本国との間でのずれ、乖離に対して意識、批判する活動となっていくこと、そしてまたそれゆえ、宣伝対象を知る、調べる活動へと向かっていく活動となっていく点について述べてきた。特集からもうかがえるように、一九四三年には二号にわたって宣伝戦現地報告号が組まれ、さらに調査問題研究号が企画されていく。

こうしたなか、この雑誌には、単なる一方的な文化発信ではなく、現地に出向き、現地の青年との交流を試行していこうとする動きが見られる。一九四三年の「東亜青年文化運動の提唱」で、編集にもあたっていた鈴木善一は、中国各地に青年文化会館を作ることを提唱、青年の文化交流をはかろうとする。「軍官の思想工作は、結局宣撫工作、対敵宣伝、戦後の治安維持といふ主として作戦目的を達成する手段」でしかない短期的なものであり、より長期的な視野にたった相互の文化運動を構想する。(52)

会自体は、初期の有志による同人組織から、一九四二年六月には外にも新会員を募り、さらに維持会員と普通会員の区分を設ける。維持会員は「内外各地に読書会の如きものを設置したい」と編集後記で述べられており、会員のネットワークを各地に拡大するとともに、それによって現地からの情報の収集や、逆に現地への情報の提供をも可能にする組織が目指されていたと思われる。[53]

実際に、こうした対外文化政策が実践されている現地からの情報が雑誌に寄せられ、雑誌で提供した情報の有用性や、逆に現地の実態とずれている点が示されてもいる。例えば、ベトナムで日本語教育にあたっていた石井正則は、前述の鈴木善一「東亜青年文化運動の提唱」に共鳴しつつ、この具体的な対外文化政策がどのようにサイゴンで効果をあげているかを詳細に報告している。[54]あるいは、同人の尾崎士郎がフィリピンの文化工作について述べた「比島の文化工作」に対して、そこで提案された方策があまり成果をあげていない点が知らされてもいる。[55]雑誌では、学徒出陣で外地に出て行った会員を含め、外地の情報を積極的に雑誌に寄せるよう呼びかけてもいた。[56]

一九四三年には、こうした情報を外地に求めるばかりではなく、実際にアジアの各地に会として拠点を作っていこうとする動きが出てくる。一九四三年の一月号には、東亜文化圏の会を新京、上海、昭南島に組織することがその年の計画として掲げられる。同年には実際に上海に同会による中国研究室が設置され、さらに一九四四年には東南アジアにも拠点を設置する計画が再度ふれられてもいる。[57]また、会自体を「思想部、満蒙部、支那部、南方部、興亜部」に分け、理念的な部分を担う「思想部」の他、これら各地のセクションが互いに連絡し合い、実地調査や研究を行って誌面を充実させていくことが構想されていた[58]。

注目すべきは、宣伝対象である現地の人々を知る、あるいは調べるというこうした実践が、文化工作の有効性を検証し、その問題点をあらわにする活動ともなっていった点であろう。中国における文化工作がうまくゆかず、戦争の長期化をまねいてしまっているのはなぜなのか。同人で東亜協会の主幹でもあった鈴木善一と、『東亜文化圏』の編集にあたっていた窪田雅章は一九四三年に中国に渡り、上海や、北京、南京と二ヶ月にわたって現地の青年への聞き取りを行っている。

日本の思想、文化工作が信頼できない理由として現地から批判されたのが、日本が西欧のように植民地でふるまい、中国人を見下しているという「日本の西洋化」であった。日本の文化工作が、「大東亜」という領域の一体性や共通性を強調しつつも、あくまで日本語を中心とし、また日本民族を上位においた階層的な思想であることを、中国の青年層が広く意識していたことが明らかになる[59]。

対外文化工作の実践は、宣伝対象を知る、調べる活動と連動するが、その活動はまたこうした日本の文化工作への疑問や批判を抱く人々を見出すことにつながる可能性を、そしてさらには文化工作自体への批判的なまなざしへとつながる可能性をもっていたとも言えよう。

おわりに　代償として「青年」

この章では文化工作のいわば最前線にあった『東亜文化圏』をとりあげて論じてきた。その活動は日本地政学をはじめ、日本を中心とした価値尺度で再編された科学、学知を、文化工作という形で実践の場へと移していく活動であった。そしてこうした文化工作の実践はまた、文化工作の対象となる占領地の人々を調べ、広く知らせる活動に結びついていくこと、さらにはそれが文化工作方策の具体化や批判につながっていく点を論じてきた。

ただ、『東亜文化圏』の場合、そこで生まれる文化工作への批判は、あくまで目的を達成する方法に対する批判であって、目的そのものへの疑いや批判には至ることはなかった。文化工作は、日本語や日本文化の価値を押し広げ、「文化圏」を作りあげていく活動であったが、あくまでその目的が揺らぐことはない。批判されるのはそれを効果的に行っていない政策や方策の欠点であり、いわば目的を達成するうえでの文化工作の技術的な可否なのである。先の鈴木善一や窪田雅章らの現地調査に話をもどすなら、そこでは文化工作が日本を中心とし、上位においた階層的な運動として、現地の青年達の不信や批判に結びついていることが明確になってはいた。しかしそれが日本語や日本文化の価値自体への疑いに向かうことはなく、現地にその価値を十分伝えられない文化工作の方法、技術の批判へと向かう。

その対策としてこの会では民間の力をより活用する必要を述べ、それを「東亜青年文化運動」として提唱する。(60)これは、中国の主要都市に、日本人の青年グループを配置し、そこに青年文化会館を作って地域の青年と意見交換できる場を作り、文化を浸透させていくという方策だった。東亜文化圏の会は大政翼賛会のような政府主導の一律の官僚的な文化工作については批判的な立場であり、自発的な民間の力を活用することを提案していく。くり返しになるが、あくまでその批判は、文化工作に有効かどうか、という枠内でなされたものである。

『東亜文化圏』では文化工作の目的自体を疑うことなく、あくまでそれを達成する技術的な評価、批判がなされ、そしてまたその有効な方法、手段として「民間人材」に目が向けられる。(61)であれば文化工作の失敗や停滞は、その目的の疑いや修正に向かうことなく、最終的にその手段たる「民間人材」に背負わされることとなろう。会では民間の青年が「文化戦闘員」となるべきことを主張していく。先の「東亜青年文化運動」もそうした思考の上にたつものである。そして一九四四年七月の巻頭言「文化戦闘員の現地派遣に就いて」では兵士ではなく文化工作のために「素裸」の青年を現地に送るべきという主張にまでたどりつく。思想戦や文化戦ではよく書物が弾丸に例えられるが、ここではもはや発射されるのは書物ではない。「文化に於けるロケット砲弾」は青年の身体そのものとなるのである。(62)

第二部

外地日本語蔵書から文化工作をとらえる

第四章　アジアをめぐる日仏の文化工作
――ベトナムに遺された日本語資料

はじめに

東南アジアの国々に、戦前・戦中の日本語図書がどれだけあるか、想像してみたことはあるだろうか。戦時期には東南アジアの各地を日本が占領し、かつまたそこで日本を中心とした「大東亜」文化を伝え、広げていく文化工作がなされていた以上、これら文化宣伝を担う出版物が送り出されていったことは想像に難くない。ただ、それらの書物がどういった形で、どれだけこれらの国々に遺されているのかは、これまで明らかにされてこなかった。

日本が占領、あるいは進駐していた地に遺された日本語の図書館や文化会館といった場は、戦時期の対外文化工作が具体的な実践の形をとったものといえるだろう。むろん、日本の敗戦、引揚げ後にそれらの書物が当時の形で保存され、遺っていたとしたらの話である。もしもそうした書物がまとまって遺っていれば、そこに含まれる書物の内容や傾向から、文化工作が現地でどういった形でなされていたのかもうかがえようし、そうした文庫を作り、用いていた人々やその活動もそこからはうかがえよう。第二部で行っていくのは、まさにこうしたアプローチである。

本書では、書物の広がりをとらえるという方法をとってきた。知や情報を伝え、広げ、教える人々やその仕組みに焦点をあてる方法である。それは戦時期の国内においては読者への統制をとらえることとなり、さらに日本の占領地や植民地への教化・宣伝をとらえることともなる。第一部では、日本の言語や文化の価値を見出し、それを教え、広げていく場を、国文学の研究、教育の場から描き出していった。また、書物を伝え、広げていく技術として、戦時期の読書指導の展開をとらえていくことができた。そしてまた知を伝え、押し広げていく実践として、対外文化工作に関心を向けていた東亜文化圏の会の活動をとらえていくこととなった。

第二部では、こうして広がっていく書物の行方を、東南アジアに遺された日本語蔵書と照らし合わせる形でとらえていくこととなる。とりあげる東南アジアの日本語蔵書は、第二次大戦期に形作られた日本語蔵書が幸運にも今日までまとまって遺されているベトナムと、そしてインドネシアの蔵書である。しかし、単にこういった書物がそこに遺っている、という紹介をすることがここでの目的ではない。これら地域での日本の文化工作の中で、すなわち書物を伝え、訳し、あるいは広げる人々の活動の中で、その活動に具体的に結び合っていた蔵書の形を見出していくこととしたい。

本章ではベトナムに遺された日本語蔵書をとりあげ、それが構築され、遺されてきた経緯をとらえる。その経緯は、以下で述べていくようにフランスと日本のこの地をめぐる文化外交政策の変化や日仏間の文化交流にも密接に関わっている。まず、こうした海外の日本語蔵書を調べていくアプローチとその可能性について述べるとともに、東南アジア地域に今日遺されている他の日本語蔵書についてもふれておきたい。(1) なお、東南アジア各国の、戦中・戦前の日本語出版物の所蔵状況の調査については、終章でより詳細にまとめている。

1　東南アジアの日本語蔵書

東南アジア諸国で戦中・戦前に構築された日本語蔵書が今日まとまって遺っている図書館に、インドネシア国立図書館と、ベトナム社会科学院の図書館がある。まずとりあげることとなるのがベトナムの日本語蔵書となるが、その前に、海外の日本語蔵書、特に戦中・戦前に構築された日本語蔵書と、それらへのアプローチの仕方についてふれておくこととしたい。

海外の日本語蔵書に対しては、むろんその所蔵情報が重要なことは言うまでもないが、それらの蔵書がなぜ生まれ、どう用いられてきたのかを歴史的にとらえる視点によって多くの発見が得られる。ある国が日本についての資料を収集し、日本語蔵書が生まれるという現象は、その国と日本との文化的な関係のみならず、政治的、あるいは経済的な関係に結びつき、それらと影響しあっている。例えばその国と日本とが戦争になれば、一見文化的な交流と見えていた書物の動きは、諜報活動や文化工作の役割を帯び、両国間の関係そのものに影響していくこととなる。自身のこれまでの調査では、米国やカナダにおける日本語蔵書をもとに、国際関係と書物の流通史との関わりを明かしてきた[2]。

東南アジア諸国については二〇一四年から継続的に調査を続けてきたが、まずもって日本語蔵書の規模や意味が、欧米と東南アジア諸国では全く異なる。二〇二〇年のデータでは、米国議会図書館の日本語蔵書は一二六万三〇〇〇冊、そして米国の一六の研究図書館が一〇万冊を超える日本語文献を所蔵している[3]。規模の大きさのみならず、欧米の日本研究や日本語資料収集は戦前からの歴史をもっている。戦前の海外における日本研究の状況は、一九三三年の高木八尺（たかぎやさか）による米国での調査、及び欧米各国の情報を一九四〇年に集約した松宮一也による報告が詳しい[4]。後者ではヨーロッパ各国で当時二〇を越える機関が日本語教育や日本資料の所蔵・研究にあたっている状況が具体的に記されている。

そしてこれら調査がなされていた時期、東南アジア諸国は、たとえばタイのように独立を保っていた国はあるものの多くは欧米各国の統治下に置かれていた。したがって、これらの国で戦時期の日本語蔵書がまとまって遺されているとすればそれは二つのパターン、すなわち植民地を統治する欧米各国の収集していた日本語資料がその地に遺されている場合、そして、日本が占領地に新たに作り出していった蔵書が残っている場合である。ここでとりあげるベトナム社会科学院の蔵書は、この二つのパターンの蔵書が層状に折り重なって残っている非常に貴重な資料である。

実際、これ以外に戦前・戦中の日本語資料がまとまって見いだせる事例は、後にとりあげるジャカルタのインドネシア国立図書館と、シンガポール国立大学の蔵書くらいである。すでにふれたようにフィリピンにはマニラ日本文化会館が設置されており、また、戦中においてはタイにも日本語資料の所蔵機関が生まれていた。しかしながら、これら機関の所蔵資料は現在のところ見つかっていない。

タイでは日泰文化研究所（日本文化研究所）が一九三八年に設置される。米国で日本語教育にあたっていた前述の松宮一也はその前年に帰国し、外務省からの依頼をうけてタイでその設置準備にあたっている。松宮は当時対外文化事業を、日本が「大東亜共栄圏の盟主」として指導するという明確な目的をもって位置づけ、現地調査をもとに日本語教育や日本文化の普及にあたる日泰文化会館の事業計画と、そしてさらに「盤国日本会館」の設立案を作成している(5)。

その日泰文化研究所は一九三八年九月に設置される。タイでの文化事業については、松宮の六一頁に及ぶ報告書が遺されており、「研究所図書室を設け一般に公開することとせる」とあり、将来的な拡充が計画されている(6)。

その後、一九四二年に締結された日泰文化協定を受けて翌年にはバンコク日本文化会館が設立され、日泰文化研究所の建物や事業を引き継ぐこととなる(7)。柳沢健が館長となり、この後、大規模な新会館建設に向けた計画が進められるが、新会館の実現を見ずに終戦を迎えることなる。日泰文化研究所時代から図書館がそこにはあり、また、バンコク日本文化会館はそれを新会館で一万冊規模の図書館にしていく計画で準備を進めていた。日泰文化協定もまた日本語資料の提供や翻訳事業の支援内容を含んでいた。[8] 研究所の主事であった平等通照は菊池寛の諸作をタイ語訳し、紹介していたし、柳沢健はむろん詩人・評論家でもあり、早くは一九二四年からのフランス日本大使館勤務の折から海外への日本現代文芸の紹介に意欲的であった。[9] 柳沢健はタイでの文化外交策として、日本語のみならず各国語による南方アジア文献を集めた「大東亜図書館」を最重要の文化工作として当時主張してもいる。[10] したがってタイには一定規模の日本語蔵書が作り上げられていたはずだが、それらが戦後どこに引き継がれたかは明らかではない。

たとえば戦時下で活動していたマニラやタイの日本文化会館蔵書がまとまって見つかったならば、それはこの時期の文化工作をうかびあがらせるうえで恰好の資料となろう。この章の冒頭で述べたように、そこからはその文庫の構築や活用の様子をうかがうことができようし、そのコンテンツからは日本が東南アジアで作り上げようとしていた文化圏の形が、あるいはそこで広げようとしていた日本の思想や文化が見えてくる可能性もある。

そして、こうしたアプローチが実際にできるのが、今日ベトナムに遺されている日本語の資料群であり、インドネシアの日本語資料群なのである。日本文化会館の資料としては、フィリピンのマニラ日本文化会館についてもすでにふれたが、この蔵書の行方も今日追うことができない。タイやフィリピンの日本研究機関や国立図書館での所蔵調査の詳細については、終章でふれることとする。

さて、本章でとりあげるベトナムにおける日本語資料の場合、フランスが明治期以降現地、すなわち日本で収集してきた日本語資料と、日本がベトナムに進駐し、そこで生まれていくハノイ日本文化会館の日本語資料とが層をなしている。それはいわばフランスが関心を抱く日本、あるいはアジアのイメージと、日本がアジアからそう見られたいと願う自己像とが複雑に織りなされた資料群といってよいだろう。実際にはこの蔵書の大部分は、前者、すなわちフランスの研究機関、フランス極東学院（École française d'Extrême-Orient, EFEO）が集めた日本語資料が占めている。次節ではこのフランス極東学院とその日本語資料収集について述べておくこととする。

2　フランス極東学院の日本研究

フランス極東学院は、インドシナの歴史、遺跡や言語の研究を目的として生まれ、同時に中国をはじめとする隣接地域の研究も行っていた。[11]一八九八（明治三一）年にその前身であるインドシナ考古学研究所がフランス領インドシナ総督ポール・ドゥメ（Paul Doumer）によってサイゴンに設置された。一九〇〇（明治三三）年にフランス極東学院と改称され、翌年総督府とともにハノイに移っている。一九二〇（大正九）年からは法人組織となり、同時に総督府からの補助金を受けながら運営されていた。(12)

一九〇一（明治三四）年から機関誌『フランス極東学院紀要』を刊行しており、中国語や日本語文献についての研究、翻訳、紹介も早くから活発に行っている。アジア研究では古い歴史をもつフランスでも、フランス極東学院はアジアにおかれた研究機関として、西欧のアジア研究をリードするとともに、アジア各国との学術交流の窓口のような役割をも果たしてきた。むろんそれは単なる興味、関心というより、アジアの歴史、過去を明かしていくことが、植民地統治においても有効な手立てとなっていたからでもある。藤原貞朗は、フランス極東学院初期の院長（代理）だったフーシエ（Alfred A. Foucher）らの言を引きつつ、この地での研究が植民地の統治に役立つ政治性をもっていることを彼らが明確に意識していた点を指摘している。(13)

フランス極東学院は、インドシナのみではなく、中国や日本の研究、資料収集にも取り組んでいく。フランス極東学院の日本学の展開と、日本語資料の収集は、同機関の教授職で後に三代目の学院長となったクロード・メートル（Claude Eugène Maitre）、そしてその友人であり、フランス極東学院で研究員と司書を兼務していたノエル・ペリ（Noël Péri）によるところが大きい。クロード・メートルは一九〇一（明治三四）年に学院の研究員となり、翌年サイゴンに着任、日本研究を担当して、同年からいくたびか日本を訪れ、研究のかたわら、この機関のための書物収集にあたった。[14] 彼は学院長の職を経たのち、パリへともどり、そこで一九二三(大正一二)年に雑誌『日本と極東』を発行、この雑誌が同時代の日本文学をフランスにリアルタイムで翻訳、紹介していくこととなる。[15] それに協力していたのが、日本の帝国大学を出、夏目漱石に私淑していたセルジェ・エリセーエフ(Sergei Eliseev)である。[16]

メートルは、一九〇三(明治三六)年、日本でペリと邂逅する。ペリの日本とのかかわりはメートルよりも古い。彼は一八八九(明治二二)年に宣教師として来日し、日本語を学んだ後、翌年、信州松本に司祭として赴任する。後に東京にもどり、明治三〇年代には日本研究に専念していた。[17] フランスの日本学創始者の一人としても位置づけられるペリはまた、神田に日本で最初のフランス書籍を扱う書店、三才社を一八九八(明治三一)年に開業したことでも知られている。ペリは一九〇七(明治四〇)年からフランス極東学院の研究員として活動し、その年の暮れから翌年にかけて、さらには一九一三(大正二)年、翌一四年、一九一八(大正七)年と日本に長期出張の機会を与えられ、そこでフランス極東学院のために日本の出版物や美術品の購入を行った。[18]

つまり、このベトナム社会科学院の日本語蔵書は、当時の第一線の海外の日本研究者であり、書物通ともいえるこれらの人物が中心となって収集したものなのである。先にふれた『フランス極東学院紀要』では、一九二二(大正一一)年にこの機関のそれまでの活動を振り返った特集が組まれている。日本セクションの記事からは、この時点で日本語図書の和装本が五三三タイトル、三九〇九冊、洋装の書籍が八〇五タイトル、二六八二冊で、総計で一三三八タイトル、六五〇〇冊を超える蔵書となっていたことが報告されている[19]。

現存している日本語資料は、和装本が四〇八三冊、洋装本が五六五三冊であり、実際にはこの後、和装本の購入がその後はのびていないことが分かる。現存する和装本については、その傾向を渡辺匡一が分析している。それによればこれら資料は歴史（30％）、哲学・思想（22％）、芸術・美術（17％）の順に多く、この三領域で全体の七割を構成している。「哲学・思想分野では国学・神道者の著書、文学分野では古典作品の注釈・研究書」、「美術・芸術分野では能に対する強い関心を確認」できる[20]。

特集の組まれた一九二二（大正一一）年頃までが、フランス極東学院による日本についての研究・資料収集の最盛期であったと言えよう。同年、ペリはハノイ郊外で自動車事故に遭い、ほどなく没する。メートルもすでに一九一四（大正三）年にフランスに帰国していた。これら著名な日本研究者がいなくなったばかりではなく、フランスが日本を研究する拠点はハノイのみならず日本国内にも生まれてくる。ペリの没した二年後、一九二四（大正一三）年には財団法人として日仏会館が永田町に開館する。フランス外務省から多額の支援を得た日仏会館は、フランス文化の日本での普及をはかる一方、欧米から日本研究の留学生を受け入れる制度もすでに作っていた[21]。フランス本国でも一九三〇年代にはパリ大学日本研究所が設立され、日本からの寄贈図書も得ながら基礎的な研究文献の整備が進んでいく[22]。フランスと日本との間で、直接の資料収集や研究の環境が整えられるにしたがい、こと日本研究に関してはハノイのフランス極東学院はしだいに研究の拠点というよりも中継地、研究者の経由地のような存在になっていく。一九三六年にこの日本語蔵書の管理にあたることとなった金永鍵は以下のように記している。

N・ペリ氏とC・E・メートル氏が去られてから、この学院の日本の図書館もその華かなりし時代が過ぎたやうな気がする。その一つの原因は本国に於ける日本学の変遷にも依ると云へよう。然らば、この図書館の将来の運命は如何なるものであらうか？[23]

再びこの地の日本語の文献や研究が、人々の関心を引くようにするにはどうすればよいのだろうか。そのために、金永鍵は、日本人がベトナム、すなわちフランス領インドシナ（仏印）を拠点に、インドシナや太平洋沿岸地域の研究成果を発信していくことに望みをかけている。そしてこの年、日本の仏印進駐が始まり、この地はかつてない関心を日本から向けられることになっていく。日本がインドシナを研究する、あるいはしてきたことの意味づけもまた大きく転回していくこととなる。

3 日仏文化交流と文化工作

日本とベトナムとの文化交流が日本国内でも注目され、活発化していくのは、第二次世界大戦中、この日本による仏印進駐の時期である。仏印は、日中戦争以降、中国を支援する側にあり、欧米諸国が中国を支援する武器や物資の主要なルートとなっていく。蒋介石を支援するいわゆる「援蒋ルート」である。

一九四〇年にドイツに敗れたフランスは、仏印をそれまでのように維持していくことが困難になっていく。かねてから仏印に対して援蒋ルートの閉鎖を求めてきた日本はその年八月にフランスとの間で協定を結ぶ。仏印におけるフランスの主権・領土を尊重しつつ、日本が仏印に進駐し、軍事的な協力を現地から得ながら、日本と仏印間の貿易を活発化していく協定であり、日本とフランスが共同で仏印を統治していく体制が形作られていく。(24) そして一九四一年の太平洋戦争開戦を期に、日本は仏印との間で軍事協定を締結することとなる。こうした状況を背景に、日本は仏印との文化交流を積極的に進めることとなっていった。日本国内では仏印の関係出版物が多数刊行され、同地との書籍の交換や寄贈も活発化していく。そしてフランスが、その統治するインドシナにフランス極東学院という現地の研究拠点を作っていったように、日本もまたこの地に文化工作の拠点、すなわち日本文化会館を設置していくこととなる。

これまでの章で述べてきたように、一九三〇年代に入り、日本では国際文化交流事業についての議論が活発化していく。一九三三年には外務省による事業費一八〇万円規模の国際文化局が計画されていった。先述したバンコク日本文化会館の館長となる柳沢健は早くから国際文化事業に関心を向け、この構想の必要性を当時強く主張してもいた[25]。文化外交にいち早く力を入れていたフランス、そして第一次世界大戦を機に対外文化工作を活発化させていくドイツはこうした文化外交のいわば目標、モデルであり、いずれも当時八〇〇万円規模の国際文化事業を展開していた。日本でフランス文化の紹介、研究を支援する日仏会館について触れたが、その年度予算の八割以上を負担していたのはフランスである[26]。

こうした文化外交に対する日本国内の関心が高まる中、欧米の文化外交を意識し、また欧米における日本文化への関心や研究を盛り上げていくことが目指されていく。日本側で日仏会館の設立準備にあたった杉山直治郎は、外務省による大規模な国際文化局構想の報を喜ぶとともに、日本文化の宣揚の必要性を指摘する。日本の文化外交論が、日本文化の研究、振興へと向かう点については序章で論じたが、杉山においてもこの点は同様である[27]。

仏国に於ける極東文化に対する興味は従来支那文化に傾き、極東文化研究の中心は支那文化に在りたると同時に日本文化は閑却され来りたることは明白である。（中略）故に私は言ふ。今日日仏文化協同に関する最大の急務は日本文化の宣揚を主眼としての仏国に於ける積極施設の進出に存する、と。[28]

フランス国内における日本への関心を高め、その研究を活発にしていくための積極的な文化外交が必要であると杉山は述べ、その方策として、パリに日本文化会館（巴里日仏会館）の設置を提唱する。日本文化をそこでフランス語で紹介・宣伝し、かつ資料の提供や図書閲覧、日本研究の助成といった機能をもたせるわけである。

杉山直治郎や、国際的な文化交流事業に関心を向けていた外務官僚の文化外交をめぐる議論からは、欧米の文化外交を強く意識し、消極的な日本の文化外交を積極的に展開すべきとの主張が強くあらわれている。それは、この時期の日本の中国に対する文化外交論においても見られるものである。

義和団事件賠償金をもとに、日本や欧米各国は中国との文化事業を進めていた。中国で日本大使館の参事官であった若杉要は、一九三五年に外務大臣の広田弘毅にあて、欧米各国が中国の研究、教育機関に活発に助成や交流を行い、中国国内にイギリスや米国の文化的影響力が急速に浸透していることを述べ、日本の文化事業の改善を訴えている。[29] それまでの「純学術的研究」ではなく、中国国内の教育・研究機関の支援や、日本文化の紹介、日本図書館の設置を提案していく。北京近代科学図書館の設置を含め、実際にこうした事業が展開していくこととなるが、すでに一九三二年には外務省の対支文化事業はその対象を満州国へと広げており、積極的な中国への文化工作は軍事進出のための手立てとしての性格をも強めていくこととなる。

日本文化を欧米に宣伝する拠点をパリに作るべきとする杉山の論を先に引いたが、日本の文化外交の海外拠点は、フランスではなく一九三七年にニューヨークに設置されることとなる。それがニューヨーク日本文化会館である。そしてこのニューヨーク日本文化会館は日米開戦にともない一九四一年に閉鎖される。すでに日本は外交方針として「大東亜共栄圏」構想を打ち出しており、文化外交の対象は欧米よりもこの圏内に向けた日本文化の浸透に重点が移されていく。パリでの日本文化会館が実現することはなかったが、日本は仏印、すなわちフランス領インドシナで日本文化会館を実現することとなった。フランス、日本のそれぞれの文化工作機関が、この地で協同、あるいは対峙することとなるわけである。

日本の仏印進駐がはじまる一九四〇年、情報局の設置に伴って外務省文化事業部は廃止される。すでに一九三八年には中国に向けた文化事業の多くは興亜院に移されていたが、それ以外の地域に向けた文化事業は情報局に移されていく。第二次近衛内閣のもと、文化外交は、「皇国ヲ核心」とした「大東亜ノ新秩序」を建設してくため、情報局第三部（対外宣伝）のもと、第三課（対外文化事業）として位置づけられる。[30] 国際文化振興会は、このもとで文化工作にあたることとなり、仏印についての文化事業にも関わっていく。一九四一年度から四三年度にかけての国際文化振興会の事業報告から、仏印に向けた事業をまとめたが、ここからのみ

表 12　国際文化振興会の対仏印事業（1941 年度から 1943 年度）

1941 年 3 月から 3 ヶ月黒田常務理事が仏印、タイで調査（嘱託、村松嘉津随行）。仏印向移動写真展出陳の壁画写真寄贈。仏印との教授交換、遠東学院教授哲学博士ヴィクトル・ゴルベフ招聘 6 月上旬来朝。日本からは東京帝国大学教授太田正雄が 6 月派遣。在仏印マスネより吉田博『日本木版画』仏訳出版希望。仏印で日本絵画巡回展覧会開催、画家藤田嗣治、事務に大澤武雄派遣（ハノイ、ハイフォン、フエ、サイゴン等）。（昭和 16 年度事業概況より）
1942 年 12 月、第 2 回交換教授として京都帝国大学教授梅原派遣。仏印側の予定教授は来日中止。日仏印美術品交換事業で、東京帝室博物館から仏印遠東学院に対する美術品の発送を決定。1942 年度から始まった日仏印間定期刊行物交換は 1943 年 2 月までに日本から 1,087 冊、仏印から 1,510 冊。仏印の近接諸国文化関係委員会より在仏印大使府を介して医学雑誌の交換希望があり、外国文医学雑誌 148 冊送付。サイゴンのパスツール研究所からの図書交換依頼に対応。仏印文部当局との協定で日本と仏印共同での雑誌刊行第 1 回分『印度支那』、『日本の認識』完成。第 2 回分準備中。仏印現代美術の日本への斡旋事業を仏印政府より斡旋依頼、承諾して、展覧会を企画するとともに、安南人画家 3 名の招聘決定。写真による移動展覧会を仏印各地で開催、日本事情紹介に務めた。（昭和 17 年度事業概況より）
1943 年 7 月、仏印現代美術展を開催、安南画家 3 名招聘。仏印現代美術展を東京、大阪、神戸、京都、福岡等で開催。日仏印交換教授として、ハノイ医科大学長アンリ・ガイヤール博士を仏印側第 2 回交換教授とし、各地大学で講演会を開催。進行中の日仏印美術品交換事業では 1943 年 5 月に東京帝室博物館から古美術品 31 点発送。9 月にサイゴンのプランシャール・ド・ラプルス博物館で交換式。仏印側の美術品はまもなく日本へ発送予定。日仏印定期刊行物交換は、1943 年度第 8 回、9 回、10 回で計 378 冊到着、国内大学に配布。日本からは第 12 回分 186 冊、13 回から 17 回分として 321 冊送付。医学雑誌交換は日本から第 3 回分 66 冊、仏印から第 1 回分、2 回分、計 50 冊到着。仏印文部当局との協定で日本と仏印共同での雑誌刊行第 2 回の刊行準備中。（昭和 18 年度事業概況より）

でもその活発な動きがうかがえよう（表12）。

ただ、国際文化振興会は、仏印における日本の文化工作の一部分であり、またそれが実践される過程の一部分を担っているにすぎない。特にタイや仏印のように日本の軍政下にない地域では文化工作の出資、企画、経営、実施、さらにはそれらの斡旋や調整まで、そのそれぞれを地域や状況にあわせて軍官民が可変的に担うことで実践が可能となろう。たとえば日本語の普及活動では、ハノイでは日本大使府情報部の協力のもと、一九四二年に日本人会による日本語講座が開講され、また仏印側もハノイ大学に日本語講座を開設する。[31] 一方、サイゴンでは同年四月に日本軍宣伝部の支援によって日本語学校が開始される。教員には現地の在留邦人も協力していく。[32] 文化工作をとらえるには、こうした日本語や日本文化を現地で伝え、教え、紹介する人や組織をも視野に入れたアプローチが必要となる。本書が書物の広がりを通してとらえているのもこうした文化工作の実践である。

日本と仏印間で活発化していった文化交流、あるいは日本の仏印に対する文化政策は、具体的には日本と仏印間の教授・学生の交換、両国の美術品の交換・展覧事業、日本語教育をはじめとする出版物や映画の寄贈や交換といった形で実施されていく。交換教授の事業では一九四一年に第一回として太田正雄（木下杢太郎）とヴィクトル・ゴルベフ（Victor Goloubew）、翌年には梅原末治とアンリ・ガイヤール（Henri Gaillard）が互いに派遣されることとなる。この窓口となり、人選を行っているのは、日本側では国際文化振興会であり、仏印側ではフランス極東学院である。[33] 両機関が連絡をとりあいながら、一九四三年から翌年にかけては、日本と仏印との間で古美術品の交換が実現し、大量のクメールの古美術品が日本に送られることとなるが、これらもフランス極東学院の保有していた美術品であった。[34]
日本大使府の情報部は、こうした文化工作を現地で担っていたが、交流事業が活発化していくなか、その事業を集約的に担うハノイ日本文化会館が官民合同の機関として一九四三年に生まれていくこととなる。

4　ハノイ日本文化会館の行方

日本が仏印で文化工作を展開していくうえでの拠点として、ハノイ日本文化会館は生まれていく。この日本文化会館の設置の経緯やその役割についてとらえていきたい。それはまた、この日本文化会館の日本語蔵書が、戦中から戦後にかけてなぜ、どう受け渡されていくのかをたどることともなる。そして、日本の書物の広がりやその継承に、ベトナムの独立やその後長く続くこの地での戦争が深く刻印されていることをも明かしてくれよう。

仏印における日本文化会館設置の計画は一九四二年四月に日本国内で報じられている。ハノイ総領事小川昇は、現地住民の日本語や日本映画についての強い関心にふれるとともに、「一切の文化協力の基地となるべき文化会館をハノイに建設する」と述べる。[35] この年の一一月には、大東亜省が設置され、興亜院や情報局が担当していた対外文化事業を担うこととなる。

翌年二月、貴族院の予算総会において、大東亜相となった青木一男は、岡部長景の質問への答弁の形で、文化工作強化のために一九四三年度、一千万円の予算増額と、タイのバンコク、仏印のハノイとサイゴンに日本文化会館を設立する計画を述べている。[36] 現地では在仏印日本大使の吉沢謙吉が会館設立を仏印側ドクー総督に申し入れ、大使府の経済顧問横山正幸、同じく大使府情報部渡辺耐三に仏印側の教育局長らを加えた準備委員会が設けられた。そして同年一一月に開館する。場所は日本大使府の向かい（リチャード通り52番地）であった。[37] 館長となった横山正幸は、それまでハノイやサイゴンの大使府情報部で行ってきた文化工作は、政府機関自体が行うよりも「半官半民」の事業として行う方が効率的であるため、日本文化会館の設置となったと述べる。[38] 文化工作はその実践にあたって多様な組織や人が官民にわたって関わる必要が出てくるためである。

事業予算は年額三五万円であった。主な事業内容としては仏印の民情風俗の調査研究、そして仏印におけるフランスの文化政策に関する調査研究、及び華僑に対する調査研究が掲げられている。また、これら事業に加えて、学者の交換、留学生の招致、日本文芸、美術、工芸、芸能や映画の紹介、日本語の普及、及び印刷物又はラジオに依る文化紹介が挙げられている。日本文化会館はハノイ以外に、東京にも事務所をもち、[39] さらに一九四四年二月にサイゴンに分室を設けていった。

注意したいのは、この文化工作が仏印統治階級のフランス人のみならず、フランスに統治されている安南人の知識人層や、さらには大衆層、また華僑を含めた多様な対象に向けられていた点である。「文化工作は仏蘭西人、安南人の双方を対象となす可きである」とし、統治下で高い地位にある安南人の知識人層や、さらには大衆に向けたそれぞれの対象を意識した文化工作が計られている。それまでの統治者と非統治者との間に切れ目を入れ、日本がそこに割って入るような役割をも担うこととともなる。

ハノイ日本文化会館の事務局長となっていたのは小説家として知られる小牧近江（近江谷駒）であった。小牧近江はフランスで学び一九一九（大正八）年に帰国、外務省に嘱託として勤務しながら金子洋文らと『種蒔く人』（土崎版）を一九二一（大正一〇）年に刊行する。『種蒔く人』は反戦思想とともに共産主義運動を国際的に展開する第三インターナショナルの運動を日本へも紹介する雑誌となっていく。

小牧は一九三九年に台湾拓殖株式会社に入って仏印へ赴任し、現地についての歴史や文化に関心を寄せるようになり、フランス極東学院の図書室にも出入りしていた。

私は、金永鍵さんを通じて、安南の作家、評論家や、詩人のグループ、グェン・ヴァン・タム、カイ・フンなどと知り合いになりました。彼等は〝今日社〟なる文芸家の運動をしていました。それはちょうど〝種蒔く人〟の運動のようなものでした。(40)

図書室の司書、金永鍵は日本のプロレタリア文学雑誌『戦旗』のかつての読者であったという。こうして小牧はしだいにベトナムの独立運動に関係していくこととなる。小牧は一九四四年に日本文化会館の事務局長となり、その親友でもあった小松清は館の相談役ともなるが、館長の横山は彼らの民族独立運動への共感を汲んでいたという。

フランスの統治体制は、一九四五年三月、日本軍による現地フランス軍の武装解除によって終わり、ベトナム帝国が独立する。日本が敗戦を迎えた八月、ホー・チ・ミンの指導するベトナム独立同盟会（ベトミン）が政権を奪還、ベトナム民主共和国が成立する。そしてこの後、独立を認めないフランスと、進駐した中国国民党軍、ベトミンとの三つ巴の緊張関係が続く。翌年三月には独立を認める暫定的な協定がベトミン側とフランス側との間で成立する。独立運動に関わっていた青年知識人層に広い人脈をもっていた小牧は、小松清とともにその人脈を生かしてこの協定の仲介役として活動していく。その事情を後に小牧は回想として記し、小松清はそれを小説『ヴェトナムの血』として描くこととなる。(41)

この五月に小牧を含めて日本文化会館の職員は日本へ引揚げを完了するが、その際、日本文化会館の蔵書をフランス極東学院に寄贈した。

　ゴ・ジン・ニューとは、ハノイで知り合いになりました。元来は古文書学者で、私たちが引き揚げるとき、日本文化会館の蔵書を全部極東学院に送ったのは、この人の示唆

によるものでした。(42)

ベトミンとフランスとの間の暫定協定は長く続かず、この年末には第一次インドシナ戦争が始まる。一九五六年にはフランス軍はベトナムから撤収するが、南北に分断されたベトナムはその後も長く戦禍にみまわれることとなる。フランス極東学院もベトナムを離れて本国に拠点を移し、ハノイにあったその収集資料はベトナム（当時の北ベトナム、ベトナム民主共和国）に移管された。

小牧に寄贈を薦めたゴ・ディン・ニューの兄はゴ・ディン・ジェムで、南ベトナム（ベトナム共和国）の大統領となり、ゴ・ディン・ニューはその政治顧問となる。ゴ・ディン・ジェムは米国の支援を受けて強硬な反共政策をうちだしていく。

続く戦禍のなか、北ベトナムではこの資料群を大切に保存してきた。ベトナム戦争の北爆の折には、これら書物は疎開によって守られていたという。一九七六年に南北ベトナムは統一され、今日のベトナム社会主義共和国が生まれる。かつてのフランス極東学院の資料はハノイにあるベトナム社会科学院（Vietnam Academy of Social Sciences）の社会科学情報研究所(Institute of Social Sciences Information)の図書館、社会科学図書館として知られる図書館の資料として保存されてきた。

こうして、日本文化会館の資料はフランス極東学院の資料の中に引き継がれ、またフランス極東学院の資料が今日、ベトナム社会科学院に引き継がれることとなった。このフランス極東学院旧蔵資料には、洋装本の日本語資料五六五三冊のうち、一四八冊に日本文化会館の蔵書印が見られる。また、戦時期の刊行物はこれらを含め五八七冊がこの蔵書には含まれている。これまで見てきたように、この日本文化会館蔵書の今日までの道のりをたどることが、それ自体、日本やフランスの文化外交のあり方やその変容を浮き彫りにすることともなる。そしてそれはむろんこの蔵書の来歴からのみならず、含まれる蔵書の内側からもとらえることができよう。

おわりに

二〇二〇年一〇月一四日から一五日にかけて、ハノイで国際会議「ベトナム社会科学院社会科学図書館和古書コレクション　その課題と可能性」が開催された[43]。ベトナム社会科学院が引き継いできたフランス極東学院の旧蔵資料は、中国語資料が三万六〇〇〇点、日本語資料がここで述べてきたように一万一〇〇〇点ほど含まれる。このうちの日本語資料全体に焦点をあてた、はじめての国際会議となり、日本、フランス、マレーシアから研究者の報告がなされた。ただ、新型コロナウィルスの感染拡大の影響により、各国の研究者がベトナムに渡航、発表が困難な状況であったため、現地で開催される会議会場に各国から研究者がオンラインで参加、発表をするハイブリッドの形で行われた。

この資料群は、確かに東南アジア諸国のなかではほぼ唯一の大規模な和古書コレクションではあるが、日本国内で所蔵されていない希少な資料が多数含まれているというわけではない。したがって、資料そのものの珍しさや希少性という尺度のみでこの日本語資料をとらえる視点では、その価値や意味が十分にはとらえきれないだろう。そこには本章で見てきたように、地域間での資料の移動を歴史的に意味づけ、その役割をとらえていく視点が必要になってくる。

では、そのうえで具体的に蔵書に含まれる資料、特にここでとりあげてきたハノイ日本文化会館の資料自体からはどのようなことが見えてくるだろうか。また、戦時下の日本の文化工作と、日本国内における学知の編成や文化統制との双方向に働く力関係を第一部ではとらえてきたわけだが、それはこの蔵書の中で具体的にどのような形として浮かび上がってくるのだろうか。次章ではこの点を問題にしていくこととなる。

第五章　日本を中心とした東南アジア研究へ
――ハノイ日本文化会館蔵書から

はじめに

一九四三年に生まれたハノイ日本文化会館は、終戦にあたってその所蔵資料を同地にあったフランス極東学院に寄贈した。その経緯を記しているのは当時日本文化会館に勤務していた小牧近江である。小牧はそれまでにもフランス極東学院の図書館を訪れては、日本語資料を担当していた金永鍵と親しくしていた。

戦時下のベトナム、フランス領インドシナ（仏印）では、活発化した日本との文化交流を背景に、このハノイ日本文化会館とフランス極東学院の二つの機関が日本語資料を収集し、提供していた。そのフランス極東学院の金永鍵は、一九四一年に雑誌『新亜細亜』に寄稿し、その中で、あるとき香港で目にした光景について記している[1]。それは、日本からフランスへと向かう客船が香港に寄港した折の光景である。そこに、フランスへと留学に向かうのであろうか、大学を出たての若い日本人の一群があった。金永鍵はそのうちの一人に声をかけてみた。青年は羽田明、当時京都帝国大学で東洋学、特に西域研究で著名であった羽田亨の息子である。羽田明もまたモンゴルの研究を志し、フランス政府招聘留学生としてパリ大学に向かう途上であった。[2]

金永鍵の文章はこのことにふれて次のように問いかける。なぜ東洋、蒙古の研究をしようとする日本人の若い学徒が、モンゴルに向かうならともかく、フランスに向かうのか。それは東洋学についてはヨーロッパで、すなわちドイツやフランスに研究や資料の蓄積があり、そこで認められることこそが、日本人にとってもその権威を保証するものとなっていたからである。東洋学において、日本はまだ被征服者の精神的な位置から抜け出せていないとする。

東洋学の歴史といふのは東洋の諸民族が欧羅巴人達によつて精神的に征服されて来たそれを語るものにほかならぬ。

オリエンタリズムが抱える権力関係がここではすでに明瞭に意識化、批判されているわけだが、こう指摘する金永鍵は日本の植民地下のソウルで生まれ、育ってきており、日本と朝鮮という支配、被支配関係への意識、批判が、こうした権力的不均衡の指摘の底には潜んでもいよう。[3]

どの国のために、誰のために、アジアの歴史や文化を調査、研究するのか、あるいはしてきたのか。西欧に対してではなく、アジア自体にとっての意味が見出されるべきではないか。ここにあるのは日本、あるいは東洋文化（そうしたものが実際にあるかどうかは別として）を誰に、どう伝えるのかという問いである。そしてこの問いは、この時期の日本の対外文化工作と深くかかわっている。つまり、日本の文化を誰に、どう発信していくのか、という点で東洋史研究と日本の文化工作とは同じ問いを共有していたわけである。

誰のために、どこに向けて、日本やアジアの歴史、文化を研究し、それを発信していくべきなのか。ニューヨークやパリの日本文化会館から日本を発信する、という発想は、欧米諸国の方を向いた日本文化の発信である。金永鍵は、もうそうした時代ではなくアジアの各地にこそ日本文化の紹介機関を設置していくべきであり、そうした機関としてフランス極東学院の日本図書館を拡充していくことができるのではないか、と主張している。欧米の国々に認めてもらうために、その関心を引くために日本やアジアを研究し、発信するのではなく、日本はアジアの国々に向けてその研究をし、発信していこうという主張である。

この主張は、日本が東南アジアに向けて実践していった当時の文化工作の道筋、方法を端的に言い表してもいる。翌一九四二年に設けられる大東亜建設審議会の打ち出す「大東亜建設基本方策」では、日本の言語、文化を中心においた「大東亜文化」の創造が掲げられており、それを実現していくためにはアジアにおける日本文化の宣揚が不可欠となる(4)。そして一九四二年には同じく日本軍が進駐していたタイにおいて、バンコク日本文化会館が生まれ、翌一九四三年に日本占領下のフィリピンで、そしてこの仏印にもハノイ日本文化会館が設置されることとなる。各地の日本文化会館設置については序章でもふれたとおりである。

そして本章でとりあげるハノイ日本文化会館の蔵書、そしてまたハノイに遺された戦時期の日本語蔵書からは、日本を中心としてアジアをとらえ、価値づけていく学知が形作られていたことがうかがえる。それを具体的な遺された蔵書からとらえていくことが本章のねらいとなる。

1 「大東亜学」の構想

日本を研究する日本学やさらには東洋学という領域の役割を、日本の対外文化工作の中に明確に位置づけていく人物として、もう一人、法学者の杉山直治郎にも注目しておきたい。杉山は日本とフランスとの文化交流に関心を向け、日仏会館の実現を支えていった人物でもある。戦時下の日本において、彼は日仏文化交流の意味や役割を改めてとらえなおす必要にせまられる。フランス語やフランス文化を広げようという事業は時局下の日本では困難だからである。そこで杉山直治郎は日仏会館と日仏文化交流の意味、活路を「大東亜学」への貢献に見出していくこととなる。しかしなぜ、日仏文化交流が、「大東亜学」に貢献するのだろうか。杉山がその貢献を具体的に人物の事例をあげて示している。杉山が「大東亜学」への貢献のモデルとして賞揚したのは、フランス極東学院の日本研究者、ノエル・ペリである。

杉山は、先の金永鍵と同様、これまでの東洋学が、西洋人による西洋語でのアジア、特に中国、インド研究の枠組みにあったことを批判する。西洋人が日本を研究する際でも、日本語の研究文献は参照されることなく西洋語による日本研究が海外では幅を利かせる。こうした西洋中心の日本研究（「西洋本位的日本学」）から脱却し、日本を主体として比較、研究する東洋学、「大東亜学」としていくべきことを主張する。

簡略に言えば、東洋学は、日本語による日本文化の研究を中心として、周辺のアジア諸国との比較研究をする「大東亜学」となるべきである、という主張である。そしてそれを実践した理想的な西洋人を、ノエル・ペリとするわけである。ペリについては前章でもふれたが、すでにこの二〇年ほど前に没している。そのペリの研究を、フランス人でありながら、日本語に習熟し、日本語資料を広範に渉猟し、日本文化の研究を通して近隣アジアをとらえた「大東亜学」の先駆と位置づける。フランスと日本との文化交流事業は、理想的な日本研究の形を作り出してきた、そして戦時下にあっても作り出していくであろう、というわけである。日仏会館はそのペリの活動していたフランス極東学院と協力して日仏文化交流にあたってきたし、今後は仏印との交流の窓口ともなりながら、ペリのような「大東亜学」を生み出していくことにも寄与していくことができる、とする。

こうして、戦時下において杉山直治郎は、ペリをフランス人、あるいは外国人による日本研究の理想像、「大東亜学」研究の先駆として賞揚し、顕彰する事業を進めていく。実際に、それは成功し、この論と同じ一九四四年三月、日仏会館からフランス語で豪華なペリの能学

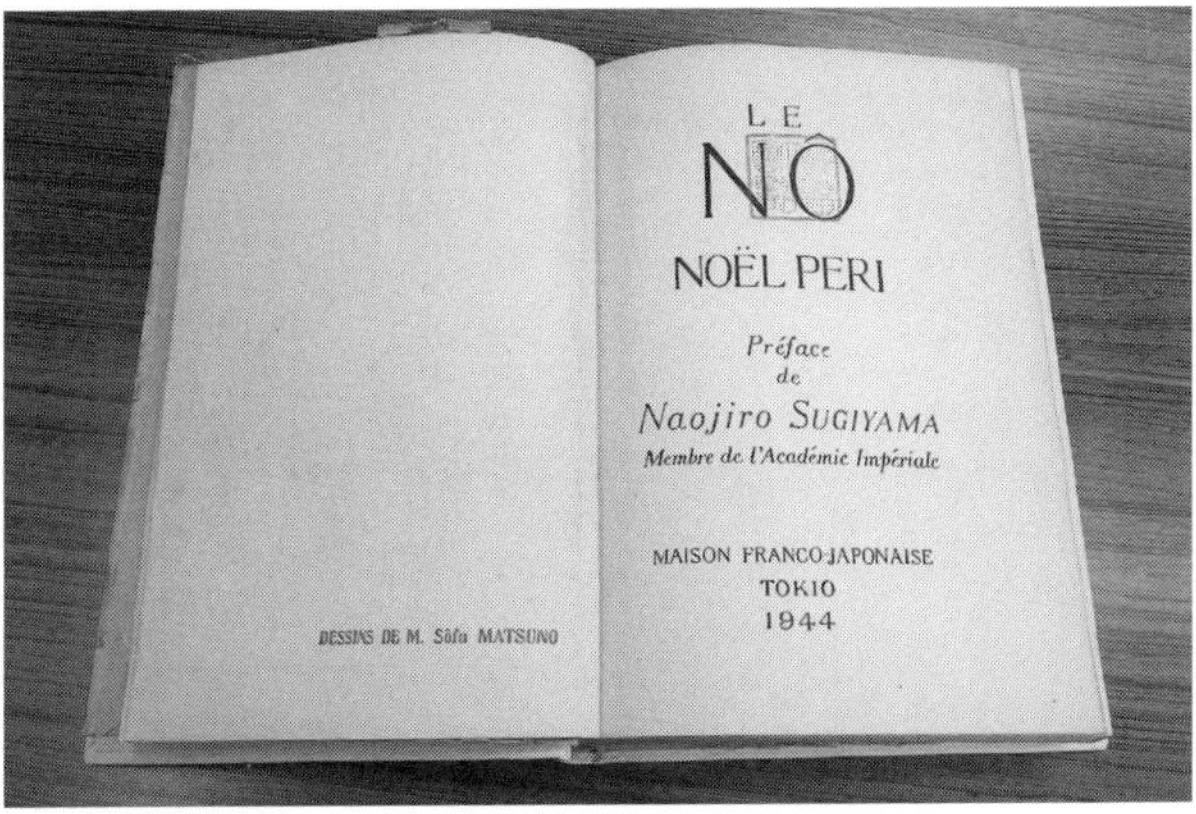

図６　ノエル・ペリ『能』
早稲田大学図書館所蔵。絵や写真を用いた豪華な作りとなっている。

研究書が刊行される。一〇〇〇部刷られているが、上製本で写真や図版をふんだんに用い、内容は五〇〇頁に及び、価格は八〇〇円の刊行物である。[5] 当時の単行本は二円程度で刊行されていたので、四〇〇冊分の価格と言えばその豪華さが伝わるだろうか。戦時下の日本で、これほど豪華なフランス語による書物が刊行されたこと自体、実物を見なければ信じがたいほどである（図６）。

ここで述べてきた「大東亜学」という構想、日本語によって、日本を中心として言語や文化を比較し、「大東亜文化」という体系の中でとらえ、発信していくという方法は、この時期の日本の対外文化工作をアジアの地で実践していく方法を具体的に示しているものといえよう。仏印では大東亜省のもと、文化工作の拠点としてハノイ日本文化会館が設置される。すでに大東亜建設審議会では、仏印をはじめとする東南アジア地域における文化工作によって「欧米優越観念」、「米英的世界観」を排除していくこと、また、具体的な方策として、現地語を尊重しつつも大東亜の共通語として日本語の普及をはかり、そしてまた日本文化を顕揚してその優秀性を認識させることで、「大東亜文化」の創造を培うことが目指されていた(6)。日本語、日本文化を中心とした日本学・東洋学の転換は、まさにこの文化工作に学術的、体系的な装いを与えるものともなっている。この点で、ハノイ日本文化会館による文化工作の方針や活動を支える学知としても有効に機能しよう。

この杉山の論の掲載された『日仏文化』の同号には、ハノイ日本文化会館の館長横山正幸による論も並び、会館の役割と日本、仏印間の文化交流の重要性を論じている。アジアについて調べ、研究する主体を日本、日本語に移行させることと、日本語と日本文化を中心とした文化圏をアジアに構築することとは、深く結びつき合って機能する。なぜなら前者こそが後者の妥当性や正当性を作り出すからである。むろんそこで描き出される協同・共栄の文化圏の理想は、日本を頂点とした序列と階層化の体系によって支えられることともなる。

杉山がペリの研究をもとに一般化、モデル化した日本学のあり方は、西欧の統治下にあったアジアの各地で日本が文化工作を実践していくうえでの有効な枠組みとなる。ではこの「大東亜学」という枠組みが、実際にハノイに遺された日本文化会館の日本語蔵書や、フランス極東学院が所蔵する戦時期の日本語刊行物にどのような形でみられるのであろうか。

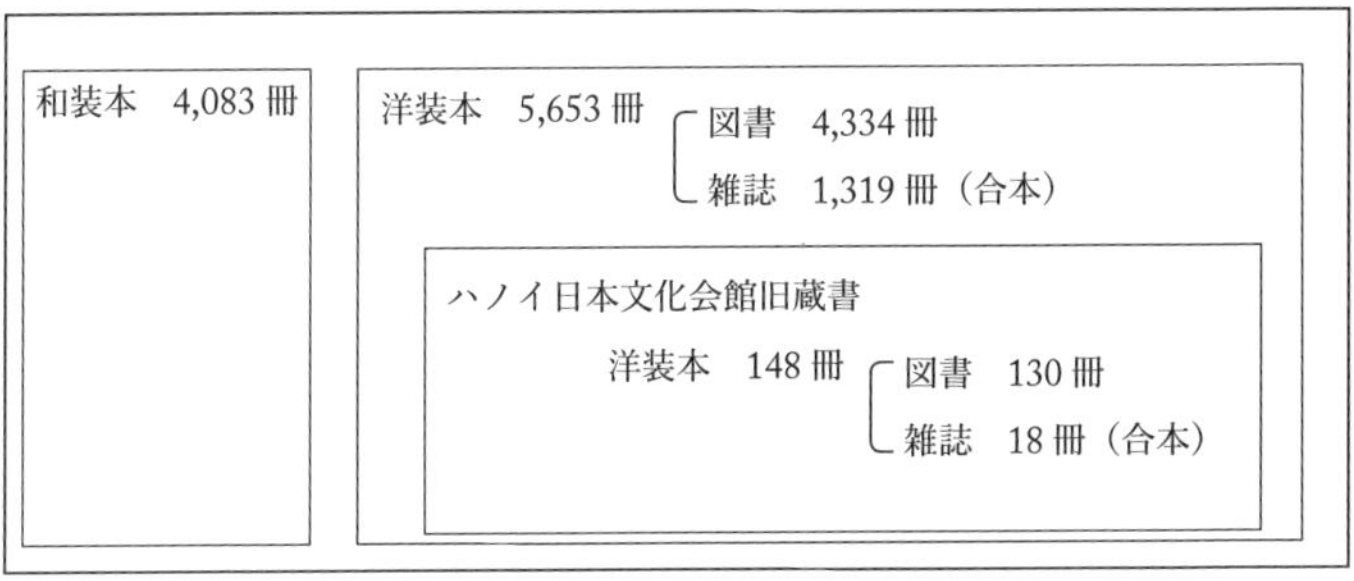

図７　ベトナム社会科学院所蔵のフランス極東学院旧蔵書

2　日本語蔵書の構成

戦時下に生まれたハノイ日本文化会館の日本語資料は、フランス極東学院の日本語資料に合流し、それが現在、ベトナム社会科学院に所蔵されている（図7）。これらの日本語資料は前章で述べたように和装本が四〇八三冊、洋装本が五六五三冊となる。ただし、この洋装本の数字には、上の図のように複数の雑誌を合本製本したものも含まれている[7]。雑誌は図書と特に区別せずに配架、管理されていた。この洋装本のうちには、明治期に購入されたものから、終戦後に寄贈されたハノイ日本文化会館の蔵書も含まれる。この洋装本の日本語資料については中野綾子が分類（日本十進分類）したデータがある[8]。ここに、これら洋装本全体の構成とともに、この中に含まれる戦時期の刊行物を抽出して、その構成を示すデータを作成、追加した。また、さらに戦時期の刊行物の中に含まれるハノイ日本文化会館の寄贈蔵書を抽出して、同じくその構成も示した（表13）。

表13　日本語図書（洋装本）蔵書の構成

分類	全体	構成比（%）	戦時下刊行物	構成比（%）	日本文化会館蔵書	構成比（%）
総記	185	4.3	24	5.0	3	2.3
哲学	846	19.6	56	11.6	11	8.5
歴史	1,212	28.0	124	25.7	25	19.2
社会科学	612	14.1	101	21.0	40	30.8
自然科学	39	0.9	7	1.5	2	1.5
技術、工学	37	0.9	13	2.7	4	3.1
産業	79	1.8	19	3.9	11	8.5
芸術、美術	258	6.0	42	8.7	15	11.5
言語	227	5.2	51	10.6	12	9.2
文学	831	19.2	45	9.3	7	5.4
合計	4,326	100.0	482	100.0	130	100.0

今日遺されているこれら洋装本全体のうち、一九四〇年から終戦までに刊行された日本語資料は五八七冊、このうち一四八冊に日本文化会館の蔵書印が見られる。表ではこのうち、雑誌等の定期刊行物の数は除いている。所蔵されている戦時期の刊行物は、表から分かるとおり歴史、社会科学領域がもっとも多く、全体の半分を占めている。さらに細かい分類からとらえると、この歴史、社会科学領域の中でももっとも多くを占めているのは、アジア史、東洋史（六六点）であり、次に多いのが地理、地誌、気候（三七点）である。つまり、アジアの歴史と地理、地誌がこの時期の蔵書の中心となっていることが分かる。

このうち、日本文化会館の日本語蔵書は、主に四つの特徴ある資料群からなる。それは、日本語教育に関する資料群、文部省教学局の発行する教学叢書や日本諸学などの日本研究の資料群、仏印を含めた東南アジア各国に関する資料群、さらにこれら諸領域を東亜、大東亜という枠組みで包摂する資料群であり、アジアの時空間をいわば「大東亜」という文化圏に構築していく体系がそこからは見えてこよう。

ではこの最後にふれた、「大東亜」という枠組みを作り上げている資料群とは具体的にどういった資料なのか。そもそも、「大東亜」、あるいは「東亜」という明確な枠組みや境界は地理的にも、むろん言語や民族のうえでも存在しない。それは学知のレベルから日常生活の用語、概念レベルにいたる多様な領域で作られ、発信、浸透していくものに他ならない。前章までに見てきたように、一九四〇年に公表された「大東亜共栄圏構想」のもと、「大東亜文化」を創造し、広げていく文化工作が具体的に展開していく。戦時期に学術の領域のみならず、行政や大衆的な知として流行する地政学はこうした学知であり、文化工作はそれを実践に移す場となっていたことを、本書の第三章、東亜文化圏の会の活動ではとらえていった。

ハノイ日本文化会館の蔵書に見られるのは、「大東亜」という枠組みを作り出していくこうした著述である。この蔵書では、地政学で皇道の絶対性や正当性を超越的な価値として掲げた小牧実繁ら「日本地政学」派ではなく、川西正鑑や国松久弥の地政学が選ばれている。川西は三〇年代には地政学批判を展開するが、この時期には、学問の実践性を重視し、政治的な「技術」としてこそ学問はあるという立場から「地政学こそ、真の学、理論」という立場を打ち出す(9)。

大東亜共栄圏の建設に関しては、倫理的且つ科学的根拠が無ければならぬ。私はこの任務を果す学問が、実に地政学であると思ふ。

大東亜共栄圏は、南北両半球にまんべんなく及んでおり、資源の自給自足が可能で、経済圏として自立できる「自然な」領域とする。国松久弥も、世界を広域経済圏の対立としてとらえる。そのうえで、大東亜共栄圏は南北に広がり資源の多様性に富むとともに、モンスーン気候による気候的な統一性や、海と山脈という境界による「自然地理的に」まとまって「一つの統一体」をなしており、理想的な広域経済圏とする。[10] むろん、こうした説明は日本の利益を中心におけばそう見える、というにすぎないが、それがまさに戦時下においては実践的な「科学性」を担保するものでもあった。同じくこの蔵書では吉田秀夫『国防国土学』も、こうした広域経済圏をもとにした国土計画であり、それはまたアジア各地を日本に理想的な原材料や農産物の供給地として配置する思考でもある。[11]

経済学領域でまさにこうした広域経済を論じているのが、この蔵書中に収められている楢崎敏雄となろう。楢崎は『東亜広域経済論』や『広域経済と全球経済』をこの時期に刊行している。自給自足の経済圏、すなわちアウタルキーの必要性を基盤にした楢崎は、後者で東亜広域資源論を展開し、域内の各国を具体的な資源をもとに位置づけていく。むろん資源があってもそれが圏内に届かなければ意味はない。このため、楢崎は『東亜交通論』や『東亜交通政策要論』で圏内の流通網の必要性を論じるが、これらいずれの著書もここには所蔵されている。[12]会館の蔵書では藤岡啓『大東亜経済建設の構想』も同様の枠組みをもった著述といえよう。[13]

蔵書中の地理、地誌、気候の類には『南方圏の分析』や『南方資源統計要覧』といった東南アジア各地を資源、リソースとして記す著述は多数含まれるが、その所蔵は自然でも自明なことでもなく、前述の「大東亜」という体系の中で明確な意味、位置をもつ著述なのである。[14]

ハノイ日本文化会館の蔵書には、「東亜」や「大東亜」といった枠組みを作り上げるこれら著述群とともに、最初に述べたように、日本研究の資料、日本語教育の資料、そして仏印や東南アジア文化に関する資料群があるが、それぞれ大東亜共栄圏という領域の構築に向けた有用な位置を占めていることは容易に理解されよう。文部省教学局の発信する資料は、圏内に広げるべき日本の学知や思想を統一して明確に価値づけていくものとなる。日本語教育の普及、共通語化もまた圏域を作り上げることに貢献するとともに、圏内の日本語の母語使用者をあらゆる場面で優位に導くものとなる。

日本語の普及事業は、ハノイでは一九四二年に日本大使府情報部の指導のもとハノイ日本人会による講習会がはじまる。一九四三年四月に北部ではハノイの大使府情報部、南部では大使府サイゴン支部情報部のもと、それぞれに日本語普及会が設けられ、日本語学校の経営や支援にあたっていた[15]。ハノイ日本文化会館は、この大使府情報部の日本語事業を引き継ぎ、内地の日本語教育振興会と現地教育とをつなぐ役割を担う。このため、日本語教育振興会の出版物や文部省の日本語教材がまとまって所蔵されている[16]。

この節でとりあげた「大東亜」という経済圏や地理空間の枠組みを作り出していく著述や、日本の言語や学知に関する著述がこうした大東亜共栄圏の構築へと役立っていくのは容易に想像がつく。ただ、今日ベトナムに遺されている戦時期の日本語資料の中心は、ハノイ日本文化会館のそれを含めて、仏印や東南アジアの歴史や文化についての研究、著述である。これらは東亜、あるいは大東亜という枠組みとどう結びつくのだろうか。その結びつきを可能とするのが、第一節で述べた、日本を中心としたアジア研究、東洋学の再編、創造という方法である。

3　誰がアジアを記述するのか

ベトナム社会科学院に所蔵されている一九四〇年から終戦までに刊行された日本語資料は五八七冊、このうち一四八冊に日本文化会館の蔵書印が見られると先に記した。日本文化会館の図書以外に、フランス極東学院がこの時期に購入、寄贈を通して集めていた日本語図書がそこに含まれるわけである。表13から分かる通り両者の構成では、ともに歴史と社会科学領域の図書が中心となっている。
このデータから分かるように、日本文化会館は政治や経済など社会科学に分類される図書が中心となっており、一方、フランス極東学院の蔵書は、アジア史、東洋史の専門図書が中心となっている。ただ、全体としてはやはり日本文化会館と同じく、日本を主体とした「大東亜文化圏」の構築に役立っていく四つの資料群がその特徴と指摘できよう。フランス極東学院が、戦時下においてフランス本国に対してのみならず、日本に対してもその意義・有用性を発信する必要があったことがそこには影響していよう。[17] また、日本語資料収集を担当し、かつそれを用いて研究もしていた金永鍵が、先に引いたようにフランス極東学院の日本図書館を復興していくうえで、日本人によるインドシナ研究の拠点を作り出していくことに関心を向けていたこともその理由となろう。

これら戦時期の日本語蔵書全体の中でもっとも多くを占めているのは、アジア史、東洋史に関する図書（六六点）であった。第一節で、アジアの歴史や文化についての研究、例えばベトナムという場の歴史や文化についての研究を、「大東亜文化圏」の創造に貢献するものとする具体的な方法を述べた。それは、西洋語による、西洋のためのアジア研究からの脱却であり、日本語による、日本を主体として書く、研究する東洋学への転換である。その理想的な方法として杉山直治郎が賞賛していたのが、他ならぬこのフランス極東学院のノエル・ペリであった。

そしてこうした日本を中心としたアジア研究、東洋学への転換と、それによる「大東亜」文化圏への貢献へと再編されていく学知のありようは、これら蔵書を特徴づけるものとなっている。この蔵書では、東南アジアの歴史、文化についての日本の研究を概観し、大東亜共栄圏を作り上げるための研究として位置づけているのは舟越康寿『東南アジヤ文化圏史』である。[18] 舟越は大東亜共栄圏の必然性を説明するにあたって、先の川西の『東亜地政学の構想』を引きつつ、そこに経済的な自立性や地理的なまとまりがあることを述べ、その圏内に歴史的な交流がこれまであったことを挙げる。つまり、日本人がかつて東南アジアの各地に広がり、交易していた歴史こそが、現在の日本人の大東亜共栄圏への広がりを自然で妥当とする根拠として有用、重要な意味を担うこととなる。

文部省図書局の舟越はインドシナ研究を専門とする杉本直治郎の教え子だが、日本語蔵書ではこの杉本直治郎の著述もむろん含まれる。杉本が戦時下にまとめる大著が『阿倍仲麻呂伝研究』であり、これは中国からさらにベトナムへ、大陸を舞台として活躍した日本人として阿倍仲麻呂の事蹟を検証したものである。杉本は東洋史を日本人が研究する意義を、こうした日本人の海外での活動を跡づけ、それを検証／顕彰する点に見出している。

今や国を挙げて、内には新体制を断行し、外には新東亜建設、延いては世界新秩序樹立に邁進してゐる秋、千二百載近き以前、既に大陸を舞台として活躍し、邦人として広大

な足跡をここに印したる、彼の人物を顕彰することは、洵に意義深いことでなければならぬ。(19)

日中戦争以降、阿倍仲麻呂についての研究が活発化していったことを杉本は同書で述べているが、同じくこうした南洋で活動した日本人の研究として、伝記や学術書の形で戦時下に活発な刊行がなされていくのがタイ（暹羅）における山田長政の事蹟であり、かつて海外にあった日本人町についての研究である。杉本がフランス極東学院の金永鍵と協同の成果として一九四二年に刊行する『印度支那に於ける邦人発展の研究』は、インドシナにおける日本人町の痕跡を西欧の古地図から論じたものである。(20)

この時期の日本語蔵書では、一九四一年に学士院賞を受賞する岩生成一の『南洋日本人町の研究』が、西欧の公文書館の資料を博捜して日本人の事蹟を掘り起こした研究だが、南洋各地に渡航した「国民南方発展」を跡づける価値意識がその根底にはある。これら日本語蔵書におけるインドシナの歴史や文化についての研究資料は、東洋史を日本人にとっての意味づけの中でとらえなおし、大東亜共栄圏の建設の妥当性や正当性を作り上げていくものでもあった。実際に、日本人町や山田長政の事蹟は日本の南方進出を扱う戦時下の多様な書物においてクリシェのように反復され、用いられる。(21)近代において作り上げられていく山田長政像と、戦時下におけるその語られ方については章をあらためてとりあげることとしたい。この蔵書に見られるアジア史、東洋史についての著述には、この地での東洋史研究、そしてインドシナの歴史や文化の研究を、西欧人のためにではなく日本人にとって意味のある研究へと編成していこうとする学知の動向がうかがえる。

先に、ノエル・ペリが、この時期の理想的な日本学・東洋学研究のスタイルとして顕彰されていった点を述べたが、ペリはこの日本人町の研究でも重要な貢献をしている。ペリはベトナムの各地に遺された日本人町の記録について論じ、タイの日本人町についてもド・ラ・ルーベルの著述に現れる一七世紀の古地図に記されている点をいち早く指摘している。(22)『南洋日本人町の研究』に連なるそれまでの研究としては、川島元次郎『朱印船貿易史』や辻善之助『海外交通史話』があるが、海外の外交、外商関係の資料は参照しておらず、いずれもペリの論をもってその説明にあてていた。(23)

フランス極東学院でかつて活躍したノエル・ペリや、それを顕彰し、あるいは引き継いでインドシナ研究を展開する杉本直治郎、そして金永鍵の研究は、大東亜共栄圏を建設していく根拠の妥当性や自明性を、歴史的なアプローチを通して作り上げていく役割を担い得るものであった。

ベトナムに遺された日本語蔵書中にみられるこれら東洋史やインドシナ研究の著述には、日本人を主体とした東洋学、「大東亜学」への志向をうかがうことができる。西欧人の研究に依拠する東洋学から、日本語で、日本を中心とした「大東亜学」へと移行していくこと。いわばアジアの歴史や文化を研究する主体の位置、言語を、西欧から日本へと移行させていくことがそこでは目指されている。

それはアジアの文化についての多様な所蔵資料において見られる特徴でもある。たとえば音楽に関する所蔵資料では、中西武夫『東亜の舞踊』がアジアの音楽を研究し、記述する際に「欧米人の文章にたよらねばならぬことは残念」として、文化工作の重要性を述べ、日本人の手によるアジアの音楽や舞踊の研究、記述の必要性を訴えたものである。[24] そしてまたそれを実践した著述も含まれている。白鳥庫吉らを顧問とした「東亜音楽」研究機関として東洋音楽学会が戦時期には生まれていく。その会長でもあった田辺尚雄『大東亜の音楽』は「大東亜」という枠組み内で音楽を系統分けし、日本との関係を記述していった著述である。[25]

ただ、こうした特徴はこの蔵書の日本語資料の特徴というより、そもそも戦時期における東南アジア研究や、東洋史研究の刊行物全般に広く指摘できる特徴でもあろう。しかし、そもそも「刊行物全般」などというものは実際にはどこにも存在しない。あるのは、具体的な場所、読者と結びついて形をなした書物群である。重要なのは、この時期の学術や出版物の全般的な傾向ではなく、ベトナムという固有の場所、固有の時期において、購入した蔵書の形でこの学知の体系が具現化されているということなのである。それらはこの地のために選ばれた学術書なのである。この蔵書は、これら学知を土台とした文化工作の実践を、具体的な形として今日遺しているのである。

おわりに

ハノイ日本文化会館の所蔵資料は、同時期のフランス極東学院の収集資料と連動しながら、日本文化工作の中で具体化していく学知の形を明確に示している。そしてそれらは何よりその学術性によって特徴づけられる。つまり分かりやすく日本文化や文芸を解説・紹介する文献ではなく、むしろ専門的な学術書が中心である。

これはそもそも日本文化会館がその活動として学術、研究を前面に掲げていたことにもよるだろう。ハノイ日本文化会館においても館長の横山正幸は館の事業として、まず掲げているのは「仏印民情風俗の調査研究」であり、さらには同地についてのフランスの文化政策の研究である。[26]日本文化会館は、内地の国際文化振興会が翻訳、作成した日本文学作品を現地の出版社に斡旋し、また新聞やラジオ放送での発信を仲介する事業も行い、多様な層に向けての日本文化の広報や日本語教育の支援を行ってはいた。[27]とはいえ、やはり活動の中心は学術、研究やその交流におかれていた。

タイの日本文化会館でも同様に、最も重要となるべき学術方面の工作として、「大東亜図書館の設置」と「学術調査部の設置」を挙げ、特に後者を「大東亜共栄圏の盟主たる我国に課せられたる最大の責務」としていた。[28]特にベトナムの場合、フランスがアジアで行ってきた学術、調査活動の蓄積があり、日本の文化工作は学術や調査においてそれに対峙していく必要があった。

こうした特徴は、それ以前の欧米に向けた文化工作、ニューヨーク日本文化会館の活動とはかなり性格を異にする。ニューヨーク日本文化会館には詳細な事業報告が遺されているが、その活動は米国側の大学や博物館の日本文化に対する関心、研究に対応した日本文化の紹介や情報提供が中心である。日本文化、日本語を土台とした日本研究、アジア研究をそこで新たに作り出していくといった傾向は見られない[29]。

ただ、ここで注意すべきは、ハノイ日本文化会館の活動が学術、研究に力点をおいていたということを、日本によるアジア各国への侵略やその統治と切り離してとらえるべきではないという点である。東洋史の研究が日清日露戦争をはじめとする戦争での領土拡大によってその発展の画期をなしてきたことは早くから指摘されてきた。すでに満州事変において、和田清『東亜史論藪』はそれまでの日本の満蒙研究の進展と領土拡大との関係を論じているし[30]、また仏印との交換教授となる梅原末治は日本の考古学の画期を満州における調査活動におく[31]。

これは、植民地や領土の拡大によって、調査、発掘する場所が単純に増えたということを意味しているのではない。むしろこれら調査、研究によって、領土ははじめて日本にとって意味のある情報へ、有用な知／地へと変換され、広く共有されるものとなっていく。日本を中心とした「大東亜」という体系の中に意味づけ、位置づけ直すことによって、はじめて「大東亜」という文化圏はその具体的な内実を得るのである。

　ハノイ日本文化会館、そしてフランス極東学院によって収集された戦時下の日本語資料をもとにここではその役割や意味をとらえてきた。こうした学術に重心をおいた文化工作は、日本の軍政下にあったインドネシアやフィリピンの場合とも異なる特徴でもある。フィリピンの場合にはそれを蔵書からうかがう術はないが、インドネシアの場合、戦時下に作られた日本文庫が遺されている。それらとベトナムに遺された資料との違いについては、次章において論じることとなる。

第六章　戦時下インドネシアにおける日本語文庫構築

はじめに

日本の書物の戦時期における海外への広がり、流通をとらえることで、日本の言語や文化をアジアの各地に向けて伝え、教え、広げていく活動の解明が可能となる。東南アジアに遺された日本語資料は、こうしたアプローチにとって大きな手がかりとなる。しかしながら、東南アジア諸国において、戦中・戦前の日本語資料をまとまって所蔵している機関はきわめて少ない。その数少ない事例が、これまでに論じてきたベトナム社会科学院であり、本章で扱うインドネシアのジャカルタにある国立図書館である。これら資料の成立やその変化には、第二次世界大戦と日本による占領、進駐が大きく作用している。ベトナムについてはこれまで見てきた通りだが、当時オランダの植民地であったインドネシアの場合、一九四二年二月に日本が侵攻し、以降終戦まで日本の軍政下におかれる。

日本は東南アジア諸国に対する「化育方針」、すなわち大東亜共栄圏建設に積極的に参加する精神をそこに培っていくための長期的な文教政策の方策を明確に打ち出していく。そこではアジア各地の言語や文化を尊重しつつも、共通語として日本語を普及させ、かつ日本文化の顕揚をはかってその価値を浸透させていくことが目標とされた。[1] 大東亜省のもと日本の占領、進駐した地に設置されていく日本文化会館は、こうした「大東亜文化」を創造していくための拠点となるものであった。

東南アジアでは、一九四三年五月、タイにバンコク日本文化会館が設置され、占領下のフィリピンでも同月にマニラ日本文化会館の活動が確認できる。一一月にはベトナム、すなわちフランス領インドシナ（仏印）でハノイ日本文化会館が開館、さらに翌年にはサイゴン分館、フィリピンではバギオ分館の活動が確認できる。[2] このうち、バンコク日本文化会館やハノイ日本文化会館では、日本語教育とともに、日本やアジアの文化を調査し、研究する拠点として、日本語図書館を設置し、拡充していくこととなる。だが今日確認できるのはこのうちハノイ日本文化会館の蔵書のみである。

ただ、インドネシア、すなわちオランダ領東インド（以降、蘭印）の場合、日本文化会館という形で具体化することはないものの、日本軍政下での文化工作は活発になされ、日本語資料を集めた図書館がそこに生まれていく。戦時下に構築されたこの一二〇〇冊ほどの日本語資料は、ほぼそのままの形で、現在もインドネシア国立図書館に所蔵されている。東南アジア諸国に遺された戦前の日本語蔵書で、もっとも大きなものはベトナム社会科学院の蔵書だが、戦時期に刊行された日本語出版物の所蔵に限れば、インドネシア国立図書館のこの日本語の文庫がもっとも規模の大きい蔵書と言えよう。

戦時下において東南アジアで日本語蔵書が作り上げられていくプロセスや、そこに関わった人々、組織をとらえ、明かしていくことは、同時に日本のこの地での文化工作の形を具体的にとらえていくこととともなる。むろん、戦前から、蘭印においては日本人も活動しており、また日本語出版物も存在した。では、戦前から戦中にかけて、この地での日本語の出版物の流通や、それらを読む環境はどう変わっていくのか。そして戦時下における日本語出版物の流通や、遺されたこの蔵書の形成はどのようにして可能となっていったのだろうか。そしてその蔵書が生まれるプロセスが、日本の文化工作とどのように結びついていたのか。これらについて、以下、論じていくこととしたい。

1　戦前インドネシアの日本語読者

まず日本の軍政がしかれる以前、オランダ統治下にあったインドネシアでの出版・読書環境と、その中での日本語出版物の流通状況について見ていくこととしたい。一九三〇年の調査では、インドネシア人で何らかの形で読書可能な人口は、全人口の六・三％にあたる約三七五万人にのぼる。しかし、そのうちオランダ語の読み書きが可能なのは五％にとどまる。(3)当時の教育制度は、インドネシア人の中でも上層階級に向けたオランダ語の教育と、各地の地方語での民衆向けの教育とに分かれていた。したがって出版物は各地の言語やオランダ語の出版物から、華僑向け、すなわち中国人移民向けの出版物まで多様な形で存在していた。

開戦直前に日本総領事としてこの地に赴任した石沢豊は「いかなる山間へき地にも小学校があり、また村には図書館が設けられてある」とジャワについて記している。[4]また、東亜経済調査局の中村孝志は、こうした文化施設や出版文化についてかなり詳細に記している。オランダ人向けばかりではなく、各地方語で廉価な啓蒙的な出版活動を担う国民図書局（バライプスタカ）は「今日までにジャワ語、マレー語、スンダ語、マヅラ語等、七地方語で刊行した図書数は１３０００種に達し、年々の刊行数は２００万以上」と述べる。[5]こうした出版物は東インドに散在する二三〇〇余りの庶民向け図書館に配布されて読者に提供されており、また多くの書店がこれら図書の販売を担っている以外に、郵便局によるカタログ販売もなされていたという。また、ジャワやスマトラではこれら出版物を満載した移動車が「巡回書店といったあんばいで、都市や村の隅々まで入り込み、民衆の便をはかっている」と述べている。新聞の発行も盛んで、「ジャワ全島で日刊紙八一、週刊二〇五、月刊四九三を数へ、中堅紙とみられるものだけでも五十余」とあり、オランダ語以外にインドネシア人系と華僑系の新聞も数多く見られた。[6]では、日本語についての新聞、そして日本語出版物についてはどうだろうか。

戦時下の日本の出版・流通業界は、効率的な国家統制と資源活用をねらいとした統廃合が進んでいた。一九四〇年、内閣情報部のもとに日本出版文化協会が設立される。出版社はすべてこの協会に所属し、出版物をこの協会に申請し、その審査を経て用紙の配給を受ける制度となっていた。出版社のみならず、書籍の取次各社も、国策会社である日本出版配給株式会社に統合され、その流通を一元的に管理されることとなっていた。

当時の日本における書籍の発行件数は、一九四二年からの一年間で見ると約三万点、部数では総計一億二千万部を超えていた。発行件数は戦前のピークである一九三二年から漸減してはいたが、戦時期の出版体制の変化は返品をおさえた無駄のない商取引を可能としたため、出版・流通業界の景気は良好な状態にあった(7)。

ちなみに、ここでいう「日本」とは、むろん今日の日本と範囲が異なる。日本は一八九五(明治二八)年に台湾を、一九〇五(明治三八)年に樺太、一九一〇(明治四三)年には朝鮮を領土下におき、一九三一年には満州(中国東北部)を占領する。日本語出版物は、これら外地を含めた日本の領土で流通・販売されていた。一九四二年当時は、書籍、雑誌、いずれもその全体の販売金額の約二割を外地が占めている(8)。この当時の外地における書店も、今日その名簿が残っており、その数は朝鮮に三五七件、台湾で一〇六件、樺太九三件、満州一八九件で、総計ではほぼ一万六千件に及ぶ事業者が見られる(9)。ではその外地の周縁部、日本が侵攻し、占領していくインドネシアでは日本語書物はどう広がっていたのだろうか。

蘭印、オランダ領東インドのバタビア、すなわち現在のジャカルタに領事館が設置されるのは一九〇九(明治四二)年であり、以降の邦人の状況は不完全ながら外務省が記録している。

蘭印の邦人人口は、昭和初期に急増していく。主要都市に店舗をかまえ、輸入物品の販売を手がける商業従事者の多さがその特徴をなしている。[10]一九一三（大正二）年には二四二二人であった邦人は、一九三五年には六五九八人に増加するが、このうちの二三六五人が商業に従事している。[11]ちなみに大正期に外務省が出している海外邦人統計には「書籍商」の項目があるが、大正期を通して蘭印地域では数値として表れない。[12]

インドネシアでは大正末には三井物産や三菱商事、台湾銀行といった大手の邦人商社や銀行が顔をそろえており、日本人向けの学校や新聞も生まれている。日本人小学校はジャワではスラバヤに一九二五年に、一九二八年にはバタビヤやスマランにも開校されている。[13]多くは日本人会館に併設されており、おそらくはそうした施設には会員による図書や教材が供出されていたと思われる。

インドネシアでの最初の邦字新聞『爪哇日報』はバタビアで一九二〇（大正九）年に佃的外によって創刊される。一九三四年には同地で『日蘭商業新聞』が創刊、両者は日中戦争直前の一九三七年七月に合併、『東印度日報』となる。[14]『東印度日報』の編輯にあたった谷口五郎によれば、発行部数は一五〇〇、同盟通信の短波無線を傍受して日本からのニュースを伝えていたという。[15]

これらの邦字新聞の書籍・雑誌広告を調査した結果、そもそも邦字新聞を出していたこの新聞社自体が、日本からの書籍や雑誌、新聞の取次を兼ねていたこと分かった。『爪哇日報』

を出していた爪哇日報社は、広告から一九二九年には、図書の販売、さらには新聞、雑誌の代理販売を行っていたことが分かる[16]。翌年の同紙からは、この爪哇日報社代理部を通して、『中央公論』や『文藝春秋』、『キング』等の雑誌や新刊図書広告を掲載して書籍、雑誌販売を行っていることが分かる。ただ、この頃は月に一度着荷する雑誌、書籍を広告し、読者は葉書で申し込んでそれを買い取るという形をとっている。正確には新刊広告というより、輸入を知らせる「着荷広告」ではあったが、例えば七月号の新刊雑誌の着荷広告が七月八日には掲載されており、かなり速く流通していることが分かる[17]。爪哇日報社はまた、『大阪毎日新聞』、『大阪朝日新聞』、『東京朝日新聞』、『東京日日新聞』の四紙の取次販売も行っていた。

また、一九三一年には、横浜商会がジャワのスラバヤに店舗を構え、図書や新聞、雑誌の取次を行っており、その後もしばしば雑誌の販売広告を新聞に掲載している[18]。これは戦前に日本書籍、雑誌の輸出を担っていた横浜商事株式会社と思われる。一九二〇（大正九）年に創立された横浜商事株式会社は南米、北米をはじめ海外日本人居住地への取次を行っていた[19]。

しかしながら、こうした読書環境は日蘭関係の緊張の高まりによって次第に困難になっていく。日本の仏印進駐に対して、蘭印政府は一九四一年七月、英米の対日経済制裁に歩調を合わせて対日資産凍結令を発表する。現地邦人の日本への引揚げは前年から見られたが、事実上の経済活動を封じられて本格化し、この年一〇月までに四割近い邦人が日本へ引き揚げることとなるのである[20]。

2　占領下の日本の文化工作

インドネシアに上陸した日本軍、すなわちジャワ派遣第一六軍には、当時著名なジャーナリストや作家、美術家らによって構成された宣伝班が設けられいた。ドイツでヨーゼフ・ゲッペルスのもとで編成されていった宣伝部隊(Propagandakompanie, PK)を範として、日本では南方作戦のための宣伝班が一九四一年に編成されることとなり、ジャワ、マレー、フィリピン、ビルマへの派遣軍にそれぞれ一五〇人規模で配属されることとなる。[21]

日本軍は一九四二年三月一日にジャワ島に上陸、八日に蘭印軍の無条件降伏によってオランダによるインドネシア統治は終わりを告げる。インドネシアの資源、施設を必要とする日本にとって、現地住民の戦争協力をうながすための文化宣伝、教化活動は重要な役割を担っており、上陸直後から宣伝班は新聞、ラジオ、映画といった多様なメディアを通して文化宣伝を開始することとなる。

インドネシアに派遣された宣伝班には小説家では武田麟太郎や阿部知二、北原武夫が参加している。詩人では詩集『海原にありて歌へる』を、占領地インドネシアと内地とで刊行する大木惇男や評論家の浅野晃が参加していた。[22] ほかにも、戦後も著名なジャーナリストとして活躍する大宅壮一や、当時の人気漫画「フクちゃん」シリーズで知られる漫画家の横山隆一らも含まれていた。

宣伝班は、参謀本部、つまり日本陸軍の作戦行動を担当する中央機関に所属し、占領地の軍政を担当する軍政監部とともに、占領地インドネシアの文教政策を担っていく。具体的には、日本語による出版物を現地で生み出していくとともに、インドネシアの住民の間に日本語を読み、書く能力を育成していく活動を展開する。日本語を読む読者と、その読物とを作っていくわけである。

占領初期に兵士から教師を募って現地で日本語学校を始めた様子は、大江賢次が「ジャワ日本語学校建設記」やその小説で記している。[23] また、宣伝班の浅野晃は、日本語教育用に「ニッポンゴノホン」を執筆、中谷价男がマレー語訳部分を担当、現地にあった印刷所を接収してそこから刊行する。[24] 初期のこうした試行的活動は、軍政監部でも教化、教育を担当する文教局によって、組織的な教育施策として本格的に展開されていくこととなる。学校数や生徒数を含めた詳細な記録は、軍政監部の当時の報告書から今日うかがうことが可能である。[25] 言うまでもなくこうした活動は、現地における日本語リテラシーを拡大し、日本語読者自体を作り出していくこととなる。

そしてこうした日本語を読む能力の育成とともに、読書環境への関わりのうえから考えるときに注意すべき点は、占領地における新聞や雑誌といった日本語の出版物を作り出す活動である。宣伝班はかつての現地での日本語新聞『東印度日報』の工場、事務所印刷所を接収し、その活字で上陸直後の三月九日から日本語新聞『赤道報』（翌月『うなばら』に改題）の発行を始める。この新聞は、朝日新聞社に委託経営される形で、この年の一二月八日からジャワ新聞社による『ジャワ新聞』となる。[26]

このジャワ新聞社からは翌一九四三年一月からグラフ雑誌『ジャワバルー』が隔週刊行され、日本語月刊雑誌の『新ジャワ』が一九四四年一〇月から刊行される。これらはいずれも現在は復刻版が刊行されている。このうち『ジャワ新聞』は一万二〇〇〇部、『新ジャワ』は三〇〇〇部の発行であった。[27]ジャワ島におけるこうした宣撫、出版活動は、現地における日本語出版物を生みだし、日本語読者の読みうるものを直接的に増加させていく。

このように、現地での文化工作は、日本語の出版物を新たに生み出し、かつまた日本語を読む現地での読者を作り出していく活動であった。しかし、こうした読書環境を維持、発展させていくうえで必要なことがまだ残されている。それは、日本の内地で出版されてきた、あるいは出版されている膨大な出版物を、インドネシアに供給する、その出版物の流れを作り出していくことである。前の節で述べたように、この供給網は、戦争によって途絶えてしまっていたからである。長期的な文化工作には、この供給網の再構築が必要となる。

軍政監部は言語教育のみではなく、日本文化の現地での普及に力を入れていた。ジャワでの文化指導、啓蒙機関としては一九四三年八月に啓民文化指導所が設置され、日本の文化紹介にあたっている。啓民文化指導書の文学部で、現地文化人への指導にあたっていた小説家の武田麟太郎や吉田百助は、日本文学の紹介するための講座を開き、『麦と兵隊』や『藤十郎の恋』のマレー語訳出版や映画脚本の計画を進めていた。[28]また、宣伝班の大宅壮一は「文学は、その浸透性の広さと深さにおいて、あらゆる宣伝媒体の中で王座を占めるものであるといふのが常識である」と記す。[29]彼も富沢有為男や浅野晃らと、現地語での日本文学の紹介、翻訳の計画を立てていた。[30]

これら現地での日本文化、日本文学の紹介、翻訳活動にとって、当然のことながら日本の多様な出版物が現地で閲覧、あるいは販売される環境が必要であった。現地の出版活動は活発ではあったが、製紙設備のない状況で、現地の紙のストックを意識して発行部数を抑制している状況でもあった。[31]

日本語教育を普及させていく文化工作においても、日本語書籍の継続的な供給は不可欠である。現地の初等教育は、初等国民学校、及び国民学校として再編されていくが、公私合わせたジャワの国民学校は一九四三年段階で一万四三四七校、この年の春から日本語が正課となって全学校学年を通じての必修となっている。[32]これに日本語学校や各地の日本語講習、高等教育を含めてみれば、日本語の出版物の需要を現地でまかなうことは難しい。軍政監部は内地に学習用図書を注文し、一九四三年二月には二万冊の日本語学習本が届いてはいる。[33]しかしこれでもとうてい数が足りない。

先の宣伝班の浅野は「日本人の居るところには、日本の書物がなければならぬ――これは、もう分り切ったことである」と述べ、次のように記している。

ジャワや昭南（シンガポール）のように、作戦が一段落を告げて、建設工作が速急に進められつつあるような地域では、できれば一定の配給機構の確立によって良書が比較的容易に手に入ることが望ましい。[34]

現地での文教政策、そして日本の文化に対する紹介や宣伝は、同時に戦争で途絶えてしまった出版物の販売・流通の流れの再構築を必要とするものであり、そして実際に次節で述べるように、その流れを作り出していくこととなる。そしてそこに生まれていったのが、冒頭でもふれたジャカルタのインドネシア国立図書館日本語文庫なのである。

3　日本語文庫の構築

インドネシア国立図書館の日本語文庫は、第二次世界大戦期、日本の占領下にできた一二〇〇冊ほどの日本語蔵書群である。これまでに明らかにしてきたように、一九二〇年代からインドネシアでは日本語図書の輸入・販売がなされていたが、調査を進める中で、この文庫は戦時下においてできたことが明らかになった。

これら蔵書の全体を目録化し、分析したところ、一九四〇年から四五年までの間に刊行された（重版も含む）図書が、蔵書の七六%を占めていた。この時期以外の刊行図書も、日本語教科書の作成に用いられたと思われる教科書類、日本語や日本に関する外国語文献などであり、この文庫のほとんどは、第二次大戦下で刊行され、この地に運ばれてきた書籍なのである。

つまり、いささか信じがたいことだが、第二次大戦中でありながら、日本本土から五〇〇〇キロ以上遠く離れたこの占領下のジャカルタで、日本の真新しい刊行物が、ずらりと一〇〇〇冊以上並んだ光景がそこにはあった、ということである。先にも述べたように、開戦を前に現地日本人の多くは引き揚げ、経済活動も停止しており、日本語図書の輸入経路は途絶えてしまっていた。ということは、日本占領下のインドネシアで、日本本土からの図書の輸入・販売・流通経路が新たに作り出されていったわけである。では具体的にはそれはどのようにして可能になっていったのか。

ここで、再び、書店・書籍に関する新聞広告に目を向けてみたい。日本はジャワ島への上陸後、宣伝工作の一環として、日本語による新聞も発行を始める。それが『ジャワ新聞』であり、後に朝日新聞社がその事業をついでいくこととなる。日本占領下のこの新聞の書店広告の調査を行ってみた。

一九四二年の暮れには、この『ジャワ新聞』に、日本語での書店広告が見られるものの、点数はごくわずかであり、一般の書店への書籍入荷はまだ困難であったと思われる。当時の書籍流通の業務は、これまでに述べたように国策会社である日本出版配給株式会社（日配）に統合されており、その日配が、南方への配給網を翌一九四三年に整備していくことになる[35]。

日配は一九四三年四月のシンガポール支社設置を皮切りに、翌四四年にかけて、ジャワやスマトラに出張所を設置するため、職員を日本本土から派遣していく。また、ジャワへは菊竹金文堂、丸善といった書店が、軍指定の小売店として店員を派遣してもいる。これらの活動は、軍政部のもと、陸海軍と密接な連携でなされた事業であった。日配のシンガポール派遣職員は、日本軍の士官待遇を受けており、国内で作成した日本語教材の占領地への配布など、宣伝用刊行物の南方への流通を視野に入れた、軍の宣撫工作と連動していた。また、日配は、こうした南方への文化宣伝にあたって「全く損益を度外視して配給に当る」と述べていた[36]。

日本で対外文化事業にあたっていた国際文化振興会には情報局の指導のもと、一九四二年五月に南方工作諮問委員会が設けられる。南方への対外文化事業は同年一一月に設置される大東亜省に引き継がれ、この南方工作諮問委員会は、四四年に大東亜文化工作委員会となり、南方への日本語教育、日本文化工作に力を入れていくこととなる[37]。具体的には、マレー語を含む各地の辞書や日本語教科書、日本紹介の書籍、映画、幻灯を、南方への文化宣伝用に作成していく。そして、これらを配布するために、国際文化振興会は軍の情報部の仲介で、日配と一九四三年に覚書をかわし、南方への出版物配布を実現していくのである[38]。これら日本語教材や日本紹介のための宣伝、宣撫用刊行物の配布とともに、一般の書籍や雑誌の流れが次第に形作られていくこととなる。

こうして、一九四三年には先の『ジャワ新聞』に見られる書店広告も次第に増えていくこととなる。ジャカルタの開明書店、上海書店、パッサルバルー書店、スラバヤの大成書店といった名前が見られる。この年の一二月には書店の新たな開業広告が見られることから、ある程度の安定した書籍供給のあったことが想定される(39)。

日本からの書籍が数多く到着し、購入可能になったことが紙面から分かるのは、一九四四年になってである。六月にはジャワ出版配給社の広告で「日本から重大な使命を担って宣伝宣撫用刊行物が多数到着」とあり、雑誌『太陽』を含めた広告が掲載されている。「猶今後も続々到着の予定」でジャワ各地の書店で販売されることを伝えている(40)。そして一〇月にはジャワ出版配給社は「読者の皆様にお知らせ」(41)として、ジャワ島に開設した九店舗の書籍店を紹介している。雑誌『新ジャワ』の広告からもこのことがうかがえる（図8）。

こうした流通体制の整備を通して、日本語書物の流れが再び構築されていったのである。以下のような新聞読者の投書からは、日本語図書の新刊が書店に並ぶ、新たな読書環境が生まれてきたことを如実にうかがうことができる。

　この船腹の貴重な時に容積の大きい重い書籍を、それも専門技術、学術、修養、娯楽など各種とりそろえて送っていただいていることは本当に有難いことだと思う。（中略）

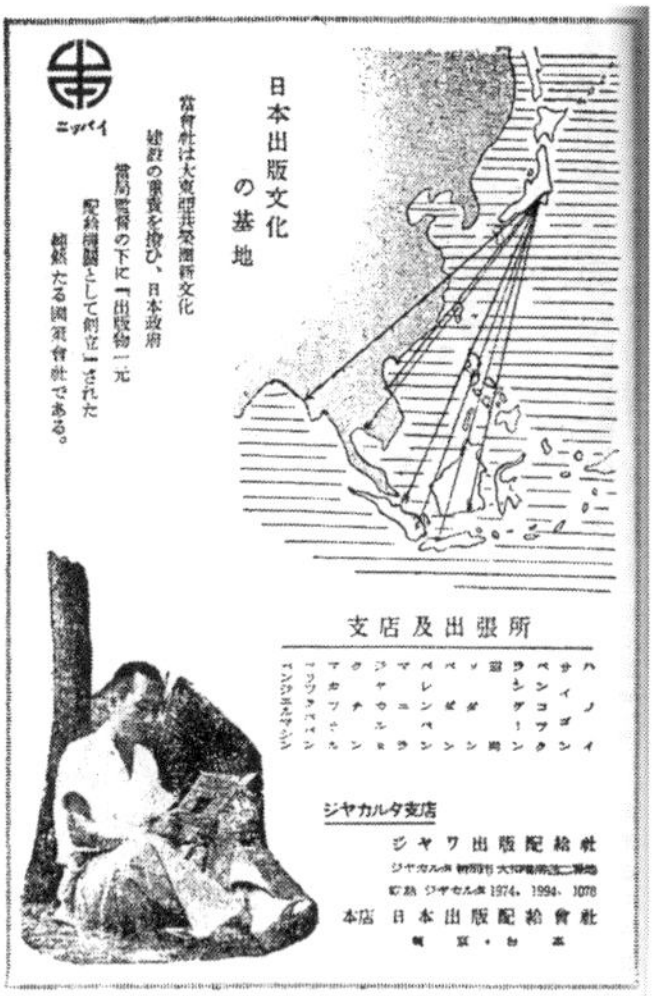

図8　日本出版配給会社広告
『新ジャワ』1号、1944年10月。

本が着いて本屋の棚にずらっと並んだのを見る時は何時も旧師か親友に会った様に思えて仕方がない[42]。

さて、新刊書が手に入るような読書環境ができていくわけだが、それらの図書は、どのようにしてインドネシア国立図書館に集積されていったのだろうか。つまり、現在遺るインドネシアの日本語文庫は、誰によって作られていったのだろうか。

インドネシア国立図書館は、かつてこの地にあったバタビア博物館や、他のいくつかの博物館、図書館の蔵書を引き継ぐ形で一九八〇年に創立された[43]。このバタビア博物館の起源は一七七八年に設立されたバタビア芸術科学協会であり、その蔵書は日本占領期にはすでに五〇万冊に達していた。占領地での文化宣伝を想定していた日本軍は、そのために活用すべく、このバタビア博物館を含めて、文化・教育機関をその管理下においていく。

占領初期にこの図書館を訪れた宣伝班リーダーの町田敬二は、この博物館が「オランダの謀略的編集」であって「博物館をアジア的に、また日本世界史的に再編集しなければならない」と考えたことを回想している。[44]つまり町田から見て、この博物館は西欧を中心とした価値観、まなざしによってこの地の文化を表象したものであった。西欧の価値観によって構成された読書空間を、アジア（というよりも日本）を中心とした歴史と価値観をもとにした読書空間へと編成し直していくこと。そしてその空間を、民衆教化のための読書空間として活用していくという発想が、宣伝班の中で構想されていく。一九四二年一〇月には「社会教化機関としての博物館を改編して大東亜文化教化の機関となすべくその整備に着手」していることが当時の報告書には記されている。[45]

また、この年の一二月の新聞『ジャワ日報』記事には、博物館を再編して、「今日大東亜の一環としてのジャワ知識人育成の中枢機関として種々の改造が試みられている」ことが報じられてもいる。[46]つまり、この図書館は、大東亜共栄圏の理念を、インドネシアに広く広報していくための中心的な役割を担っていくよう、検討されていた。仏印やタイ、フィリピンでもこの年に日本文化会館や日本語図書館の設置が進んで行ったことはこれまでも見てきた通りだが、同じくインドネシアでも日本語図書館が生まれていたわけである。

軍政監部の報告書には、一九四三年末の段階には、博物館蔵書は「特に図書部を設けて一般に閲覧を許可しつつある」とする記述も見られる。[47]さらには、この図書館のみを独立させて軍政監部図書館を設立しようとする計画もあったことが分かるが、資材や人材不足で実現を見てはいない。とはいうものの、注目すべきはここに「現在軍の酒保（PX）図書部を通じて内地の優良図書を備え、一般市民は勿論、軍人、軍属、一般邦人の知識向上を図る方針である」と述べられている点である。

これがインドネシアの日本語文庫にあたると思われる。バタビア博物館蔵書は、もともと日本人の利用を想定しておらず、当時五〇万冊の蔵書があったとはいえ、日本語文献を所蔵していたわけではない。つまり、この日本語文庫の主要な部分は、この時期に日本がこの地で、届いた新刊図書を中心として作ろうとしていた日本語図書館の構想によってできあがっていったのである。

4　岡倉天心という理想

インドネシアにおける文化工作の中で、日本文化、日本文学を翻訳、紹介する事業が現地では進められていった。日本語の普及のみならず、そこでは大東亜という枠組みで文化を作り上げていくことが目指されていた。この点で注目しておきたいのが、インドネシアにおける岡倉天心の著述の利用、そしてその翻訳事業である。というのも、天心の著述は日本の文化工作において日本文化を広げるべき根拠として広く活用されてきたからである。

宣伝班では、現地語の雑誌『アジアラヤ』を発行するが、そこで宣伝班の浅野晃が天心についての小論を掲載、さらにはそこに『東洋の理想』の現地語への翻訳・連載を行っている[48]。天心は、この著書の冒頭に出した言葉「Asia is one」（アジアは一つ）とともに戦時期における大東亜共栄圏の理想を文化面で支えるイデオローグとして権威化、神格化されていた。一九一三（大正二）年に没した天心は、その翌年にすでに天心霊社として日本美術院で祀られる対象となっているが、没後三〇年の間に三度の全集化がなされ、戦中にも創元社で四度目の全集化が進められていた[49]。

占領下インドネシアでの文化工作に天心の著作がいち早く採用されていく過程には、宣伝班の浅野晃の存在が大きく作用している。浅野が天心の著作に最初に触れるのは天心没後二〇年の後、聖文閣が一九三五年から出した第二次『岡倉天心全集』だったという[50]。言うまでもなく天心の主著『理想の理想』や『日本の覚醒』、そして『茶の本』はすべて英語での執筆、刊行であり、天心全集の刊行はその日本語訳の形で刊行されている。

天心の著作に関心をもった浅野は、自身で原著を手に入れ、翻訳を行い、一九三八年に創元社から自身の訳で『東洋の理想』を刊行するに至る[51]。浅野はまた未刊行の天心の草稿をもとに『東洋の覚醒』（The Awakening of East）と題して、その英語版、日本語版の刊行にもたずさわる。[52]つまり、当時としては天心の著名な研究者でもあったわけである。

このため、陸軍宣伝班員としてジャワに派遣される際、浅野は「ジャワの地へおし上つた後に、天心を読むことはどんなに喜ばしいことであらう」と夢想しつつ天心の著作をもって行くのだが、上陸の際の戦闘で乗船が沈み、それらを失ってしまう。[53]ただ、その後、現地の文化施設で接収作業にあたっていた際『東洋の理想』の原著に出会い、「『東洋の理想』だけでも、即刻馬来語に翻訳せねばならぬと決意」するに至る。[54]

「Asia is one」に始まる天心の言を、浅野はこの訳書の序言で、「天心の直感」であり目の前のアジアに対する「予言」と述べる。[55]浅野に限らず、天心の「アジアは一つ」というフレーズは当時広く流通していた。天心の思想は、日本がアジアを統治し、統合する必然性を、歴史・文化という側面で支えてくれるものでもあった。情報局で文芸担当となっていた井上司朗は、「大東亜戦争が始まるとともに、このアジアは一なりといふ言葉は各方面でいはれた」と述べる。そしてこの「耳にたこが出来てしまつてゐた言葉」は抽象的な理念にとどまらず、井上の眼前で具体的な形をとっていく。日本文学報国会が創立され、アジア各地の作家、芸術家が実際に集められていく現場を前に、井上は岡倉天心こそ「明治以来日本の生んだもっとも偉大な哲学者であり、予言者であり詩人であり偉大な組織者」と語る。[56]

もっとも、こうした受容は、天心の著述の一面を単純化、神聖化した受容でしかないとも言える。「Asia is one」にしても天心が英語の著述で一度記したのみの言葉にすぎない。タイトルの『東洋の理想』にしても「理想」(Ideals)は複数型であって東方世界の諸理想を指しており、「決して、アジアの理想の代表としての日本を指してはいない」との指摘もなされている[57]。

実際に『東洋の理想』では、アジアにおける日本の優越性や単一性を述べているというより、アジア各地の芸術の形態が色々な形で日本に残されていることが語られており、それゆえに「日本はアジア文明の博物館」ともなる[58]。天心にとっては晩年にあたるボストン期、すなわちボストン美術館に勤務する一九〇四(明治三七)年から一九一三(大正二)年に刊行される著作では、日本によるアジアの統合や、東洋的価値観の優位性よりも、東西の融和と争いの回避への希求が記されてもいる。一九〇五(明治三八)年にニューヨークで刊行される『日本の覚醒』では、日露戦争を契機に欧米で強まる黄禍論への危惧もあり、日本の理想がアジア侵略とは相容れないことを天心は述べてもいる。「日本と平和」と題する第十章で「我々の文明の性格そのものが諸外国への侵略を禁じている」とし、その宗教にしても「自足的で非侵略的」(self-contained and non-aggressive)とする[59]。

翌年刊行の『茶の本』で最初に語られるのは西洋と東洋の間での互いの理解不足や偏見が、黄禍論や白禍(White Disaster)に結びつくことへの危惧である。「東西の人情(humanity)は茶碗の中でであっている」と述べる天心は、両者が理解し合うための手立てとして、茶の文化を語る(60)。

しかしながら、戦時期の天心の用いられ方、読まれ方に対して、天心の著述自体にその原因があったこともまた意識しておく必要がある。『東洋の理想』には、日清戦争が日中両国を「一層緊密な友好関係に近づけたもの」とし、日本の国民は「軍隊の最下級の徴集兵すら、サムライのごとく死を栄誉とする」とするような言辞もまた併存している(61)。天心は西欧文化における分類や類型を「にせの神々」と批判しつつも、彼自身は「東／西」の二項的な思考をしばしば用い、また「アジア」や「日本」をひとまとまりとして精神性や宗教性のもとに特徴付けて語る。論理というよりも審美的な、超越的な語彙が優勢になる記述も多い。「日本」や「国民」といった概念が、階層や時代を超えて溶け合った主体として、あるいは偉大な芸術家に代表される形で立ち上げられることになる。

重要なのは、戦時期の天心言説の受容、活用に対して、「本来の」「正しい」天心の思想を対置し、思想家の本質論に議論を回収してしまうことではない。どのような表現も、特定の文脈や読者、あるいは翻訳者を介して受容されるのであり、そうした場を離れた唯一正しい天心の思想なるものがあるわけではないのだ。戦時期の天心の受容を一面的、あるいは誤解としてかたづける論理は、不変の正しい理解が、読者や読書環境とは切り離されて存在するという誤った思考に結びつきかねない。

ここで述べているのは、日本の文化工作に天心の著述が有効であったということであり、また実際にそれが活用されたという事実である。その有効性は単にアジアの一体性に関してのみではない。一九三〇年代の外務省の国際文化局構想や、同時期に活発化する文化外交論において、まず必要であったのは日本文化の対外的な価値や意味を作り出していくことであった。[62] その際に用いられたのが、日本の文化を学ぶことこそが、東洋、アジアを学ぶ第一の道であるとする説明である。アジア各地の文化を摂取融合し、今に遺す日本文化の優秀性や唯一性がそこでは強調される。

外務官僚であった三枝茂智は日本学を中国、インド研究を包含した東洋学の体系となるべきことを主張しているし、柳沢健の文化外交論もまた東洋文明の代表、集積地としてまず日本文化こそが学ばれるべき点を強調する。[63]『東洋の理想』は、こうした日本文化を研究する、日本学の価値づけに活用可能なものであった。その記述は浅野においては否定しがたい「現前の事実」に結びつけられることとなる。

「アジア文化の史上の富を、その秘蔵の標本によつて連続的に研究することので出来るのは、ただ日本に於いてのみである。」さうではないか、事実。否むことの出来ない現前の事実である。「それ故、日本はアジア文明の博物館である。[64]」

中国やインドではなく日本を研究することこそが、東洋学、アジア研究の方法となる根拠がそこから生まれる。アジア研究の対象として日本がその中心となる、ということに加え、戦時下においてさらに、アジア研究の主体として日本語、日本人がその中心となることが目指されていく。

日本の文化外交論において、日本文化の価値を説明する方法、論拠として、天心の著述は有用なものであった。そしてまた、実際にインドネシアという場で、文化工作の理念として、また翻訳、発信という実践の形でそれら著述は機能していった。くり返しになるが、ここで論じたかったのはそれが天心の「本来の」思想かどうかではなく、その文化工作における機能、役割なのである。

5　日本語蔵書の構成

インドネシアにおける日本語文庫が生まれていった経緯を、戦時期の日本の現地での文化工作を通して明かしてきた。ベトナムの社会科学院においても、戦時期の日本語資料がまとまって所蔵されていたわけだが、両者の構成を比べてみるとどうなっているだろうか。ベトナムに所蔵されている日本語資料のうち、雑誌等の定期刊行物を除いた戦時期の図書は四八二冊である。また、インドネシア国立図書館の一二〇〇冊ほど日本語資料には、戦時期刊行の図書が八六五冊含まれる。両者の分類、構成を表に示しておきたい（表14）。

表14　2つの蔵書中の戦時期刊行日本語図書の構成

	ベトナム社会科学院（冊）	構成比（%）	インドネシア国立図書館（冊）	構成比（%）
総記	24	5.0	11	1.3
哲学	56	11.6	98	11.3
歴史	124	25.7	141	16.3
社会科学	101	21.0	199	23.0
自然科学	7	1.5	60	6.9
技術、工学	13	2.7	40	4.6
産業	19	3.9	40	4.6
芸術、美術	42	8.7	39	4.5
言語	51	10.6	69	8.0
文学	45	9.3	168	19.4
合計	482	100.0	865	100.0

＊雑誌を除く単行本の冊数による比較

同じく戦時期刊行の日本語図書ではあるが、ベトナム社会科学院の日本語蔵書と、インドネシア国立図書館の日本語蔵書の間にはかなりはっきりとした違いが見られる。ベトナムの場合、歴史、社会科学が全体の半分を構成し、中でもアジア史、東洋史がその中心をなしていた。それについで哲学、具体的には東洋思想や仏教の所蔵が多い。つまり、アジアの歴史、文化を研究する学術書がその中心を占めていた。

これに対して、本章で述べてきたインドネシア国立図書館の日本語蔵書の場合、分類では社会科学と文学の図書がもっとも多く、歴史はそれに次ぐ。より細かい水準で分類すると、この社会科学の中では経済関係の図書が六一点ともっとも多いが、注目すべきは文学で、このうち八割以上は日本文学で一四三点の所蔵が確認できる。大まかな分類では社会科学関係の図書が多いが、より細かい水準の分類でとらえてみると、インドネシアの戦時期の日本語蔵書の場合、もっとも多いのは日本文学なのである。そして次章でより詳しく論じるように、この中には大衆向けの、あるいは児童向けの物語や伝記も多数含まれている。

ハノイ日本文化会館の日本語蔵書は、規模の問題もあろうが、学術書、専門書が中心であり、かなり体系性の見られるものであった。アジアの歴史、文化を研究するフランス極東学院という交流、あるいは対抗する機関が先行して存在していたこともあり、考古学や民族学などの東洋史に関する専門書や、日本語教育、日本文学に関する研究書、そしてそれらを柱に、経済や産業を含めて「大東亜学」として枠づけていく学術書が主要な傾向を形作っていた。

これに対して、インドネシアの日本語文庫は、前者では所蔵があまり見られない自然科学や技術、工学など領域の資料も所蔵しているが、特に日本文学関係の図書の多いことが注目される。しかも、その内容を見てみれば、それは古典や研究書の類ではなく、現代文学や小説、さらには大衆向けの講談が複数含まれている点が大きな特徴となっている。これには、現地での宣伝班の翻訳事業が大きく関わっていよう。

宣伝班の一人、大宅壮一は、国際文化振興会や国際観光局がそれまで作ってきた日本紹介のパンフレット類が欧米向けに作られていることを批判したうえで、「日本文化の移入普及」に適した作品を宣伝班で探していたことを記している。その結果選ばれたのは「講談」だった。先の浅野も同様の発言を当時している。現地語の『アジアラヤ』に紹介、掲載する「日本の文学らしい文学」の選定に頭を悩ませ、『水戸黄門漫遊記』や『赤穂義士銘々伝』といった「講談文学を、何より義士文学」を訳す方針をとることになる。[66]

インドネシアの日本語文庫に収められている小説のうち、作者で見ればもっとも点数が多いのは著名な作家ではなく、ほとんど名前の知られていない高木義賢であり、それは大日本雄弁会講談社から刊行された『寛永御前試合』、『大石良雄』、『塚原卜伝』といった講談本なのである。

日本文化を現地で広く紹介するための分かりやすく、かつ楽しめるコンテンツが現地の文化工作では求められており、そうした可能性をもつ素材として、これらの講談本が集められていたと思われる。したがって、いわゆる日本文学でも、純文学作家の全集や代表的な近代文学作品や古典といったものはあまり見られず、同時代の文学でも、たとえば時局色の強い「翼賛小説」といったジャンルを冠した小説が見られる。

つまり、日本文化を伝え、広げるための物語に、あるいはそれをもとに訳し、教えるような物語に強い関心をもち、この蔵書が作り上げられていることが指摘できよう。このことに関連して、歴史に分類される図書の中に、ベトナムの社会科学院の蔵書ではほとんどみられない伝記が三〇点近く見られることが注目される。というのも、伝記、偉人伝といった書籍もまた、教化に用いることのできる物語だからである。

おわりに

インドネシアの国立図書館に遺された戦時期の日本語図書からは、小説や伝記、講談といった物語への強い関心がうかがえる。そしてそれら物語が、現地における日本の文化工作にとって有用な素材であったこともうかがえる。

ここでは講談ジャンルへの関心が見られたが、講談ジャンルにしても、明治期以降、小説やラジオを含め、多様なメディアで膨大な物語を作りだしていく。本書で関心を向けているのは、書物の読者への広がりである。講談にしても、国内で雑誌や全集の形で広がっていくが、ここで見てきたように、さらに国境を越えて海外にまで広がっていることが分かる。国内において日本文化を教え、広げるメディアが、占領地や外地における教化・宣伝に利用、転用されていったわけである。国内文化の統制と、対外的な文化工作との連続性をそこからはうかがうこともできよう。

では、いったいそこで提供されていたのはどのような物語だったのだろうか。現実には無数に広がっている講談ジャンルの物語をとらえることは不可能である。しかしながら、例えば全集や叢書などの一定の枠の中でなら、その物語の特質を把握していくことはできよう。次の章では、こうした講談ジャンルの物語の内側に踏み込んでいくことで、その特徴や役割をもとらえていくことを試みたい。

第七章　文化工作と物語

はじめに

戦時期における知や情報の広がりに着目してきたが、文化工作は日本についての知を意図的に海外に広げていく技術としてとらえられよう。文化工作がその相手とする人や地域に作用する過程をとらえるとき、それらをいくつかの段階、水準に分けて考えることが有効である。送り出されるコンテンツの水準、そしてそれらを配布し、広げる組織や仕組みの水準、そして、それを現地で教え、訳し、紹介する水準といったように。そしてそれらの連続性の中で、本書では文化工作をとらえてきた。すなわち、送り出すべき日本の思想や文化を価値づけ、教える場から、さらにはそれらを日本の植民地や占領地で教え、紹介し、広げていく人や組織の活動への流れを描き出すことでの連続性の中でとらえてきたわけである。

そして、インドネシアやベトナムに遺された日本語蔵書は、この文化工作のいわば水流がその河口で堆積して形をなしたものといってもよいだろう。したがってこの時期に刊行された日本の書物が、具体的にどこまで広がり、どう用いられたのかを具体的に示してくれるものでもある。前章では、そこにたどりついたコンテンツから、その中で小説や物語が大きな役割を果たしていたことが見えてきた。

では戦時下の日本の対外文化工作において、具体的にどのような日本文学や小説を紹介し、訳していくことが目指されていたのだろうか。この点については、日本国内でそれらを選び、送り出す場と、それを現地で紹介し、広げていく場との間でかなり大きなずれも見られる。当時、海外に向けた日本文学の紹介や翻訳事業を行っていた国際文化振興会と、占領地の文化工作との間にはどのようなずれがあったのだろうか。

国際文化振興会では、一九四一年に情報局の要請によって南方文化事業会を設け、関係官庁や団体代表者とともに南方圏への文化工作を検討していくこととなる。[1] そして「泰、ビルマ、安南、馬来、ヒリツピン、スマトラ等」から、翻訳スタッフを軍を介して招致していく。[2] 一九四二年には同じく情報局(第五部)の肝いりで日本文学報国会が生まれ、作家、文学者は「宣伝戦、思想戦、文化戦」を組織的に担っていくこととなる。そこでは「文学ニ依ル国民精神ノ昂揚」や「文学ヲ通ジテ為ス国策宣伝」とともに、「対外文化事業ニ対スル協力」がうたわれていた。[3] 国際文化振興会では、この日本文学報国会に協力を仰ぐ形で、海外に紹介すべき文芸作品の選定を進めていく。[4]

翌一九四三年にはアジアに向けた文化工作に適した作品として岩田豊雄の小説『海軍』をはじめ、丹羽文雄『海戦』、島木健作『運命の人』、武者小路実篤『幸福な家族』、小川真吉『隻手に生きる』や、山本周五郎の『日本婦道記』が選定されている。[5]

表 15　インドネシア国立図書館所蔵の「日本近代文学」文献

著者	タイトル	出版社	刊行年	月
谷崎潤一郎	吉野葛	創元社	1940	09
橋爪彦七	民兵誠心隊	奥川書房	1942	01
白川渥	村梅記	昭森社	1942	01
陣出達朗	勤皇一代女	大都書房	1942	02
尾崎士郎	日蓮	小学館	1942	02
友田宜剛	ものがたり歌御国の光	国民教育普及会	1942	02
陣出達朗	緋縅軍記	大道書房	1942	03
秋山恵三	新炭図	大都書房	1942	04
富沢有為男	民族の祭典	大都書房	1942	04
浜田隼雄	南方移民村	海洋文化社	1942	07
東福隆子	光に生きる娘たち	時代社	1942	07
星川周太郎	大東亜の黎明	近代小説社	1942	08
桜田常久	安南黎明記	大日本雄弁会講談社	1942	08
大林清 / 他	黎明鼓笛隊	八紘社杉山書店	1942	09
小山寛二	北海の霹靂	金鈴社	1942	09
丸山義二	瑞穂の国	桜華社出版部	1942	09
添田知道	小説教育者	錦城出版社	1942	09
荒木巍	幸運児	博文館	1942	10
竹田敏彦	前垂将軍	アカツキ書店	1942	10
守安新二郎	南方小説東亜の建設者	三杏書院	1942	10
甲賀三郎	ビルマの九官鳥	フタバ書院成光館	1942	10
式場隆三郎	夜の向日葵	畝傍書房	1942	11
村上信彦	音高く流れぬ第 3 部	興風館	1942	11
中正男	建武の御剣	実業日報社	1942	12
永松浅造	壮烈海国魂	忠文館書店	1942	12
稲垣史生	東亜の友だち	帝国教育界出版部	1942	12
島崎藤村	破戒	新潮社	1942	12
川辺譲	小説砕けぬ魂	大日本出版閣	1943	01
坂本七郎	光ある海	育生社弘道閣	1943	01
稲垣足穂	空の日本飛行機物語	三省堂	1943	01
桜井忠温	銃後	春陽堂文庫	1943	01
楠山正雄	源義経少年物語	新潮社	1943	02
塚本篤夫	汗の歌	六合書院	1943	02
山岡荘八	海底戦記	第一公論社	1943	02
山岡荘八	海底戦記	第一公論社	1943	03
龍胆寺雄	若い教養	希望の窓社	1943	04
村雨退二郎	戊辰の旗	大日本出版閣	1943	05
林二九太	恩賜の包帯	新元社	1943	05
北村寿夫	東方の鷹	健文社	1943	05
岡戸武平	美しき餞	那古野書房	1943	05
小沢不二夫	青雲長瀬富郎錬成時代	興亜書局	1943	06
白倉茂七	大空の人柱多美女の記	有本書店	1943	06
長谷川幸延	舞扇	六合書院	1943	06
円地文子	南支の女	古明地書店	1943	06
山本有三	生きとし生けるもの	文藝春秋社	1943	06
須川邦彦	無人島に生きる十六人	大日本雄弁会講談社	1943	06
久我荘多郎	日本海戦譚	大衆文芸社	1943	07
萩原新生	荊棘をゆく者	高松書房	1943	07
島栄吉	落月銀山川	大衆文芸社	1943	07
百田宗治	砂糖の木	光風館	1943	07
葉紹鈞 / 実藤恵秀	芳児のおくり物	鍾美堂	1943	07
杉崎英信	高砂義勇隊	杉崎英信	1943	07
黒岩一郎	勤王志士詩歌集	至文堂	1943	07
岩崎志郎	海の愛情	八紘社杉山書店	1943	08
中村吉蔵	伊藤・東郷・頭山	鶴書房	1943	08
川崎大治	花とピアノ	鶴書房	1943	08
橋爪健	鰹漁港	佃書房	1943	09
貴司山治	維新前夜 6	春陽堂書店	1943	09
坂本七郎	鉄魂記	育生社弘道閣	1943	09
瀧田憲次	図南挺身軍	天佑書房	1943	09
赤川武助 / 他	戦友物語	泰光堂	1943	09
喜多義勇	道綱の母	三省堂	1943	09
塚本篤夫	銃後の歌	大衆文芸社	1943	09
塩尻公明	天分と愛情の問題	弘文堂書房	1943	10
内田丈一郎	水雷部隊	鶴書房	1943	10
高木義賢	寛永御前試合	大日本雄弁会講談社	1943	10
高木義賢	大石良雄	大日本雄弁会講談社	1943	10
高木義賢	塚原卜伝	大日本雄弁会講談社	1943	10
沢村勉	脚本海軍	青山書院	1943	11
高木義賢	大岡越前守	大日本雄弁会講談社	1943	11
海音寺潮五郎	マライ華僑記	鶴書房	1943	12
高木義賢	真田幸村	大日本雄弁会講談社	1943	12
高木義賢	山中鹿之助	大日本雄弁会講談社	1943	12
鹿島孝二	情熱工作機械	大日本雄弁会講談社	1943	12
桜田士朗	防人の賦	スメル書房	1943	12
田中令三	海戦と花	鮎書房	1943	12
岩田豊雄	小説海軍	毎日新聞社	1943	12
高山樗牛 / 柳田泉	名作歴史文学滝口入道	聖紀書房	1944	01
小倉龍男	縹渺　0 号潜水艦出撃	六芸社	1944	02
石川淳	義貞記	桜井書店	1944	02
宇野千代	人形師天狗屋久吉	文体社	1944	03

しかしながら、前章でも見てきたように、インドネシアの現地で宣伝班が実際に翻訳、紹介する作として用いたのはこれらの作品ではなかった。インドネシアの宣伝班で、日本の文化や思想を紹介するうえで関心を向けたのが「講談」文学であった。インドネシアに遺されている日本語蔵書は、日本文学に重点をおいた構成をもつ蔵書であり、講談を含め、文化工作に有用な小説や物語の形をとらえる重要な手がかりとなろう（表15）。

ここに掲げたのは、この日本語蔵書に含まれる近代文学作品である。日本の文学全集や近代文学史を見慣れた目からすれば、これらは異形の「近代文学」と言えるかもしれない。しかし、いかに今日の私達の日本近代文学のイメージとかけはなれていようとも、これが実際に戦時下のインドネシアで作られた「日本近代文学」像なのである。

本章では、こうした中でも宣伝班が実際に文化工作に有用ととらえた、「講談」ジャンルに目を向けたい。書物の広がりを通して、本書では戦時下の国内の文化統制や、海外に向けた文化工作をとらえてきたが、「講談」ジャンルはそうした文化の統制や宣伝にどうかかわってきたのだろうか。そして本章ではまた、戦時下における「講談」ジャンルが提供していた物語の枠組みを検討していくことを試みたい。実際には後述するように広く流通した講談全集のコンテンツを検討することとする。そこではしばしば共通した物語の枠組みや価値観をとらえていくことが可能である。本章の後半では、こうした物語のパターンの一類型として、戦時期海外にむけて発展していく日本人の物語に焦点をあてる。その代表的な物語として、戦時期の山田長政の伝記小説群をとりあげ、この時期の文化工作と物語の関わりを解きほぐしていくこととしたい。

1　講談ジャンルの活用

まず「講談」ジャンルについて説明しておく必要があろう。日本の近代において、講談は講義や講演を含む多様な用法が見られる用語だが、ここでは、より狭い意味の、話芸としての講談を指して用いたい。そして、それらを活字化した出版物の総称として講談文学という用語を用いる。話芸としての講談は、学問を専門としない人々に、仏教や神道、古典や軍書を分かりやすく話して聞かせる「講釈」をもととして生まれ、江戸時代の前期、一七世紀にはすでに一定の職能集団として存在していたという(6)。

講談は、話芸としては一八八〇年から九〇年頃が最盛期とされるが、その後、新聞や雑誌を通して広く活字化され、読まれる文芸となり、その広がりとともに二〇世紀初頭には「講談」という名前がジャンル名としても固定化、定着していく(7)。庶民にとっての娯楽として、また教訓・教養として、以降も新聞、雑誌、演劇、映画、教科書等の近代メディアを通して、広範な影響力をもっていくジャンルである。

内容面では、忠臣や孝子、節婦といった人物がしばしば焦点化されており、この特徴は、日本の近代の思想・徳目の教育やイデオロギーとも結びついていく。実際に講談を行う講談師達も、国民の教育を担う「教導職」として、近代初期の教育政策の中で位置づけられても行く[8]。

一八七九(明治一二)年の教育の詔勅「教学大旨」以降、「仁義忠孝」、「君臣父子」を重視し、儒教的な徳目をベースとしつつ国体、天皇への忠誠心を広く育成していこうとする教育政策が強化されていく。講談は、そうした徳目を、具体的に分かりやすい形で体現するジャンルでもあり、実際に修身教育やその教材としてもその素材が近代を通して受容、再生産されていくこととなる。

インドネシアにおける日本の対外文化工作で、宣伝班が注目したのも講談であった。宣伝班のスタッフ、浅野晃は、現地語の雑誌『アジアラヤ』に紹介、掲載する「日本の文学らしい文学」の選定に頭を悩ませ、議論する中で、「講談文学を、何より義士文学」を訳していく方針をとる[9]。具体的なタイトルとしては、日本で今日でさえ繰り返し映画やテレビに用いられている『水戸黄門漫遊記』や『赤穂義士銘々伝』といった講談である。この方針は、インドネシアに遺されている日本語資料の内容にも対応するものであった。そこには多様な領域の専門書とともに、講談本が多く収められているからである。実際、これら日本語蔵書の小説のうちで、作者で見ればもっとも点数が多いのは著名な作家ではなく、ほとんど名前の知られていない高木義賢であり、それらは大日本雄弁会講談社(以降、講談社と略記)の『寛永御前試合』、『大石良雄』、『塚原卜伝』といった講談文学なのである。

こうした講談文学は、実は日本の学術図書館ではあまり所蔵されていない。今日の漫画のようなジャンルと同様、大衆的な読物として収集の対象外とされてきたためである。試みに、この著者、高木義賢の著作を日本の書誌データベースで調べてみれば、日本国内の図書館所蔵が極めて少なく、日本のどの図書館よりも、インドネシア国立図書館の日本文庫の所蔵冊数の方が多いことが分かる。

講談文学の出版物としての特徴で重要なのは、それがいわばパブリック・ドメインであるということである。ここに引いてきた講談文学も、実際に書いたのは高木義賢ではない。一九二八年に講談社は『修養全集』、『講談全集』を刊行して以降、いくつかの講談の全集、シリーズを刊行しているが、編者や著者標目は「野間清治」となっている場合も多い。講談社は、講談師の速記物を「多少改竄して演者の名前を削り、例えば野間清治として掲載する分には法律に違反せず」という認識にあった[10]。一九三一年から刊行される少年向けの講談シリーズの場合、著者は野間清治であり、それが後に版を改める際に高木義賢に移ったわけである。インドネシアに見られる講談は、このシリーズにあたる。

ちなみに高木義賢は講談社の初代社主、野間清治の妻の妹、みさおの夫、つまり野間清治の義弟にあたる。もとは逓信省に勤務していたが、一九一九年に講談社に移って、主として会計業務にあたっていた。後に取締役となり、役員が総辞職する終戦の年まで勤務している[11]。

講談文学の特徴としてはまた、それが教育の道具、教化の技術として早くから意識されてきた点が重要であろう。日本の文化工作においては、講談文学、具体的には新講談の児童向けシリーズが具体的な翻訳の素材として検討されていたが、講談ジャンルのこうした思想教育への利用については、占領地のみで検討されていたわけではない。これら刊行物を出していた講談社側も、非常時局の国家にとってきわめて有用なジャンルであり、教化手段であるという認識に立っていた点を指摘しておきたい。

十数年も前に徳富蘇峰先生は、本社を『私設文部省』と称揚され堀内信水中将は、『講談社の雑誌は国防の雑誌である』と喝破されております。

こう述べる高橋哲之助「雑誌に就ての一考察」は、講談社の雑誌を「戦争に是非必要な『精神爆弾』」とする。[12] 同時期に講談社の社内向けに作成された印刷物『非常時局と雑誌の重大使命』では、「講談の中には忠義の極致がある。親孝行の極致がある。即ち自分を殺して衆を救う義侠の極致がある」「これが日本人の最良の心でなくして何であらうか」と述べ、「外国の宣伝に対する予防薬」としても位置づけている。[13] 講談は戦時における「精神弾薬」なのである。創業者の野間清治も強くそれを意識しており、先の『講談全集』発刊の折には、講談ジャンルこそが「民族思想の指導機関」であり、教育勅語における徳目を「何人にも呑み込めるやさしい事実」にした「修養資料」だと述べる。[14] 実際に近代、あるいは戦時期に講談ジャンルが果たした役割は極めて大きなものだったはずだ。

一九二八年から大日本雄弁会講談社で刊行される『講談全集』、『修養全集』は、いずれも発行総部数は三〇〇万部を越えていた。また、先に述べたように、同社からは児童向けの多様なバージョンも刊行されている。一九三六年から刊行が始まる『講談社の絵本』は、講談本の幼年向けバージョンを数多く含むものだったが、戦争をはさんで一九五九年までの総部数が七〇〇〇万部を数えるという。[15]

2　講談と偉人伝の間

近代におけるこうした講談文学の影響力やその広がりを考えれば、その調査、研究が重要となるのは言うまでもない。しかし、講談というジャンルの研究は、日本文学研究の領域では、決してメジャーな研究ではない。それどころか、非常に研究の薄い領域といってよいだろう。それには様々な理由がある。

講談は、近代の初期から、講演や演劇といった活字化されない形態を含め、多様なジャンルでの表現形態をもっており、活字化された文学作品のように明確な枠組みをもっているわけではない。また、活字化された場合でも、多くの作者がくり返し作品化する過程で一つのタイトルから多数の異本が生み出されるため、一定した本文を特定しがたい。大衆的で教訓的なジャンルとして、学術的な研究対象や研究機関の資料収集の対象外に置かれてきたことも、研究が進まない理由になっていよう。

とはいえ、『水戸黄門漫遊記』や『義士銘々伝』等は、戦前のみならず、戦後から現代に至るまで、映画やテレビ、漫画を含めて再生産され続け、今も広く日本の読書空間に強固に根付く人物類型や物語の型でもある。ここでは、一九三〇年代から戦中にかけて生まれていく講談全集に焦点をあて、講談文学の表現の特徴をとらえていくことを試みたい。講談文学は国内における文化や思想の統制と結びつくとともに、海外での文化工作にも用いられていく。これら講談文学の表現やその物語の形が、国内の文化統制と対外的な文化工作の中で果たす役割もまた、考えていくこととなろう。

講談社は昭和初期にいくつかの講談全集を刊行する。多くの出版社が予約販売の形で様々な全集を企画・宣伝し、一冊あたり一円程度の廉価な全集や選集を大量に販売していく、いわゆる円本が活況を呈する時期である。一九二八年に出した『講談全集』もこうした形で刊行された一二冊のシリーズである。その後、一九三〇年から翌年にかけて『少年少女教育講談全集』一二冊のシリーズと『評判講談全集』一二冊のシリーズを刊行する。さらに一九三一年からは「少年講談」を冠するシリーズを刊行、一九三九年までに四五冊を刊行している。児童向けのシリーズはセットでは無く一冊単位でも自由に購入できる形で、その後も戦中まで版を重ねている。例えば少年講談『大石義雄』の場合、一九四三年刊行の八刷の版がインドネシアには所蔵されている。

ここでは、『少年少女教育講談全集』一二冊の内容を検討することとした。この全集を選ぶ理由はいくつかある。まず含まれている話の数が豊富であり、表16に示すようにこの全集には八四の話が含まれている。また、この全集は教育講談とうたっているとおり、児童向けでかつ教訓性を意識した作りになっており、教育的なメッセージがとらえやすい作りとなっているからでもある。

広告では文部省督学官の稲葉彦六の推薦をかかげ、修身のための課外読物としても最適であるとし、また「東京の図書館で一番読まれるご本です」、「文部省推薦」といった文句を掲げ、娯楽性のみではなく教育面での効用を強調している[16]。

むろん、ここでそれが当時の講談のスタンダードであると述べたいわけではない。講談自体は口演も含め、娯楽として多様な形や広がりをもっていたはずであり、教訓や修養が必ずしも前面に押し出されるわけでもない。また、一九二八年の『講談全集』は松林伯知や一竜斎貞山ら講談師の口演であることを前面に出して売り出しているが、『少年少女教育講談全集』の方は実際には小説家や劇作家が講談として書いたものであり、むしろ口演の講談とは異なる。ここで問題にしたいのは、当時の口演の原型や原話でなく、むしろ講談というイメージを通して広がった物語の方なのである。一九三〇年代から戦時期にかけて、講談全集

表16『少年少女教育講談全集』収録タイトル、著者、及び分類

タイトル	著者	巻号	主分類（副分類）
豊臣秀吉	天野雉彦	1	立身／海外
二人の小姓	岸田天山	1	忠義
春日局	菊池寛	1	忠義
吉田松陰	山中峰太郎	1	勤皇／海外
黒人の父	貴志四川	1	立身
孝女お露	小泉長三	1	孝貞
宮本武蔵	大河内翠山	1	武勇／忠義
伊藤博文	深田謙	2	勤皇／海外
正行の母	松井松翁	2	勤皇
ジョージ・ワシントン	池田宣政	2	立身
血染の遺書	中嶋五郎	2	忠義／孝貞
良寛和尚	相馬御風	2	立身
孝女白菊	挟間祐行	2	孝貞
田宮坊太郎	磯村野風	2	忠義
源九郎義経	挟間祐行	3	武勇
静御前	本間雄三	3	孝貞
阿新丸	加藤武雄	3	勤皇
自動車王フォード	大滝鞍馬	3	立身
矢はず割	小泉長三	3	孝貞
和気清麻呂	武者小路実篤	3	勤皇
荒木又右衛門	大河内翠山	3	武勇
東郷元帥	小笠原長生	4	武勇／海外
少年軍師真田大助	堤絲風	4	武勇
名力士桂川力蔵	磯村野風	4	武勇
アレクサンドル大王	山中峰太郎	4	海外／武勇
尊皇の烈女	前田曙山	4	勤皇／孝貞
大村益次郎	三上於菟吉	4	立身／忠義
渡辺崋山	挟間祐行	4	忠義／孝貞
楠公父子	岡田東魚	5	勤皇
誉れの初陣	吉川英治	5	忠義／武勇
曾呂利新左衛門	坂東太郎	5	武勇
曾我兄弟	中野清二	5	忠義
御曹司六代御前	大川白雨	5	その他
有王と俊寛	中村武羅夫	5	忠義
ナポレオン	伊東研齊	5	立身／武勇
真田幸村	大河内翠山	6	武勇
白虎隊	筑波四郎	6	武勇
一休和尚	根岸発五郎	6	その他
快傑ジンギスカン	挟間祐行	6	海外
恨の手裏剣	小泉長三	6	忠義
天晴れ日本娘	秦賢助	6	忠義／海外
岩崎弥太郎	大瀧鞍馬	6	海外
乃木大将	本間雄三	7	勤皇
誉れの馬術	岩田龍之助	7	立身
忠臣多治見父子	間宮重憲	7	忠義
コロンブス	野村愛正	7	海外
雪子の御方	前田曙山	7	勤皇
常陸山右衛門	柳原緑風	7	武勇
大久保彦左衛門	坂東太郎	7	忠義
大石内蔵助	大河内翠山	8	忠義
阿波曾の捨女	大倉桃郎	8	忠義
中江藤樹	挟間祐行	8	立身
空中王リンドバーグ	中正夫	8	海外
秦の始皇帝	中野清二	8	海外
蜀山人	後藤位置	8	武勇
柳生十兵衛	根岸発五郎	8	武勇
水戸黄門	大河内翠山	9	忠義／孝貞
福沢諭吉	宇野浩二	9	その他
烈士の誉	根津茂	9	忠義
大天才レオナルド	谷崎精二	9	その他
沢庵禅師	根岸発五郎	9	その他
女腹切	前田曙山	9	忠義
加藤清正	坂東太郎	9	武勇／孝貞
西郷隆盛	伊東研齊	10	勤皇
挙骨和尚	鈴木美和夫	10	武勇／勤皇
市川團十郎	中内蝶二	10	立身
雑誌王カーチス	大瀧鞍馬	10	立身
万寿姫	中野清二	10	孝貞
二宮尊徳	挟間祐行	10	立身
後藤又兵衛	根岸発五郎	10	武勇／海外
元和三勇士	坂東太郎	11	忠義
狩野探幽	清野芳雄	11	立身
種子島の娘若狭	奥村実	11	孝貞
楽聖ベートーベン	宇野浩二	11	その他
安田善次郎	山中峰太郎	11	立身
女傑瓜生岩子	三輪政一	11	その他
木村長門守	大河内翠山	11	武勇／忠義
梁川庄八	大河内翠山	12	武勇／忠義
軍神広瀬中佐	大木雄三	12	武勇
豆腐の恩返し	大江時蔵	12	立身
発明王エヂソン	三好季雄	12	立身
麒麟の秘太刀	小泉長三	12	武勇
勝海舟	山中峰太郎	12	海外／立身
ジャン・ダーク	挟間祐行	12	武勇

という形で、印刷物として大規模に流通し、教育に適したものとして喧伝され、広がっていく講談からは、いわば講談が教育の場へとアダプテートされていった物語群として、その特徴をとらえていくことが可能となろう。

全集全体の内容からすぐに見て取れるように、『少年少女教育講談全集』は一方で偉人伝の全集に近く、その点でもそこから理想像が掴みやすいものとなっている。偉人伝というジャンルは、戦時下において、特に児童向け出版物としてその教育的な効果が期待されたジャンルでもある。一九三八年に内務省は児童向け出版物の浄化運動に取り組み、出版社に向けて営利を優先して「野卑、陰惨、猟奇的、感傷的、病的」といった内容を改めるよう指示し、「敬神忠孝」の精神高揚を第一とする方針を提示する。[17]

内務省で、当時この浄化運動に関わり、児童向け出版物の調査にあたっていた佐伯郁郎は、日本国民としての自覚や信頼を培ううえで、伝記ジャンルを推奨し、特に埋もれた先人や先学の伝記の出版を要望している。一九三八年から四〇年までの児童向け出版物では、童話ジャンルがその多くを占めていたためである。

> 科学・伝記・歴史等の部門は、非常に要望されてゐるにかかわらず、良いものが余り出ない。中でも歴史・伝記が特に貧困である。足かけ三年になる文部省の推薦図書の中で歴史・伝記合はせて僅かに四種といふ有様である。[18]

偉人伝は、戦時期における児童向けの望ましいジャンルとして位置づけられる。一九四一年に刊行される金の星社の『我等の偉人』一四冊のシリーズは児童向けのこうした偉人全集として位置づけられよう。

偉人伝は、望ましい推薦図書として提案されているばかりではなく、当時の読書会や読書指導の場でも実際に用いられている。読書指導運動が全国化していく、そのモデルともなった石川県の読書会について第二章でとりあげたが、用いられている図書はほとんどが偉人伝である[19]。

明治期の修身科教科書をあげるまでもなく、早くから偉人伝は教材化されていくが、教科のうちのみならず、その物語としての役割がどう広がっていったのかが問われねばなるまい[20]。同じく第二章で、読書傾向調査の系譜をとらえていったが、この読書傾向調査には、一九二〇年代の図書館の調査から、日中戦争開始以降活発化する大規模調査に至るまで、必ずといってよいほど尊敬する偉人についての質問項目が含まれている[21]。読書傾向調査が、一見関わりのない偉人アンケートと同居してきたということ自体、偉人が「物語」と同列に扱われてきたことを示してもいよう。こうした物語を供給し、広げていくメディアとして、講談物語の役割をとらえてみる必要がある。

3　講談の方法と教育

『少年少女教育講談全集』について、以下、具体的にその特徴的な語りの手法について、また、そこで語られ、価値づけられる徳目の類型について論じていきたい。国内外の素材を含め、八四の話がこの全集には収められている。これらの諸作を検討していくと、いくつかの作にまたがってあらわれる特徴的な語り方、物語の手法をうかがうことができる。

まずこれら諸作は、そのあらわな語り手の登場と、その語り手が宿す明確な価値、規範意識によって特徴づけられる。先述したように、「講談」と冠しつつもこれらは作家が「英雄偉人の伝記を講談風に面白く」書き直している。[22] この「講談風に」は、こうした語り方の特徴として具体化されている。次の引用はいずれも登場人物の台詞ではなく、地の文の語りである。これら読者側への呼びかけや感嘆の表現からも分かるように、語り手はその宿す価値観を明確に示している。

あゝ蓋世の英雄源九郎義経！

静かに彼の一生を辿ると、血湧き肉躍る感があります。義経位わが国三千年の英雄の中で、歌に、絵に、物語に、最も国民に愛せられる詩的な英雄はありません。（挟間祐行「源九郎義経」）

あつぱれまれな貞女の半生。知るも知らぬもたれひとり、静御前の死に涙をそゝがぬものはないのでした。（本間雄三「静御前」）

挟間祐行「源九郎義経」と本間雄三「静御前」からの引用だが、いずれも地の文の語りだが、感嘆、感激とともに絶対性や唯一性といった価値を明確に宿した語り口となっている[23]。むろんこうした価値観、規範は登場人物の台詞としてもしばしば現れはするが、語り手は物語全体を統括するより高いレベルからこうした価値を発信していく。大木雄三「軍神広瀬中佐」の地の文の語りもここで示しておこう[24]。

義にあつく、信に深きこと、まことに武人の手本であります。（大木雄三「軍神広瀬中佐」）

父の忠死を忘れず、あつぱれば武夫となつた二人の息子。またうるはしいお話ではありませんか。
現在兄さんの修一氏は海軍少佐、弟の健次氏は海軍大尉であります。（大木雄三「軍神広瀬中佐」）

語り手が宿す価値観は、ある程度類型化して後に示すこととするが、重要なのはその価値自体よりも、語り手によるその提示の仕方である。というのもこの全集では、これらの語りに見られるように、その価値について説明するというより、読者に当然のこととして共有、共感することを求めているからである。

誰一人涙を流さない者はない、あるいは誰しもが愛する、といった語り口は、読者であることを、そのまま日本人であること、さらには共通の価値を認め共有し合うことに横滑りさせ、拡大していく語り口といってよいだろう。次の小笠原長生「東郷元帥」の地の文もこうした点はよくうかがえよう。こうした語りは、すでに偉人の偉大さ自体が前提とされており、かつまた日本人であれば当然知っておくべき、認めるべき価値がその語りでは前提となっている[25]。

あゝ東郷平八郎！　東郷平八郎！　全世界の歴史に光輝燦然とかゞやきわたる平八郎の名は、この時はじめて生れたのでございます。（小笠原長生「東郷元帥」）

無謀と笑ふ者はいまだ日本の武士道を知らぬものです。万死に一生すらえがたい危地を、悠々として突撃する勇猛心は、わが大和の亀鑑と申されませう。（小笠原長生「東郷元帥」）

読者はこうした語りを読むことを通して、日本人であれば知っているはずの、認めるべき価値をあたかも共有しているかのような位置におかれることとなる。こうした手法に加え、特徴的な語りの手法として指摘できるのは、読者の現在の体験、経験へと偉人やその歴史をつなぐ手法であろう。

具体的には、現在残る史跡や事象に結びつけて語る手法であり、分かりやすい事例としては、偉人の物語を最終的に現在ある銅像に言及して閉じるといった語り方である。ここでは三上於菟吉「大村益次郎」と、大木雄三「軍神広瀬中佐」の事例をあげておきたい[26]。

諸君、暇あらば策を九段坂上に曳いてかの眉隆き英雄の風姿を仰げ！ 壮年国家に殉じた傑士の霊は必ずや諸君の魂にはげしき啓示をあたへるであらう！（三上於菟吉「大村益次郎」）

少年少女諸君よ。志はすべからく大なれ！ それをわが軍神広瀬中佐が、立派に示してくれてゐるではないか。（大木雄三「軍神広瀬中佐」）

東京万世橋駅前の広場には、広瀬中佐と杉野兵曹長の銅像が建てられてあります。（大木雄三「軍神広瀬中佐」）

また、三輪政一「女傑瓜生岩子」では、物語の最後に示現寺（喜多川市）と長楽寺（福島市）の銅像にふれるとともに、「現に国定の修身教科書にものせられて」いることを示す[27]。こうした手法は、読み手の生きる現在時へ、その生活空間へと物語の空間を結びつけるとともに、語られる人物の偉大さの説明や根拠を、銅像という事物の現前に置き換える手法である。これもまた、あたかも日本人の誰しもが認める永続的な価値軸があるかのような前提の中に、読み手を誘う手法ともなろう。

こうした語りの特徴的な手法を駆使するこの全集の諸作において、具体的にどういった価値規範や徳目を示しているのだろうか。先述したように、これらの語りには明確な価値観がうかがえる。中でも物語の枢要な枠となっている価値軸をもとにいくつかの群に分けるなら、大まかに七つの話群に分けられよう。すなわち忠義話群（仇討ちを含む）、武勇話群（勇猛さ、知略を含む）、立身話群（勤勉、努力による出世）、海外渡航・征服話群、孝行・貞節話群、勤皇話群、そしてその他のものである。

むろん一つの物語が複数の話群にまたがる要素をもつ場合も多く、またそもそもこれら話群が体現している価値自体、互いに因果関係や階層関係をもっており、明確に分かれるものではない。ただ、ここではあくまで便宜的にでも分けることで主要な価値観がどの程度あらわれているかを把握することを試みたい。

上記の話群では、八四話のうち、多い順に記すと武勇話群が二三話、忠義話群が二二話（仇討ちものがそのうちの一〇話を占める)、立身話群が一七話、海外渡航・征服話群が一三話、勤皇話群が一一話、孝行・貞節話群が一一話となる。

それ以外のものでは、宇野浩二の作がかなり特異であり、芸術至上主義的な物語枠組みをもった「楽聖ベートーベン」や、戦争よりも学問を優先する「福沢諭吉」の作がある。また、三輪政一「女傑瓜生岩子」のように今日の慈善事業や社会福祉事業にあたる事蹟を描いた作はむしろ例外的なものと言えよう。

こうした物語群の中で、いわゆる仇討ち譚や立身譚は容易に予想されるところだが、ここで目を向けたいのは海外渡航・征服話群についてである。この群にはいわゆる他国の征服、領土拡大といった話以外に、海外渡航、外交交渉、海軍の創設や海防への貢献が価値としてあらわに表明されているからである。「岩崎弥太郎」や「コロンブス」は指摘するまでもないが、「吉田松陰」にしても、海外の造船術や航海術への早くからの関心が語られ、「東郷元帥」では海軍の重要性に若年から関心をよせる東郷平八郎が描かれ、また「伊藤博文」にしてもイギリス渡航や幕末の下関戦争(馬関戦争)での活躍が多くを占める。

こうした海洋を通した日本人の海外進出、貿易や外交、戦役を称え、価値づける物語群を、とりあえず海洋物語群と呼んでおこう。こうした海洋物語群は、日本の大東亜共栄圏の建設を、支え、後押ししてくれる物語として活用できる物語群ともなる。実際に、海軍は文化工作としてこうした物語群の活用をはかっていく。一九三九年に、海軍軍事普及部委員長の金澤正夫は日本文化中央連盟に「日本民族と海洋思想」の研究を委託している。日本文化中央連盟は、序章で詳しくとりあげたとおり、松本学が中心となり、文化団体を広く包含して、『日本諸学研究』や海外向けの『カルチュラル・ニッポン』の刊行事業など、国体観念の闡明とその発信を行っていた。それはまた国内への思想統制と、海外向けの文化工作とがむすびあう事業でもあった。また、同じく海軍軍事普及部の斡旋で翌一九四〇年に海洋文化協会が設立され、そこに文学者で「海洋文芸論」を提唱する吉江喬松も協力していく。

そして、近代の日本文学の歴史から、あらためてこうした海洋物語を掘り起こしていったのが吉江と同じ早稲田大学で教鞭をとっていた柳田泉である。これらの経緯については第一章で述べた通りである。こうした海洋文学を待望する議論や、文学史からそれを掘り起こす研究も活発化していく。それは純文学文壇や西洋外国文学の研究・教育者が戦時下において自らの有用性や意義を示し、延命する手立てでもあっただろう。また、ここでとりあげた全集をはじめ、大衆、児童向けに多数刊行されてきた海洋物語を取り込んで「純文学」や「研究」の枠組みを広げていこうとする試みであったとも言える。

それを「文学」と枠づけるかどうかとは別に、海洋物語群自体は明治期から数多く生まれており、それが戦時下にあって教育や研究の場を含め、多様な場で利用、活用されていくわけである。文化工作においてもこうした海洋物語が利用されるが、そうした中でも戦時下でくり返し利用、関心を向けられ、再生産されていく海洋物語の一群として、山田長政をめぐる物語群の特徴を、次節ではとらえることとしたい。

4 戦時下の山田長政表象

山田長政の物語は、第二次世界大戦中に数々の伝記小説として生み出されていく。物語の大まかな枠組みは次のようなものとなる。日本からタイ（当時の暹羅）の日本町へと渡航した青年が、傭兵として王に重用される。王の死後、リゴール（ナコン、六昆）に派遣され、その地を治めることとなるが、その後の王位継承の争いの中で没し、日本町もまた滅びていく。

タイでこのソンタム王が没するのは一六二八年（寛永五年）であり、その前後の出来事ということになるが、近世以降の山田長政に関する物語は出身地や渡航方法、タイでの王室や日本町との関わりなどに多くのヴァリエーションをもつ。本章でとりあげた『少年少女教育講談全集』では、秦賢助「天晴れ日本娘」が山田長政ものであり、長政の死後、滅ぼされる日本町で自らを犠牲にして町の日本人を逃れさせる女性、お雪を描いた作である。[28] これは一九三〇年の刊行だが、山田長政ものの伝記小説は戦時下に多数出版される。

小説や教科書を含めて、近代の長政表象を広範に扱った研究に土屋了子の研究があり、戦時期において「大東亜共栄圏の理想を体現した南進の英雄として新たなイメージを与えられて、日本人の戦意高揚のために利用された」とする。[29] ただ、大東亜共栄圏の建設に有用な物語

表 17　戦時期刊行の山田長政伝記小説

山田長政	水谷まさる	『我等の偉人』1 巻、1941 年 5 月、金の星社
南進日本の先駆者　山田長政	池田宣政	1941 年 7 月、三省堂
山田長政と南進先駆者	深田謙	1942 年 4 月、潮文館
南の英雄　山田長政	千葉省三	1942 年 6 月、講談社
山田長政	白井喬二	『山田長政 張鶱』、1942 年 7 月、田中宋栄堂
山田長政図南録	木村三郎	1942 年 9 月、大衆文芸社
熱血日本町 山田長政	青木春三	『炬火をかざす』、1942 年 11 月、新踏社
山田長政	佐藤春夫	1943 年 10 月、聖紀書房
山田長政	角田喜久夫	1944 年 11 月、同光社

は他にも幅広く存在しており、山田長政を扱った伝記小説の固有の特徴や役割が明かされているとは言いがたい。ここではまず戦前における山田長政の扱われ方を検討したうえで、表に掲げる伝記小説をもとに戦時下の表象の特徴やその役割をとらえていきたい（表17）。

山田長政についての記述でもっとも古いのは『異国日記』に記された一六二一（元和七）年、土居大炊助利勝宛の山田仁左衛門長政による書状の写しだが、そこからは具体的な事蹟はほとんどうかがえない。近世からすでに虚実を取り混ぜた物語が多く広がっており、中でも平田篤胤『気吹颪（いぶきおろし）』（一八一三年、文化十年）はその造形を広範に広げた著述と言えようが、より古いその物語の淵源として今日知られているのは智原五郎八『暹羅国山田氏興亡記』や『暹羅風土軍記』となろう[30]。

ただ、このうちより古いとされる『暹羅国山田氏興亡記』の場合でも、山田仁左衛門に従ってタイに渡った智原五郎八が、日本に戻った後、集めた情報をもとにまとめたものがさらに元禄年間（一六八八年〜一七〇三年）に書写され、それが江戸で写し広まったテキストである[31]。古いものでも一七三七（元文二）年、あるいは三年の写本である。このため内容の真偽も定かではなかった。より古い一六七八（延宝六）年の跋のある『暹羅物語』について斎藤拙堂が記していることも知られているが、この『暹羅物語』は残っていない[32]。近年では長谷川延年『増訂海外異聞』（一八五四年、嘉永七年写）中の「暹羅物語」が、描かれた月日、軍装の細かさから『暹羅国山田氏興亡記』より古い形を留めているとする指摘もある[33]。こうした事蹟の曖昧さから、「国史上疑問の人物」の一人でもあった[34]。

こうした長政についての認識が、多くの刊行物を通して大きく変化していくのが一九三〇年代である。日本とタイとの交易、通商関係の資料もまとまった形で紹介、公開されていく。また、西欧で刊行されたかつての渡航記、航海記や、ヨーロッパの公文書館や博物館の所蔵資料から、東南アジアのかつての日本人町や、タイ国王に重用された山田仁左衛門の伝承に符合する日本人の事蹟が次々と紹介されていった。こうした海外の文書に山田長政の事蹟に符合する記述が見られることは、アーネスト・サトウが早くから指摘していた点ではあるが、日本人研究者がこれら資料を実際に調査し、広く活用していくのは三〇年代になってからである[35]。

日本とタイとの通商・交易に関する日本の歴史資料については、一九三四年に三木栄『日暹交通史考』や郡司喜一『十七世紀に於ける日暹関係』が刊行され、史料集のようにそれらをまとめて紹介し、解説している。[36] 郡司の著述はまた、欧米で刊行された渡航記、交易史やタイの歴史研究についての文献を幅広く訳し、紹介してもいる。三木栄は当時タイ文部省芸術局の美術学校教官であり、郡司はタイの公使館勤務時代の調査である。なぜタイでこうした日本語の歴史資料を含んだ紹介、解説を作ることが可能だったのだろうか。

これら日本語資料は、タイ王室によって収集された日タイ関係史資料がもととなっている。一九一三（大正二）年、タイ王室は当時タイ政府で司法省最高顧問にあった政尾藤吉に対し、日本とタイとの関係史料の原本収集を委託する。政尾は東京帝国大学の三上参次に相談し、内田銀三がその収集にあたり、タイへと送られる。つまり、タイの国立図書館は、これら日本の資料がタイに関する西欧の研究文献とあわせ参照できる環境にあったのである。[37]

また、オランダの国立文書館での日本研究者による資料調査が進み、そこから日本とアジアの交通史やアジアにおける日本人町に関する資料が数多く発見、紹介されていく。これらの調査の主眼は、むろん山田長政のみにあったのではなく、日本人がアジアの各地に広がっていた歴史を掘り起こしていくことにあった。岩生成一が『南洋日本人町の研究』にまとまる論を発表していくのは一九三五年である。[38]

そして岩生成一や、岩生と同じ台北帝国大学の村上直次郎は、オランダ国立文書館で、オランダの東インド会社の平戸商館やアユタヤ商館の往復文書、蘭印総督府とオランダ本国間との通信記録を紹介、活用し、山田長政の事蹟はそれらの中で改めて位置づけられていくこととなる。オランダのアユタヤ商館に勤務し、その後、平戸で一六二三年から三二年にかけてオランダ商館長となるコルネリス・ファン・ナイエンローデ（Cornelis van Nieuwroode）や、一六三六年から四二年までアユタヤ商館長であったエレミヤス・ファン・フリート（Jeremias van Vliet）の文書類であり、岩生の見つけたファン・フリートの「暹羅革命史話」稿（写本）では、日本人の高官「オーヤ・セーナピモク（Oya Senaphimocq）」の事蹟が詳細に描かれ、『暹羅国山田氏興亡記』などの事蹟との符合が指摘されることとなる。この「暹羅革命史話」についても、その全訳を村上直次郎が戦中に刊行している[39]。また、「暹羅革命史話」を下敷きにしたW・A・R・ウッド『タイ国史』も郡司喜一が一九四一年に全訳、刊行している[40]。

つまり、一九三〇年代は、それまでに広がっていた多様な山田長政像や物語が批判され、否定される時期であり、海外の文書類と国内の文書類を比較検討して、改めてその実在が主張される、いわば山田長政が「発見」されていく時期と言えるだろう[41]。タイの現地での調査もなされ、東恩納寛惇（ひがしおんなかんじゅん）による発掘調査で日本人町が「発見」され、その町址保存活動も進んで行く[42]。

重要なのは、これらの動向が、アジアに広がっていた日本人を発見、検証するという学術のトレンドに結びついているという点である。一九四一年には岩生の『南洋日本人町の研究』がまとまるが、翌年には杉本直治郎と金永鍵の『印度支那に於ける邦人発展の研究』が、四三年には『印度支那と日本との関係』が刊行される。これらの著述は、西欧人によるアジアや日本の歴史・文化の研究から脱して、日本人による、日本にとって価値、意味のあるアジア研究へとシフトしていく学知の変化を作り出していく流れでもあった。それについては第五章で「大東亜学」としても論じた点である。それは大東亜共栄圏という経済圏の妥当性やそれら地域を統合していく地理的、歴史的な必然性を日本に見出していく有用な学知として、戦時下において機能していく。

ではこうした三〇年代における学知の変動と、その中でなされていく山田長政の発見は、戦時下に生まれていく山田長政の伝記小説との間にどのような関係を形作っていたのだろうか。

5　山田長政　伝記小説の構造

表17にかかげたのはいずれも山田長政の伝記小説である。ここで伝記「小説」としているのは、いずれもが「小説」の基本的な特徴を備えているからである。実作者から自立した小説内の語り手によって語られ、かつその描写と登場人物の会話によって構成される作品群、簡単に言えば山田長政が実際に登場して作中でしゃべる、という文体をもった小説である。(43)

では戦時期に次々と刊行されたこれら長政ものの伝記小説の独自の特徴とは何だろうか。海を越えてアジアで活躍する日本人像の造形と、その顕彰は確かにその特徴とは言えるのだが、それは山田長政の伝記小説には限らないので、独自の特徴とは言いがたい。実際、澤田謙『山田長政と南進先駆者』は「南進先駆者十名」の伝を後半に治めている。水谷まさる「山田長政」を収める『我等の偉人』の第一巻では近藤重蔵と白瀬矗(しらせしのぶ)も収録されている。絵本ゆえ表には掲げていないが、講談社の絵本『山田長政』の場合、「海外発展日本男子絵話」が後半となっており、支倉常長や中浜万次郎らが描かれることとなる。(44)単に海外発展を体現した偉人を取り上げる小説というのであれば、山田長政ものである必要はない。また、海外発展を体現した日本人をとりあげる偉人伝は別にこの時期のみに限って出てきているわけではなく、山田長政にしても早くは一八九七(明治三〇)年の西村富次郎『日本偉人伝』で「海国の男児」として偉人伝の冒頭を飾っている。では、戦時下において刊行された山田長政の伝記小説に独自の特徴とは何なのだろうか。

戦時下における山田長政ものの伝記小説に特徴づけている独自の要素は、何よりその「考証のそぶり」にある。すなわち、語り手が地の文で歴史史料や過去の文献を引きつつ、そして時にはその誤謬や不確かさを指摘しつつ語る点に特徴がある。例えば木村三郎『山田長政図南録』の場合、語り手が作中で「因みに」と急に日本町の人口の考証をはじめる。

因みに「暹羅国風土軍記」や「山田氏興亡記」などによると在留邦人は八千余と呼称されるが、是は余りに多すぎる。外国側の諸種の史実や文献に徴しても、そのやうな大人数の数字は見あたらない[45]。

あるいは描写にあたっても「W・A・ウッド氏の著したる「タイ国史」の日本訳によると」としてその叙述を引用する形で描写していく。この「タイ国史」は前述のファン・フリートの著述を下敷きしており、郡司喜一『十七世紀に於ける日暹関係』が紹介し、訳している部分を孫引きしてこの小説では用いている。このように語り手が内外の資料を引きながら考証するそぶりがしばしばこの時期の山田長政の伝記小説にはあらわれる。白井喬二の作の場合、中等学校の教科書にかつて用いられた斎藤拙堂「海外異伝」中の長政伝（和訳されたもの）や、『山田仁左衛門紀事』をもとにした「これまでの多くの長政伝」の記述をしばしば語り手が批判する形をとる[46]。

平田篤胤のやうなわが国一流の大学者でさへ、これをとりいれて書きのこしてゐるけれども、それはみな「山田仁左衛門紀事」を信用したためで、今日のやうに研究が進んでみると、つくり話といふことがわかる[47]。

語り手はこう語って先の『異国日記』やオランダのハーグ国立文書館の史料、蘭印総督府と本国とで交わされた書簡を、本文では用いながら語り進めるのである。

もちろん研究書や伝記において、著者がこうした比較、考証を行うことは珍しいことではなくむしろ当然のことだが、小説の中で語り手がこうしたそぶりを見せていくことに特徴がある。池田宣政『南進日本の先駆者　山田長政』の場合もまた、これまでの「伝奇小説に類した」長政の伝承を批判し、語り手が本文中で長政の事蹟を記した古今の史料の紹介を長々とはじめる。[48]また、やはりオランダの国立文書館で見出された史料類を引き、描いていく形をとるのである。

より低年齢向けに語られている水谷まさる「山田長政」にしても「天竺徳兵衛の書いた『渡天物語』のなかに、長政の噂が書いてあります」と引いた上で、やはりこうしたそぶりを見せる。

天竺徳兵衛が、天竺へ行つた頃には、もう山田長政は死んでしまつてゐましたから、天竺の噂は正しいものではありませんが、だいたいまちがひなく、いかに長政が人々の口に噂されてゐたかがわかります。[49]

沢田謙『山田長政と南進先駆者』は小説仕立てではあるが、その序文で「荒唐無稽なる稗史野乗のたぐゐ」の多い山田長政伝を批判し、近年に見出された史料にもとづいて「綜合研究した」と記している。(50) そのうえでアユタヤの日本町址の写真やオランダ語文書の写真、タイの遺跡、風俗などの写真を多用しながら語っていく形をとる。佐藤春夫『山田長政』の場合も、「寛永八年六月二十九日付、平戸オランダ商館長の手紙」を引いて小説はその幕を下ろす。(51)

こうした内外の歴史史料の引用やそれによる考証のそぶりは、むろん「そぶり」にすぎない。そもそもこれらは小説であり、作中の会話文にしろ情景描写にしろ、細かなエピソードを含め想像で多分に補われたものである。また、資料を並べたうえで、なぜその資料を選ぶかという考証の規準も、考証している箇所の選び方もはっきりしない。もっとも、こうした考証の規準や箇所の曖昧さは山田長政の伝記小説に限らない。『日泰関係と山田長政』は小説仕立ての部分と研究書に近い体裁を融合したこの時期の刊行物だが、そこでは多くの史料を並べながらも最終的に正しい記述は「日本人」らしいかどうか、あるいは「神国日本の尊き姿」に合っているかどうか、といった規準で取捨選択されている。(52)

山田長政の戦時下の伝記小説において、なぜ語り手はこうした考証のそぶりを見せるのだろうか。それは、これら伝記小説が単に山田長政の事蹟を語っているのではなく、それが「発見された」ことをも語っているからである。一九三〇年代に内外の文献の引用や比較、考証を通して稗史や伝承などではない日本人の存在がアジアから見出されていく。山田長政の伝記小説を語る、とはまさしくそうした「日本人を発見する」学知の物語を語ることでもあったのである。

この時期における山田長政という人物表象が重要なのは、それがこの二つの物語、日本人がアジアへと広く海外発展していく物語と、日本人の歴史を科学的にアジアの各地から掘り起こし、発見するという物語として有用に活用できたためである。それゆえ、山田長政の物語は戦時下の伝記小説としてはもちろんのこと、教育や研究の領域でも、また広く地政学や経済、貿易に関する著述でも利用、言及する物語としての価値をもち得ていたのである。

おわりに

日本文学における小説や物語は対外文化工作の中にどのように生かされ、機能していたかをこの章では論じてきた。特にインドネシアに残された戦時中の日本語文庫や、現地で日本文学の翻訳や紹介にあたっていた宣伝班の活動からは、講談文学の重要性がうかび上がってくる。日本の文化や歴史をアジアの各地で広げ、発信していく際の教育メディアとして、講談文学は有効なものだと考えられていた。

海外に向けた日本の対外文化工作は、日本国内での思想や学知の統制と密接に結びついて展開していく。この視点は講談という表現ジャンルの役割やその展開を考えるうえでも重要である。本章で見てきたように、講談文字は、国内において忠孝や尊皇イデオロギーを読みやすく楽しめる形で普及していく効果的なメディアとしてとらえられてきた。ただ、講談という広範な物語の広がりに対して、具体的にアプローチすることは困難でもあり、いまだ十分に研究がなされてこなかった。

ここでは、一九三〇年代に流通していく講談全集を手がかりにその語り方の特徴や価値規範をとらえることを試みた。その語り方には、読者が日本人であることを前提とし、またそのことを自明の価値として共感し、共有するよう読者との関係を取り結んでいく共通の特徴がみられた。また、偉人という形で体現されていくいくつかの類型的な価値規範がそれら物語群からはとらえることが可能であった。

こうした偉人類型の中で、特に対外文化工作との連続性の中で注目したのは、海外へと雄飛し、発展していく偉人達の物語群であった。中でも、重要な役割を果たしていく物語として、山田長政の表象にここでは焦点をあてた。山田長政への関心の高まりや研究の進展は、東南アジアの歴史、文化を研究する方法や意味の変化と連動しているものであった。日本人が広く大東亜共栄圏で活動してきたことを歴史的に検証し、掘り起こしていくことへの関心がそこにはある。戦時下にあらわれる多くの山田長政の伝記小説は、日本人がアジアへと広く発展してことを価値づけるとともに、アジアを日本人のために調べ、日本人の事蹟を見出していく学知の価値規範を宿したものでもあった。

むろん、文化工作に有用な物語はこの物語にとどまらないだろう。本章の冒頭では、インドネシアの日本語文庫に残された、近代の小説を一覧としてかかげておいた。講談や偉人伝、海洋物語も多数含まれているし、伝記に分類されるためにここには入っていないが、山田長政の伝記小説では澤田謙『山田長政と南進先駆者』や三上紫郎『海の先駆者』もこの蔵書には見られる(53)。ここに現れている「日本近代文学」の形は、私達がイメージする日本の近代文学とはかなりかけ離れたものでもあろう。しかし、これが占領地で具体的な形をとった日本文学である。そしてこれらの作品群から、文化工作を牽引した物語がさらに見出されていくことも今後期待できよう。

第三部

流通への遠い道のり

第八章　戦時期の日系人移民地の読書空間
――日本語出版情報誌から――

はじめに

書物は広がり、その広がりの向こうに読者を作り出し、さらには読者を作りかえていく。こうした書物の広がりと読者への働きかけを本書ではとらえてきた。日本の文化を海外に知らせ、その価値を普及させるための対外文化工作が活発化していく戦時期については、こうした考察がきわめて有効に機能する。日本の文化工作の広がりをコンテンツ（書物や映画）のみならず、それらを流通させる組織や仕組み、そして海を越えた現地でそれを訳し、教える人や組織の実践という広がりとして解明し、描き出すことができるからである。

日本の言語やその文化を海外の地へと広げていくこうした活動は、場合によっては現地における言語や文化との摩擦や対立をも生み出していくこととなろう。本章では、日本の内地から遠く離れたブラジル、サンパウロ州の日系人移民地に焦点をあてて、日本の雑誌や書物の広がりや享受をとらえることとなる。ここでは特に、一九三八年一一月にサンパウロ市で刊行される日本語雑誌、書籍の情報誌『文化』に焦点をあてる（図9）。

日本は一九三七年の日中戦争の開始以降、対外文化事業を中国以外の国々でも積極的に展

図９　雑誌『文化』
サンパウロ人文科学研究所所蔵。

開していくこととなる。外務省文化事業部の予算は急増し、同年には米国、ニューヨークに日本文化を発信していく拠点として日本文化会館が設置される。また日本は翌三八年にはドイツやハンガリーを皮切りに各国との包括的な文化協定を結び、文化外交を推進していく[1]。これら文化協定は相互の文化交流を前提としてはいたが、外務省ではその「日本文化ノ海外宣揚」、そして「日本文化ノ地位宣揚」の役割に関心を向けていた[2]。そして日本はブラジルとも一九四〇年に文化協定を締結することとなる[3]。

日本が海外に向けて自国文化の発信とその宣揚に力を入れていたこの時期、ブラジルもまた、自国の民族国家としての意識を強化し、多様な国からの移民を同化していくための政策を強力に進めていた。一九三七年に議会を解散させ、独立政府を樹立したヴァルガス（Getúlio Vargas）大統領のもと、ブラジルでは外国系ブラジル人の同化促進がはかられていく。一九三八年には一四歳未満（サンパウロ市、サントス市では一〇歳未満）の者への外国語教育が禁止され、翌年には外国語出版物取締法で日本語出版物にはポルトガル語併記が義務づけられる(4)。

雑誌『文化』はこの時期に両国の文化工作の係争地のような場となったサンパウロで刊行されるわけである。その誌面自体がこうした政策を体現してもいる。この雑誌は活字は縦組み、右綴じの製本で日本語がほとんどを占めている。一方で、冊子を裏返すと、裏表紙には「Revista Cultural e Literária」（文化と文学）とポルトガル語の表紙となっており、横組みの活字で左綴じとなる形でポルトガル語による記事が数頁はいる形をとっていた。しかし、終刊を迎える一九三九年九月号は全体が横組み、左綴じでポルトガル語が主となり、日本語部分はポルトガル語との対訳教材のような形で掲載される。

先述したように、一九四〇年には日本はブラジルと文化協定を結ぶものの、翌年の日米開戦とともにブラジルは連合国側で参戦し、ブラジルでは日本語が敵性外国語となり、その公的な使用も禁止される。『文化』は、サンパウロで日本語の出版物を販売していた遠藤書店が刊行していたが、遠藤書店は出版活動はむろん、書店としての営業もできなくなってしまう。一九四二年五月、画家の半田知雄はその様子をこう日記に記している。

遠藤書店では今、本を全部警察から押収されてゐる最中だつたと玉木君は語り出した。日本人が沢山集まつて皆悲壮な顔をして見てゐた。巡査が帰へれ、帰へれと怒鳴つてもなかなかうごかなかつたと云ふ。トラックに四台位あるだらうとも語る。(5)

日記からはこの前日に同じくサンパウロで日本語書籍を扱っていた書店、東洋書房と豊吉も、警察によって書籍を押収されたことが分かる。

『文化』は一九三八年から一九三九年にかけて、ブラジルの地で日本語の出版物の出版や流通が活発であった戦前最後の時期の読書状況を反映している。そこからは、どういった読書の形がうかびあがってくるのだろうか。

1 一九三〇年代ブラジルの日本語読者

雑誌『文化』の刊行された一九三〇年代後半、ブラジルにおいて日本語出版物はどのような環境におかれていたのだろうか。日本からブラジルへの移民数は、ピークとなる一九三三年には二万四〇〇〇人を越えるが、ブラジル政府による移民者の入国制限、いわゆる移民二分制限法の成立以降急減し、一九三七年には四五五七人、翌年には二五二四人と減少していく。それでも、一九三八年段階では日本人の総渡航者数は二〇万人近くに及ぶ。当時の総領事館の調査によればサンパウロ市とその近郊のみでも一万人を越える日本人が在住していた。[6]

邦字新聞では『日伯新聞』（一九一六年〜）、『伯剌西爾時報』（一九一七年〜）、『聖州新報』（一九二一年〜）、『日本新聞』（一九三二年〜）など、早くから刊行が始まっているが、一九三八年前後には多くの新聞が日刊に移行し、より規模の大きい企業形態をとっていく。[7] いずれもサンパウロ市に拠点をもち、一九三八年時には『日伯新聞』が一万九五〇〇部、『伯剌西爾時報』はそれに次ぐ一万七〇〇〇部を発行していたという。[8]

これら新聞自体から、日本語で当時読まれていた出来事がうかがえることはむろんだが、さらにそこからは日本語の書籍や雑誌自体の流通・販売についても知ることができる。そこには日本の書籍や雑誌を輸入販売する広告も豊富に見られるからである。おもに『伯剌西爾時報』の広告を中心に、出版広告を調査したエドワード・マックは、一九二八年頃から書籍を専門に扱い始めた前述の遠藤商店が、三二年には「書店」として活動していったとする。また、同書店が巡回読書会や新聞広告を通した郵送販売で地方に販路を広げていたことも指摘している。[9]

しかし、書店を通した日本語出版物の広がりのみで、当時のサンパウロ州の各地に点在する日系人移民地への書籍・雑誌の流通をとらえることはできない。実際には商店や書店という店舗を通したルート以外にも多様な出版物の広がり方や経路があったことを意識しておく必要があるだろう。前述の新聞社はまた、新聞を作り、販売するのみではなく日本語書籍・

雑誌の輸入販売や、多様な印刷業も担っていた。また、一九三三年に生まれた互生会のように、日系の協同組合が雑誌の出版や書店の経営、輸入書籍の販売まで担う事例もある[11]。

ブラジルでは一九三二年の協同組合法成立以降、各地で日系協同組合の組織化が進むが、こうした日系人の組合では購買部を設けて、日用雑貨を含めた注文、販売を取り次ぐこととなる。また、注文した本や雑誌を各植民地で読者にまで届ける事業は、各地の日本人会や青年会がその役割を担うことになる。一九二七年に生まれた汎リンス青年団の場合、一九三六年には三つの青年団の連合組織となるが、一年間の郵便物取扱量では雑誌類が一万件、新聞は六二万四〇〇〇件に及んでいる[12]。つまり出版物の制作や輸入、販売から、読者への取次、配送にいたるプロセスに、各地の協同組合や日本人会、青年会、処女会が多様な形でかかわり、その流通を支えていたわけである。

例えばサンパウロ市の二五〇キロほど西にある鉄道ソロカバナ線のアバレーの事例から、そのことを具体的に見てみよう。サンパウロ州のアバレーには当時五〇〇世帯ほどの邦人移民地があった。この移民地では一九三六年から日本語の『アバレー時報』が発行されている。同地の小学校に勤め、この新聞の編集にも関わっていた紺野堅一は青年会の中心ともなっていた。彼はこの新聞社で「遠藤書店代理店」として書籍、雑誌の取次販売を行い、翌年六月にはアバレー書店として独立、九月には古本の取扱にまで事業を広げることとなる[13]。ちなみにアバレーではこの頃、一ヶ月に二五〇冊の邦字雑誌が売れており、ブラジルに輸入される邦字雑誌の一・二五％に相当していたという[14]。青年会が出版物の流通・販売に関わるとともに、そこから書店が発生していく形がここには見られる。

日本からブラジルへの日本語出版物の流れには、輸入販売のみならず、寄贈の形をとる場合もある。図書・雑誌を寄贈する活動として、先述のマックも触れている日本力行会の海外巡回文庫の事例があげられよう[15]。日本力行会は戦前から海外移民の支援・教育にあたっていた民間の財団法人であり、移民地への図書・雑誌の寄贈を国内の機関に呼びかけ、海外へと送り出していく。その一万冊を越える図書・雑誌が、一九二一（大正一〇）年にはサントス港に届いている。ただ、広く散らばる移民地を巡回して貸出、閲覧を行うことが難しかったため、各地に分散、寄贈することとなった[16]。この場合に各植民地で窓口となったのもやはり前述の日本人会や青年会であり、これらがいわば出版流通の中継点として機能していたことが分かる。

海外の日系人移民地の読書環境や読書事情に関心を向け、支援しようとするこうした動きは官民を通して見られる。日本で対外文化事業への関心が高まり、一九三三年に外務省文化事業部が大規模な国際文化局を構想していく点については序章でも詳述した。この構想では学術交流事業が第一に構想されていたが、第二に掲げられていたのが在外日本人子弟の教育であり、「教育工作ノ振興」である[17]。それまでも南米に向けては外務省通商局の管掌で補助金や教師派遣がなされていたが、この構想ではこれら海外の移民地の子弟を日本文化を広げていくフロントラインに位置づけ、母国との精神的な靭帯を強化していく方策を計画している。国際文化局構想は実現を見なかったものの、外務省が文化工作の中で在外日本人子弟の教育に強い関心を向けていたことがうかがえよう。

こうした移民地での読書環境を考える際に、図書館の役割もまた忘れてはなるまい。では、ブラジルで日本の出版物を各地で住民に提供する公共図書館はあったのだろうか。一九三六年のブラジルの日本領事館では、移民を送り出した各国がブラジル国内でどういった文化政策を展開しているかを調査、報告している。[18] そこで「外国人経営の各学校倶楽部等ニ於テ付属図書館ヲ有スルモノアルモ特設公開セルモノ皆無ナリ」と報告されており、ブラジルで独立して公開されている日本語図書館は皆無とする。

しかし、アリアンサ移民地の調査を行ったところ、小規模な日本語図書館は実際には存在していたことが分かった。サンパウロ市から五〇〇キロ離れたノロエステ線沿線のアリアンサ移民地は、一九二四（大正一三）年の建設で、教員、官吏、牧師といった多様な階層構成をもった移民地として知られる。一九三〇年には『アリアンサ時報』の発刊を始め、今日もそれら刊行物が保管されている。そこでは、すでに同年、読書会を組織し、入会金を募って定期的に図書購入にあて、二〇〇冊以上の図書を備えた図書室が生まれている。[19] また、翌一九三一年には第三アリアンサに岩波書店からの寄贈図書をもとに図書館ができている。[20] この蔵書は、戦時下には警察の押収を避けるために土に埋められて保管され、戦後も同地の公民館で

所蔵され続けていった。(21)

先述の一九三六年の領事館の調査報告では、日本語の図書館はいまだないとしつつも、サンパウロ日本人学校父兄会によって「図書館ノ設置及巡回図書館ノ経営」の準備がなされているとする。実際に、この図書館の活動も実現していく。この父兄会は一九二九年に、ブラジル各地の日系小学校の父兄会を統括する形で再編され、総領事館からの補助の窓口ともなっていた。ブラジルの日系小学校は一九三二年段階で一八五校あり、この頃、すなわち一九三八年には四六七校にまで増加していた。(22)

このサンパウロ日本人学校父兄会が、日本からの支援をもとに図書、雑誌を集め、各地の父兄会を通して小学校に分配する、あるいは巡回図書の形で貸与するわけである。報告書の段階ではこの事業はまだ始まっていないが、一九三六年には地方を含めて三二ヶ所の父兄会で、総計で単行本一万五四八二冊、雑誌が八〇九五冊の図書が提供されている。(23) 先述のアバレーにも同年からこの図書の配給がはじまっている。(24) サンパウロ市の場合、この図書館は保証金を支払っての一般利用も可能であった。(25) この図書室について、『文化』の編集にもあたっていた安藤潔はこう記している。

文教普及会の図書室といふのもあるが、目的が一般の青年や少年を相手にした通俗的な書物が主で、それに冊数も少なくほとんどが特価本程度のものばかりで、ほんとうに良いといふのは数へるほどしかない。（中略）少し学究的なものとなると全然役にたゝない。[26]

ブラジルにおいて日本の雑誌や書籍が流通し、現地でもまた多様な出版物が刊行される状況についてここでは述べてきたが、一方で、既存の読書環境にあきたらない当時の読書環境に対する批判的なまなざしもまた、すでに生まれていたわけである。

2　出版情報誌『文化』の創刊

雑誌『文化』の特徴は、こうした当時の読書環境を批判的にとらえ、質の高い読書の環境を作り出そうとしたところにある。そこでは読書が推奨され、読むべき雑誌記事や図書が積極的に紹介されていく。この雑誌の刊行の経緯や、これまでの評価についてもここでふれておきたい。

この雑誌は、一九三八年一一月に月刊誌として創刊され、翌年九月までに九冊刊行されている。前年創刊された文芸誌『地平線』の同人を吸収する形で、出版認可を受けた雑誌として遠藤書店から刊行された。編集責任者の安藤潔は、東京外国語大学のポルトガル語科出身で、ブラジル時報社や日伯新聞社に籍をおいたこともある人物である。『地平線』の主要同人で早稲田大学仏文科を出た古野菊生や、東京大学経済学部出身で日伯新聞社の記者でもあった江見清鷹、そして画家の半田知雄らが稿を寄せている。遠藤常三郎が経営する遠藤書店の刊行である。遠藤常三郎は、遠藤書店で販売する書籍の広告をこの雑誌に掲載してもらうかわりに、出版費の大部分を負担していた。彼自身も『文化』に記事を寄稿し、誌上座談会にも参加している[27]。

編集にかかわった半田知雄は、ブラジル移民史研究でも著名だが、彼が戦後まとめた『移民の生活の歴史』では、この頃のサンパウロ市では総領事館の吏員や嘱託、組合や日本人会の事務職、新聞記者などのホワイトカラー層がすでに形作られていたとする[28]。こうしたホワイトカラーによる読者層や、先の安藤、半田を含め、より客観的で、専門的な体系化された情報を求める読者層が生まれていたわけである。雑誌『文化』は、移民地でも広く読まれていた大衆雑誌の『キング』や『講談倶楽部』には批判的な位置にあった。たとえば『文化』誌上の論説では「結局雑誌「キング」の域を出てゐない」といった形で、これら大衆雑誌の誌名は否定的な表現を表す際に用いられる[29]。

半田知雄には詳細な日記がサンパウロ人文科学研究所に遺されており、彼を含めたこうした読者層が求め、また実践していた読書がどういったものであったかをうかがうことができる。そこでは、まさにこの雑誌『文化』で紹介がなされるような、総合雑誌や芸術、学術に関する刊行物に関心が向けられている。一九三八年の日記には月遅れで読む『改造』、『中央

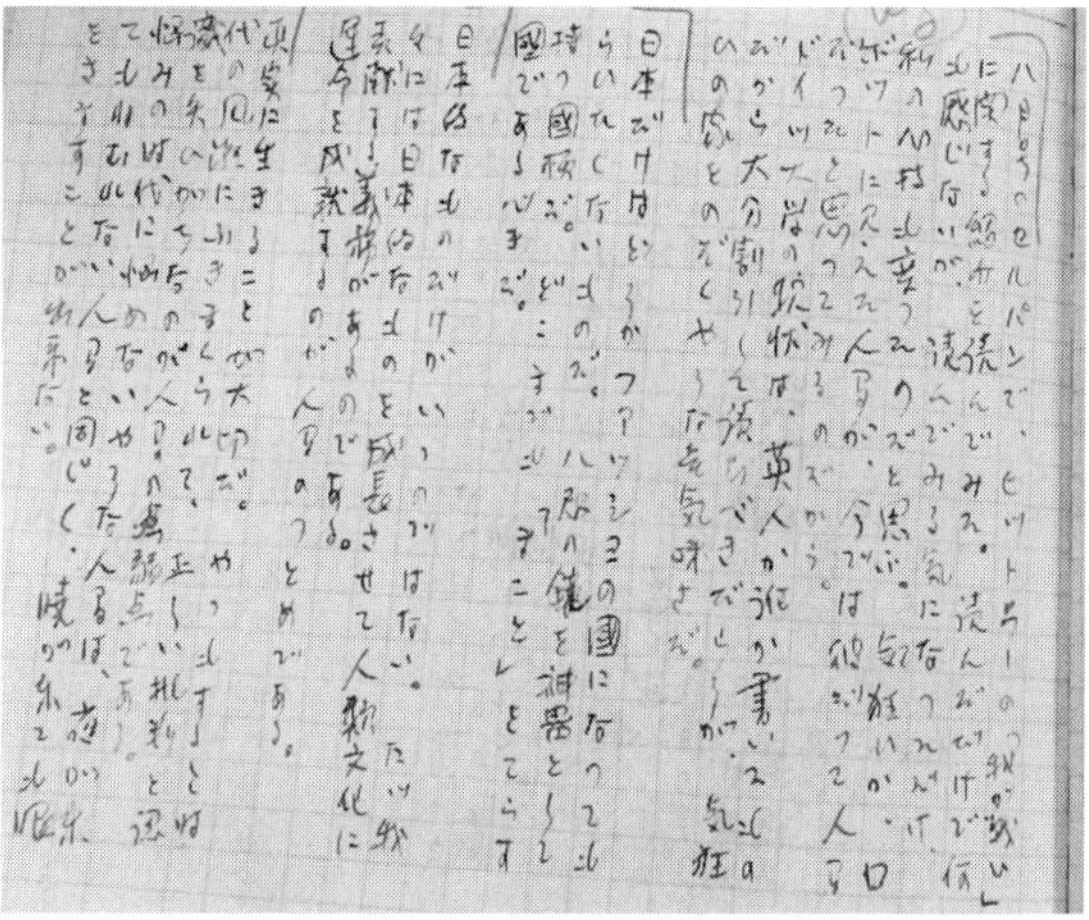

図 10　『半田知雄日記　1938 ～ 1940』
サンパウロ人文科学研究所所蔵。1938 年 9 月 27 日、『セルパン』8 月号を読んでの記載。

公論』や『セルパン』の雑誌記事に関する言及や、刊行間もない春山行夫『現代詩の研究』、ブルーノ・タウト『日本文化私観』といった著述を読んでいることがうかがえる（図10）[30]。

雑誌『文化』は、こうした学術や芸術についての専門的な知をも含めた新たな読書空間を求め、作りだそうとした点にその特徴がある。日本の出版物でも評価の高い書籍や、教育、学術に関する図書を広く紹介するとともに広告・販売し、総合雑誌や文芸誌から記事を選定して転載する誌面構成を作り上げていくのである。ただ、『文化』のこうした特性やその役割は、これまでの研究で見過ごされてきた点でもある。『文化』について戦後論じたものとしては一九四九年の『移民四十年史』が早い。「邦人社会を風靡した国粋主義と全体主義に反抗して、ブラジル永住と同化を主張した」点、また「日本文化を批判的な態度によつて研究し、これを二世に紹介することに努力した」点をとりあげて評価している。(31)

しかし、これを書いたのは『文化』を編集していた安藤潔自身であり、かつ日本の敗戦間もない時期でもあり、『文化』掲載の自論を含めたごく限られた論説のみをとりあげて雑誌を説明している点に問題がある。創刊号の冒頭に日本浪漫派の浅野晃の「ルネツサンスの意義」をかかげ、小説「麦と兵隊」を転載するこの雑誌を、日本の国粋主義や全体主義に対抗するイデオロギーとして一括して特徴づけるには無理がある。

『文化』はまた、先に述べたように文芸同人誌『地平線』の同人が合流していることもあり、ブラジルにおける移民文学、コロニア文学の歴史においても言及されてきた。とはいえ、移民地において独自に創造される文学表現という観点にたつと、『文化』は評価の埒外におかれてしまう。なぜなら、この雑誌は紹介や、転載に力点がおかれており、オリジナルの創作はわずかしか掲載されていないからである。したがって「『地平線』同人のあたりさわりのない随筆数編を含むだけで、創作は皆無」と評価されるしかない。(32)だが、このように特定の論説のみを切り取って論じる場合、あるいはやはり特定のジャンル、つまりオリジナルの詩や小説に絞って評価を下した場合、この雑誌全体がもっていた重要な特性が見落とされてしまう。

その特性とは、この雑誌が日本の書物を伝え、教え、広げる雑誌となっていたという特徴

表 18 『文化』創刊号出版広告タイトル

著者	書名
加藤咄堂	群を抜くには
永田秀次郎	青嵐随筆　九十五点主義
友田金三	標準ブラジル語
河合栄次郎	学生と生活
遠藤商店	昭和十四年当用日記
賀川豊彦	第三紀層の上に
賀川豊彦	その流域
荻原井泉水	俳句の作り方と味ひ方
武者小路実篤	人生読本
レフ・トルストイ	人生読本
新渡戸稲造	人生読本
菊池寛	日本女性読本
伊藤道禅師	人生問答
新井石禅	菜根譚詳解
新井石禅	般若心経講話
アンドレ・ジイド	未完の告白
アンドレ・ジイド	ジイド読本
山本有三	真実一路
山本有三	生きとし生けるもの
大谷光瑞	光瑞縦横談
千葉亀雄	ペン縦横
久米正雄	二階堂放話
直木三十五	随筆集
滝井孝作	折紫随筆
室生犀星	印刷庭苑
平山蘆江	人間道場
大日本雄弁会	永井柳太郎大演説集第一集
大日本雄弁会	永井柳太郎大演説集第二集
大日本雄弁会	青年雄弁集
大日本雄弁会	現代青年雄弁集
沢田謙	世界十傑伝
室伏高信	戦争と平和
エーリッヒ・ボーダッハ	ニイチエ研究
和木清三郎	唐詩選講義
竹村清	ドストエフスキー
近衛文麿	近衛公清談録
大槻憲二	現代日本の社会分析
改造社版	大魯迅全集　三巻
勝野金政	ソヴエート滞在記
鈴木氏亨	菊池寛伝
徳富猪一郎	蘇峰自伝
佐々木信綱	九条武子
武藤貞一	無敵日本軍
神田計造	日支事変と次の日○戦争
平田晋策	われ等の陸海軍
菊池寛	世界大戦物語

＊刊行物についての解説文を付した広告のみ掲げた。

である。その点では、日本の出版物をこの地で販売し、流通させていた、刊行元の遠藤書店の活動とも重なる。したがって戦前の遠藤書店の販売活動をとらえた前述のエドワード・マックの視点が参考ともなる。ただ、そこでは遠藤書店の販売活動については論じられているものの、この時期の遠藤書店や、その印刷、出版活動について充分に考察がなされていない。遠藤書店は一九三六年には印刷機を導入し、この時期には書籍販売部以外に印刷部も設け、出版事業にも関わっていくのである[33]。移民地のこの書店と、そして雑誌『文化』とを、書物の読者への広がりを作り出していく機能という面で結びつけ、とらえていく必要があろう。

遠藤書店と連携した事業としてこの雑誌をとらえるとき、そこに豊富に含まれる出版広告が注目される。重要なのはそこで選ばれ、広告されている書籍が、娯楽よりも文学、哲学などの学術書を含む、いわば教養ある出版物である点なのである。創刊号に「遠藤書店図書案内」として掲げられている図書の一覧を表にした。これらにはまたそれぞれ百字程度の説明が付されてもいる（表18）。

3　日本の書物の広がりと享受

この雑誌は、サンパウロという移民地でどのような知の広がりを形作っていたのだろうか。そしてそこで生み出されていった読書空間にはどのような特徴があるのだろうか。こうした

表19 『文化』における出版広告

号数・ランク	A	B	C	D	総計
1	3	9	34	22	68
2	3	7	60	0	70
3	0	11	35	0	46
4	1	10	48	0	59
5	0	1	7	0	8
6	0	0	5	1	6
7	0	2	9	0	11
8	0	20	15	0	35
総計	7	60	213	23	303

＊太枠部分の広告は、刊行物への解説を含む。

点からこの雑誌の記事の全体像を検討するとき、三つの重要な特徴が指摘できよう。まず第一に、この雑誌は教養を意識した日本語出版物を選び、紹介していった点に特徴がある。そして第二の特徴として、この雑誌が移民地の出版や読書環境についてとりあげ、それらを意識化させていった点を重視したい。第三に、この雑誌が読書という行為自体を自省し、価値づけていった点も指摘しておきたい。以下、より具体的にそれぞれの特徴を論じていくこととしたい。また、最初に述べたように、この雑誌にはポルトガル語による記事も含まれている。この点については最後にふれることとした。

第一の特徴として、教養を意識した日本語出版物の選書、紹介をあげたが、その点で無視できないのがこの雑誌の内容と密接に結びついた出版広告である。先に創刊号における出版広告のタイトルを掲げたが、これらは内容紹介文を付して広告されている。

この雑誌の出版広告について、その大きさをもとに四つのグレードに分類し、その数について示したのが表19である。グレードは全頁広告をA、二分一から四分の一頁の広告をB、さらに小さくかつ紹介文を含んでいるものをC、同様の大きさで紹介文の含まれていないものをDとしている。AからCはすべて紹介文を含む広告となるが、全広告の九割以上が紹介文を含んでいることが分かる。

これらは遠藤書店が独自に作成した広告文も多く、例えば吉屋信子『わすれなぐさ』の場合、内容紹介の最後には「邦人小学校卒業程度の少女なら面白く読めます」と紹介される。つまり、移民地に向けた独自の広報文が作られているわけである。菊池寛『文章読本』については、詳しい説明のあとに「殊に第二世諸君に副読本としてすゝめる」とある。講談社の出版物では『講談社の絵本』の全頁広告が見られるが、そこには「日本語教育が禁止されてゐる折柄、教育的絵本を御子様に与へる事は刻下の緊急時であります」という紹介文も見られる(34)。

移民地の読者の教育、教養に役立つ図書をこうした広報文を添えて豊富に紹介するこの雑誌は、その記事中においても図書の推薦や紹介を行う。「文芸読本」欄では『源氏物語』（二号）や島崎藤村『仏蘭西便り』（三号）などの抄録、紹介がなされ、茅野迅による「欧米で評判の名著」欄は毎号のように掲載されている。加えて、「読書顧問」欄を設けて、読者からの質問に応じて島崎藤村の著作を紹介し（一号）、日本歴史に関する学術書の解説も行っている

（二号）。つまり、レファレンスまで誌面で行っているわけである。

この雑誌の第二の特徴としてとりあげたいのが、移民地の出版や読書環境について意識化し、問題化していった点である。具体的には、ブラジルにおける邦字新聞や文芸について論評する、「邦字新聞は多過ぎるか」（S.S.S.　一号）や「邦人文壇の回顧」（野口武二　二号）、あるいは鈴木正司の「新聞文芸展望台」（四号）、「新聞文芸展望」（七号）などがあげられよう。

重要なのは、こうした視点が、対照される日本国内の出版の動向や論壇に対する批判的な距離をも作り出している点である。阿部真之助「今年の母国出版界を顧みる　右翼物への頂門の一針」（二号）や関口次郎「雑誌論壇に於ける日本精神の批判」（二号）など、特に日本論や日本精神を盛んにとりあげる日本国内の論壇に対する批判的な距離がその表現からはうかがえる。

また、先に引いた安藤全八（潔）「図書難」（一号）の、図書館を含めた、移民地の読書環境への批判的な視点も忘れてはなるまい。特に、こうした論が、単なる移民地の図書や読書の量的な充実を求めているのではなく、学術情報を含め、広く情報を対照し、検討していく環境の必要性を論じている点に注意しておきたい。「片々録」（六号）では、各国の日本研究機関についてふれながら、「二十万も日本人がゐるブラジルに、日本研究の何等の施設もないといふことは恥しい」として、第一に「日本文化図書館の設置」が必要であることとする。

この雑誌の第三の特徴として、この雑誌が読書という行為自体を価値づけ、意味づけている点があげられる。兵士や過去の武将もまた読書に親しんでいることをとりあげた「出征兵士と読書　（読書美談）」（無記名　一号）や「武人と読書　書に親んだ武将達の話」（水野広徳　二号）、そしてまた農村における読書環境の向上や、良書の必要性について論じた「良書によつて思想を養へ」（関口次郎　一号）、「純農の立場から」（結城哀草果　七号）などがこうした記事にあたる。

また、四号から企画された「読書宣伝　懸賞募集標語」もこうした取り組みとしてあげられよう。この企画は「読書が社会の文化発展のため、どんなに必要であるかを現はす標語」の懸賞募集であった。(35)

この雑誌が、読書行為や出版環境を批判的に意識化していった点、そしてそれによる幅広い知への希求やその問い直しがなされていった点をここでは評価しておきたい。だからこそ、「日本主義」や「日本精神」を盛んに喧伝する日本の出版状況への批判的な距離も生まれるし、そもそも「日本」や「日本文化」が移民地や二世にとって自明のものでも不変のものでもないことが述べられもする。(36)

ただそれは、この雑誌が日本の国粋主義やファシズムへのイデオロギー批判の立場をとっていたからではない。『源氏物語』に「大和魂」や「国家精神」を見出していく久松潜一の論もまたこの雑誌には掲載されている。(37)重要なのはこの雑誌が、出版やメディア環境自体への批判的な距離を生み出していた点にある。「国民的な感情や民族的な感情が衝動的に興奮してゐる」メディアから距離をとった議論がこの雑誌の特徴をなしているのである。[38] こうしたスタンスの中で、日本の文化、言語、血統のつながりや永続性の自明性を疑う、安藤や半田の論説を位置づけることができよう。[39]

4 田村俊子「侮蔑」と遠隔地読者の邂逅

この雑誌が、読書や出版環境自体に意識的になることを通して、日本精神や日本文化の自明性や純粋性を疑う場を作り出していた点を論じてきた。一元的な価値観を問い直すこうした姿勢は、この雑誌に掲載された小説の扱いからも見えてこよう。

『文化』は文芸同人誌『地平線』の流れを汲んだ雑誌ではあるが、オリジナルの創作では目立ったものがない。投稿小説としては「労働靴」が掲載されているが、日系移民と日本人の道徳意識をそのまま重ねあわせ、理想化・典型化した小説であり、誌面でも批判的な扱いがなされている。

ただ、この雑誌は移民地で生まれる文芸に関心を向けていなかったわけではない。『文化』は『地平線』で企画されていた「在伯日本人植民文芸賞」をひきつぐ形で、一九三八年の一一月から、翌三九年までにブラジル国内で出版された邦字出版物のすべての掲載作品を対象にして、『地平線』旧同人と『文化』編集部の推薦をもとに植民文学賞を企画していく。[40] ただ、推薦される作品が出てこなかったため、この賞は審査の対象期間を半年延長し、結局該当作のないまま終刊を迎えることとなった。

オリジナルの創作には見るべきものはないものの、日本国内で刊行された小説の転載、紹介がなされていた点に注意したい。『文化』では、日本国内で刊行された小説を評価、紹介する形で、佐藤（田村）俊子「侮蔑」や、火野葦平「土と兵隊」、「麦と兵隊」が掲載されている。なかでも「侮蔑」は米国から日本に帰国した二世の日系アメリカ人に焦点をあてた小説であり、「二世教育上他山の石たる名作」として取り上げている。[41]「侮蔑」は、一九三九年二月刊行の『文化』に掲載されるが、もとは前年の一二月に『文藝春秋』に掲載された小説である。この小説では、日系アメリカ人の二世が、移民一世の親世代にも共感できず、かつ移民地では差別され疎外される中で、日本という地に憧れ、訪れた体験を描き出そうとする。日本に残って日本を学び続けるジミイと、米国にもどって二世の生活を拓いていく万利子という、男女二人の青年の軌跡が日中戦争の勃発を背景に軌跡が描かれていく。

カナダ、そしてアメリカで多年にわたって生活した田村俊子には白人社会における日系人を題材とした小説や論説があり、それらについて当時の日系移民の描かれ方の中で位置づけていく研究もなされてきた。白人による日系人への差別のみではなく、日系人社会の内なる差別構造がその小説に組み込まれている点を指摘する試みや、それら小説のうちに移動、移民する女性を基軸とした独自の構造を見出していく論もある。[42]

この小説「侮蔑」に登場するジミイは、一九三二年にロサンゼルスで開催されたオリンピックで日本人の姿を目にし、日本に強く憧れ、来日することとなる。

地図で見る小さな日本、無智な一世たちを生んだ日本を代表する選手たちは、ジミイの眼を驚きで見張らせるほど生気と剛気に充ちてゐた。教養的な態度、其の教養は自分たちの受けたものよりも、もつと深く、系統付けられた品格があるやうに思はれた。(43)

日比嘉高は日本人をまなざすジミイが、日本人の「教養」に惹かれていく点に目を向け、スポーツイベントが教養や品格といった文化的なイメージを通して日系二世の人種や国家意識に働きかけている点を指摘している(44)。ただ、これまで見てきたように、雑誌『文化』という場での教養への希求は、日本という国家や人種への単純な羨望や憧憬に結びつくものではなかった。むしろそこでは日本から自立した移民地独自の知や文化を芽吹かせるものとして教養が位置づけられていた。

移民地における雑誌『文化』の文脈に「侮蔑」が置かれたとき、日系二世の抱く教養への羨望に充ちたまなざしは、日本とは別の場所、別の新たな文化の創生への途をも示唆し得たのかもしれない。それは、アメリカに戻り、日本の景観の記憶をたぐりよせながらあらためてアメリカを故郷としていこうとする万利子の行方に重ねあわせることもできよう。

この雑誌の「侮蔑」の受容、掲載にあたって注意しておきたい点は、『文藝春秋』に掲載された本文から一五〇行あまり、すなわち四分の一ほどが削除されているという点である。ではどういう部分が削除されているのだろうか。この小説は、ジミイと万利子の二人の日系人のそれぞれの内面の葛藤と、また二人の間での議論とで構成されている。全体としてはジミイの思いを描いている部分が多く、万利子の部分を少し削ればジミイを主人公とした短編にしていくことも可能だろう。

しかし、『文化』で削っているのはほとんどジミイの経験や体験部分であり、全体としては量的に二人の描写が拮抗した形となっている。それは二世の男女二人の、二世の生き方をめぐる対話、議論のような形といってもよい。男性と女性の側との、また日本に留まり続ける側とアメリカへと戻る側から対話の形ともなる。この小説では、親が日本人であること、日本で生まれること、日本で育つこと、日本語を身につけること、日本についてよく知っていること等々が、いずれも日本人であることと等号で結びあうことはない。そしてまた、その中で疑い、問いかけながら生きるそれぞれの軌跡を、裁断することなく描き出す。日本人や日本文化の自明性に違和感を抱き、そこから距離をとりながら、疑い、問いかけるこの小説のスタイルは、まさにこの雑誌『文化』が座談会や論説を通して移民地の文化やアイデンティティーを議論していくその距離感と重なっている。

日本国内では、式場隆三郎がこの作品を「小説といふよりは「二世論」」としつつ、二世の運命や存在理由を正面からとりあげ、海外の二世問題の重要性に新たな反省を促す小説として論じている。(45)『文化』は、この式場の評を小説の前に配置し、小説「侮蔑」を、まさに当の問題を抱えている人々に向けて、問い、論じ合う形で投げかける小説にしているのである。「侮蔑」は日本国内で日本人読者が受容するよりもはるかに強い問いかけとして、ブラジルという場の読者と邂逅する。「侮蔑」はこのサンパウロという場において、その理想的な読者と出会う事となったとも言えようか。

おわりに　『文化』の境界性と可能性

『文化』を軸にこの地における日本語出版物と読者の関係をとらえてきたが、こうした読書環境の中で『文化』は一体どれだけの広がりをもっていたのだろう。この雑誌の記事や広報内容から、広範な読者というよりも限られた知識人層のみの間でこの雑誌が読まれていたという可能性もある。だが、知識人層が移民共同体に果たす役割もまた軽視できない。佐々木剛二は、移民共同体における知識人層の役割を改めて注目し、彼／彼女らが移民共同体を指導し、組織する「統合」の作用と、移民共同体を見つめ直し、語り、表象しようとする「再帰性」を通して移民共同体に作用していった点に関心を向けている。(46)ここで述べてきた『文化』の特徴が、こうした指向性を生み出す母体ともなり得たことは充分考えられよう。

また、先述した「読書宣伝　懸賞募集標語」企画には、その応募、入選者の住所が示されている。応募者の分布を見ると、応募者の所在を示す駅名は、ノロエス線ではリンス、アラサツーバからミランドポリスまで、ソロカバナ線ではパラグアスー、ランシアリア、プレシデンテ・ウェンセスラウと広く州内に分布している他、パラナ州クリチバからも応募はあり、サンパウロ市内に限らず広く流通していたこともうかがえる。したがってこの雑誌は、知識人層を想定しつつも、一方でより広範な読者に向けた啓蒙的な役割をも担うことを目指していたと言えよう。

雑誌『文化』は一九三八年九月で終刊したと思われるが、その九月号はそれまでと大きく形態を変化させている。本章の冒頭でもふれたように、日本語による出版物は、ポルトガル語を併記する形でしか刊行することが法令上できなくなってしまったためである。それにともなう内容、編集方針の変更がこの前号にはこう説明される。

今日まで、遠藤書店主遠藤常八郎氏の好意的援助によつて、同書店から発行してもらつたため、最も困難なる創業時代に非常な便宜を得て、発行部数も増加してきたが、今回の編集改新を機会に、本誌をサンパウロ法科大学々生を中心に組織されてゐる日伯文化研究会の機関誌として、同会から発行することとした。(47)

もともと創刊号から、ポルトガル語による日本文化の紹介や研究をこの雑誌では部分的に行っていたが、以降はそれを編集の中心としていくことにしたわけである。

この雑誌のポルトガル語による記事は、主に日本語や日本文化の紹介であり、若干の論説やそれ以外の記事が含まれている。[48] ポルトガル語部分の編集はここに出てくる日伯文化研究会のマリオ・ミランダ（Mario Botelho Miranda）があたった。一九三八年に、総領事の市毛孝三が仲介役となってサンパウロ法科大学内に日本語、日本文化についての研究講座が設けられる。そこに参加していたマリオ・ミランダを中心に翌年五月、日伯文化研究会が生まれる。『文化』の編集にあたっていた安藤潔はこの研究講座の講師もつとめていた。[49] 雑誌『文化』はこの研究講座で扱った内容も掲載されている。

日本の医学、文学、宗教にわたって紹介が見られるほか、古河猛による日本文学史の概説（四、六、七、九号）が継続的に掲載されていた。[50] また、単なる紹介にとどまらず、ブラジルにおける日系人の将来や二世問題を扱った論説、ブラジルにおける俳諧を扱った論も掲載されており、そこには戦後の移民地の文化研究の萌芽も見て取ることができよう。[51]

日本についての知や情報が移民地の読者に伝えられ、紹介され、あるいは訳されて広がっていく中で読書空間が生まれ、そして変わっていく。『文化』はまさにこうした移民地の読者への知の広がり浮かび上がらせてくれる。そしてそれは、ここで見てきたように単純な文化の複製でも広がりにとどまるものではない。そこからは知の広がり方そのものへの関心や、それに対する批判的なまなざしさえも生まれていく。それはまた移民地で新たに生み出されていく知の可能性をも示唆してくれよう。

第九章　戦争表象を引き継ぐ
――『城壁』の描く南京大虐殺事件

はじめに

本書では書物の戦時下における広がりから、読者への統制や宣伝をとらえてきたが、この章では具体的な戦争についての記述、叙述の広がりを問題にしたい。すなわち、南京大虐殺事件（以降、南京事件）をとりあげ、それを伝える書物の広がり、享受について論じる。ただ、これまでの章とは異なり、この章では共時的な情報の広がりよりも、その歴史的な継承、戦後における描かれ方やその情報の広がり方に重心をおいて論じることとする。書物の広がりや享受をとらえる本書のアプローチは、国境を越えた空間的な広がりの中で書物と読者との関係をとらえるアプローチである。一方でこのアプローチは、国内で時を隔てて書物が広がり、受容され、あるいは忘却されていく過程をとらえていく可能性をもっている。本書でのアプローチの可能性を広げる試みでもあり、また、戦争の記憶を引き継いでいくうえでのその役割を考える試みともなろう。

一九三七年、上海を制圧した日本軍は南京に向けて戦線を拡大していく。一二月、中支那方面軍は南京戦区に突入、一二日に南京は陥落する。日本軍による南京近郊での農村における略奪や放火が頻発し、南京城内では投降兵や敗残兵の大規模な殺害がなされる。翌一九三八年二月に南京作戦終了は終了するが、その占領期間にも市民への強姦や暴行、略奪を含め、残虐な行為が繰り返された。

占領下にあった南京には、日本人、中国人以外の外国人、記者や医師、宣教師、大使館員らが留まっており、数多くの記録や証言が残されている。中でも、南京に安全区を設けて市民の保護にあたった南京安全区国際委員会の人々による証言や記述は、直接事件の渦中にあって記された貴重な資料となっている(1)。

それら資料の中で、いちはやく刊行され、国境を越えて流通したのがH・J・ティンパーリーの『戦争とは何か　中国における日本軍の暴虐』(以降、『戦争とは何か』)である(2)。南京安全区国際委員会の人々が作成した報告や書簡が収録されており、一九三八年にロンドンで刊行され、ニューヨーク版や翌三九年のフランス語版も刊行されている(3)。ティンパーリーは『マンチェスター・ガーディアン』誌の中国特派員であった。

当時の日本ではむろん輸入することは不可能な著述ではあるが、中国では刊行と同じ一九三八年に中国語で翻訳され、郭沫若の序文を付して刊行される。さらにはその中国語版から日本語への重訳した版もいくつか作成された。この日本語版『外国人の見た日本軍の暴行』には鹿地亘と青山和男の序文の付された版、そして出版事項などの記載がない版がある。このうち後者の版について、洞富雄は「おそらく当時、[日本の]軍部で訳刊し、中枢部のもの

図 11　『榛葉英治日記』
早稲田大学図書館所蔵。

にかぎり少数配布した、極秘の出版物であったと思われる」とする。[4]この出版物を、一九四四年に南京で内々に手渡された日本人がいる。当時、満州国外交部調査二科（欧米情報担当）に勤務していた榛葉英治である。榛葉英治は終戦後日本に引き揚げ、小説家となり、まだ一般には知られていなかったこの資料を用いて一九六四年に南京事件を『城壁』として小説化し、刊行することとなる。[5]

1　『城壁』執筆まで

榛葉英治については、今日、ほとんど研究が存在しないのが現状である。[6]このため、この作家と、『城壁』執筆の経緯についてまとめておく必要があろう。それをうかがう資料として、「すべてが事実であり、創作はいっさいない」自伝であると自ら記した『八十年現身の記』がある。[7] また、一九四五年から一九九八年の五四年間については『日記』三四冊が早稲田大学図書館で所蔵されており（図11）、近年その研究が進められている。自伝以外にも、榛葉英治には満州時代や引揚げ体験をもとにした『赤い雪』や『極限からの脱出』といった自伝的な作品もある。[8]

榛葉英治は一九一二年静岡県の掛川で生まれ、一九三三年に早稲田大学文学部英文科に進学、在学中には同級の浜野健三郎、阿部喜三らと文芸同人誌『人間』を作っている。三六年に卒業し、叔父にあたる作曲家の村岡楽堂を頼って満州に渡った。一九三七年に関東軍の大連憲兵隊に英語通訳として採用される。アルバイトとして行っていた訳業を評価され、一九三九年に満州国外交部に職を得ることとなった。

満州国外交部は日本の外務省にあたり、外交部の次長が上村信貞、榛葉は調査二科（欧米情報担当）に属していた。二科の主席事務官はこの職に榛葉を誘った山本永清で、山本は一九四二年に新京（現在の長春）から南京大使館へと転出、後に南京を訪れた榛葉に『外国人の見た日本軍の暴行』を手渡すこととなる。一九四四年に、榛葉は中国青年の意識調査の目的で、一ヶ月の中国出張を命じられ、北京や南京を回る。南京で、山本から内々に南京事件についての資料を提供された榛葉は、それを実家の掛川に郵送する。

榛葉は一九四五年二月に召集され軍務につき、敗戦を迎える。ソ連軍の捕虜となって新京の東南郊外におかれた南嶺収容所に入れられるが、脱走する。新京から翌年ソ連軍は撤退し、かわって中国共産党軍に占領され、さらに同年中共軍は撤退して街は国民党軍の管理下におかれる。その年、一九四六年七月に日本への引揚げが可能となり、長春から奉天を経て錦西（葫芦島）の港から故郷の掛川に引き揚げた。

帰国した後、一九四八年一二月、河出書房の雑誌『文芸』に「渦」、翌年三月に同誌に「蔵王」を発表、文壇から高い評価を得た。河出書房で榛葉英治を推した編集者は、後に直木賞作家ともなる杉森久英である。その後、創作に専念し、一九五八年には『赤い雪』で第三九回直木賞を受賞する。以上、『城壁』刊行までの略伝を自伝からまとめたが、では『城壁』はいつ、どのように構想されていったのだろうか。日記をもとにその過程をおってみたい。

もっとも早いのは一九五五年の八月であり、ホロコーストを扱ったポーランド映画『アウシュビッツの女囚』[9]を見、その映画自体は説明不足で感動を受けないとしつつも、以下のように記している。

ただ、ナチの惨虐にはいまさらのように想いを覚えた。戦争というもの。また起るかもしれない。人間の中の悪魔。満洲のことを小説にする気持がうごいた。（『日記』一九五五年八月一二日）

漠然と満州時代のこととしか書かれてはいないが、ホロコーストと結びついた記憶の想起であること、また、後に見るように榛葉英治にとっての満州の記憶は南京事件を書くという行為と結びついている点で注意したい。とはいえ、実際にその準備にとりかかるのはしばらく後の一九六二年で、南京事件の資料をもとに「書く意欲が沸きそうだ」（『日記』五月一六日）とある。その後、満州国外交部時代の友人を呼んで話を聞き、南京事件についての議論をしている（『日記』五月二二日）。そして冒頭に引いたように資料の収集や聞き取りにとりかかる。『八十年現身の記』ではそれをより具体的に記しており「この大量虐殺が上からの命令によるものか、兵隊の野蛮な恣意によるものかを知ろうとして、現地の大佐参謀だった人に質ねたが、はっきりした返じは得られなかった」とある。[10]ところが、刊行を予定していた中央公論社からは掲載を断られてしまう。

「南京の残虐」［「城壁」を指す］の仕事に没頭した。妻の従兄元海軍士官岩渕氏の紹介で、元南京で参謀だった人から、別の元参謀に紹介してもらった。その仲介者から、中公へ文句がいって、取止めとなった。作品は80枚ほど殆ど完成していた。日本の底流にある危険な勢力を知った。諦めるよりほかにはない。つまり、日本には言論の自由はないのだ。（『日記』一九六三年六月二一日）[11]

保守合同のなる五十五年体制のもと、南京事件についての記述や記憶が抑圧、封印されていく時期でもあり、歴史教科書からもその記述が消されていた時期である。[12] 榛葉英治は、この原稿を掲載するあてがないまま書き続け、原稿はしだいに増えていった。

10日に「城壁」（218枚）を書き上げた。収入ほとんどなし。この原稿も発表の当なしだ。
（『日記』一九六三年一〇月一三日）

仕上がった「城壁」を、榛葉はひとまず河出書房新社に預けた（『日記』一〇月二一日）。この年一二月から翌年の一月末まで、彼は「城壁」の長編化に没頭、五〇〇枚に及んでいる。

これは雑誌に連作するところもなかった。そんなへたな商売をし、生活を犠牲にしながら、この長編に熱中している。人からは笑われるだろう。自分としてはどうしようもない。これを完成させなければ、つぎの仕事をする気持になれない。［中略］この「城壁」にすべてをかけている。こんな自分はいったい正しいのか。それとも誤っているのか。
（『日記』一九六四年一月三〇日）

五月一六日、原稿六〇二枚の「城壁」が完成する。この原稿を、河出書房新社から三〇〇枚にして『文芸』に掲載する話がまとまり（『日記』六月二二日）、原稿を整理し直し、八月に掲載された。八月三一日の日記には再び「「城壁」完成」とあり、翌日、河出書房新社に届けている。これが再度加筆して六〇〇枚の形になった単行本版の最終稿だろう。それがこの月、単行本『城壁』としてようやく刊行されることとなる。

2　記憶の継承と改変

『城壁』は、南京戦、そして占領期の南京を、日本軍のある小隊からの視点と、南京安全区国際委員会の人々からの視線とを交互に配置する形で描き出す。南京安全区国際委員会の委員長でもあったドイツ人のジョン・ラーベ（John H. D. Rabe）や、同じく委員会の委員で米国人宣教師プラマー・ミルズ（W. P. Mills、作中ではミルス）の視点から描かれた部分や、占領下での日本軍の略奪、強姦の記録は、これまでに述べた『戦争とは何か』をもとにしている。『城壁』は、当時まだ一般には刊行されていなかったこの資料を、読みやすくしつつも直接、大幅に引用し、構成することで作られている。各国大使館宛の公信や、事件番号の付された暴行報告、書簡や日記を生かしながら、その内容にあわせて、南京安全区国際委員会の委員達の行動を描き出し、また彼らと江藤小隊の部隊員との接点を作り出していく。

この作品は、その記録の部分は以上の資料を基にしているが、これは純然たる小説であり、構成も、主要人物も、すべて作者の創作であることを付記しておく。[13]

榛葉は後書きでこう記すとおり、江藤小隊自体は架空の小隊ではあるが、出来事や時系列はいくつかの記録をベースにして作られている。南京事件の折に、『朝日新聞』南京支局員であった今井正剛は、一九五六年に回想「南京城内の大量殺人」を『文藝春秋』に掲載する。『城壁』は、今井を「山内静人」特派員として登場させ、その見聞を小説に生かす形をとる。また、その南京支局を南京入城から間もない一九三七年の一二月二七日から三一日にかけて、評論家の杉山平助が訪れ、『朝日新聞』に記事を送る。この記事をもとに、杉山を「杉原荒助」として作中に登場させている。[14]

とはいえ、『城壁』の記述が主によりどころとしている記録は、ティンパーリー『戦争とは何か』である。この『戦争とは何か』には、南京事件を扱った四つの章があり、現地からの書簡や報告を引用する形をとっている。第一章は当時金陵大学歴史学教授で南京安全区国際委員会の中心メンバーであったマイナー・ベイツ（Miner S. Bate）の書簡と、YMCA南京支部長の米国人宣教師ジョージ・フィッチ（George A. Fitch）の報告文でできている。第二章はフィッチの日記、第三章はベイツの日記、第四章でフィッチの書簡が用いられている。また、この書には付録として南京安全区国際委員会の名簿、委員会の作成した事件報告（事件番号と日付けを伴う）、委員会から当時各国大使館に送られた公信が収録されている。

ただし、この『戦争とは何か』では証言者への配慮もあって第一章から四章で扱っている日記や書簡の書き手は明示していない。『城壁』は、これらに見られる見聞を、南京安全区国際委員会のジョン・ラーベと、同じく委員で米国人宣教師プラマー・ミルズの視点から、特にミルス神父の内面に焦点をおいて創作としてふくらませながら描いている。したがって『城壁』に出てくるラーベの日記(第七章一節、第八章一節)は、実際にはフィッチの日記、作中に出てくるスミスの手紙(一二章三節)はフィッチの書簡である。

『城壁』の後書きに記されたように、この小説では出来事やその時系列は記録にそいながら、人物の背景や出会いを創作していく。ただ、「記録の部分は以上の資料を基にしている」としつつも、この小説ではこの記録、『戦争とは何か』からの引用部分自体にも、榛葉英治による内容の変更や追加がある。単に読みやすくするのではなく、引用している記録自体の内容を六ヶ所、大きく変更している。[15] なぜそうした記録自体の改変、追加を行ったのか。

それはこの小説の視点や筋と深く関わっている。この小説では複数の視点から南京事件を描く手法をとっている。なかでも、難民を保護する南京安全区国際委員会と、占領軍の側の江藤小隊に大きく焦点化されている。そして小説『城壁』で、この両者は、多くの女性が避難していた金陵女子文理学院で対峙する。これはもとの記録にはないのだが、小説ではこの出来事にそって、委員会の事件報告を作りかえている。つまり小説では、複数の視線が出会い、交差する場面の記録を「作る」ことで、それらが結びつきあった空間を作り出しているわけである。

また、この小説では複数の恋愛関係を通して南京事件を描き出すという方法がとられている。小隊長の江藤清と内地の恋人幸子、南京安全区国際委員会のスマイス（Lewis S. C. Smyth、作中では「スミス」）と同じく委員のボートリン、そしてキリスト教青年会の秘書で中国人の青年黄士世と、日本兵に強姦されるその婚約者葉雪珠という形で、日本人、中国人、そして第三国人の恋愛関係が南京事件の中で壊れ、あるいは生まれていく。南京安全区国際委員会の二人を含め、これは小説独自の創作部分だが、これら人物や恋愛関係が成り立つように『戦争とは何か』の事件報告や書簡の引用部分に修正を加えている。

これら榛葉の創作によって作られたエピソードはまた、榛葉英治による当時の想像（創造）と事実との落差を痛感させられる部分でもある。金陵女子文理学院で宣教、教育に献身していたボートリン（Minnie Vautrin）には、実際には榛葉が付け足した恋愛やハネムーンはむろんない。ボートリンの当時の日記を参照すると、作中で南京を後にする二月段階でもキャンパスは若い女性を中心に三〇〇〇人に及ぶ避難民が暮らしている状況にあった(16)。ボートリンが精神的においつめられ、米国に帰国するのは一九四〇年、そして一九五一年に自ら命を絶つこととなる。

また、小説ではクリスマス・イヴにラーベ宅に委員会の人々がつどい、日本と南京事件について見解を述べ合う場面が追加されているが、実際にラーベの日記をよめば静かにパーティができるような状態ではなく、六〇〇〇人の難民がひしめき、日本兵の侵入をたえず警戒していなくてはならない状況にあったことが分かる[17]。

むろんこれは彼／彼女らの日記や書簡類がその後、多くの人々の努力によって公開され、翻訳されてきた今日だからこそ見えてくる落差でもあり、『城壁』での創造を単純に批判することはできないだろう。ただ、創作にあたって、実在する記録文書を、作中の引用部分で榛葉英治が改変している点については、ここで批判しておかなくてはならない。実在する記録資料を引く際に、創作だからという理由でその資料自体を改変して示す行為は、その資料に対する、そしてその資料が記録する膨大な死者や被害者に対する配慮と尊重を欠いていると言えないだろうか。

しかも『城壁』の刊行時にはまだ榛葉が元としたこの邦訳文書の存在は知られておらず、読者は参照、検証することができないのだからなおさらである。歴史学で南京事件研究の草分けでもある洞富雄が『南京事件』を刊行するのは一九七二年であり、この邦訳文書を含めた複数の版や、原著の正確な訳を含めた解説が刊行されるのは翌一九七三年である[18]。一九七二年には龍渓書舎がこの邦訳文書のリプリント版を刊行する[19]。

とはいえ、こうした点を含めて、この小説の可能性や限界、欠点自体が論じられてこなかったことが問題なのだ。小説における記録資料の扱いや用い方自体を考え、問いかける可能性をもこの小説はもっていたと言ってもよい。

3　引揚げ体験という靭帯

南京事件を記録した『戦争とは何か』は、中国語、さらには日本語へと訳されて広がるなか、戦時中に榛葉英治へと手渡され、そして戦後、『城壁』という形で再度日の目を見ることとなった。榛葉英治がこの小説を書いていく経過についてはすでに触れたが、南京事件を小説の形で広く知らせる『城壁』の創作には、この記録を彼が所蔵していたことのみではなく彼自身の敗戦、引揚げの記憶が作用していたことにも注目しておきたい。

榛葉英治は、敗戦後間もない時期に発表した短編「鉄条網の中」（『文学者』一九四九年二月）から、戦後半世紀を経た晩年の自伝『八十年現身の記』まで、自身の引揚げ体験をくり返し小説化している。中でも、直木賞を受賞した一九五八年の『赤い雪』、さらにその「体験の事実だけを書きとめておきたい」と考えて書かれた一九七一年の『極限からの脱出』、そして一九八二年の『満州国崩壊の日』は、長編の引揚げ三部作といってもよいだろう[20]。

とはいえ、この三部作を含め、榛葉英治の引揚げ体験には、引き揚げていく過程自体はあまり描かれない。引き揚げるルートとしては、妻、息子とともに家族で長春（新京）から鉄道で一日半かけて瀋陽（奉天）に移動、そこから四日がかりで錦西の営舎に行き、二〇日間そこで過ごした後、鉄道で胡芦島港に向かい、そこから日本へと出港する。『赤い雪』ではこの道程そのものが描かれず長春を出発するところで小説の幕は閉じる。『極限からの脱出』でも引揚げの道程が描かれるのは全体の一割程度であり、上下巻に及ぶ『満州国崩壊の日』でも十数頁である。[21]

では、榛葉英治がくり返し描いているのは引揚げ体験における何だったのか。描かれるのは長春で収容所から自宅に戻るまでであり、進駐した軍隊のもとでおびえる生活体験を描くことにその関心は向けられている。彼にとって引揚げの記憶を描くことは、外国の軍隊に占領された町でおびえる体験を言語化することだった。そこに、榛葉英治が南京事件を描くという構想との連続性が見いだせる。「難民文学」という枠組みでこれら小説をとらえることもできよう。

この引揚げ体験を描くということと、南京事件を描くということとの連続性は、一九七六年に刊行された伝記小説『夕日に立つ』の構成からも非常によくうかがえる。これは自身の伝記ではなく、高碕達之助を描いた伝記小説である。[22] 高碕達之助は元満州重工業開発の総裁で、終戦時に長春で日本人居留民会（日本人会）の長として避難民の保護にあたり、内地への支援を訴えかけた。日本人会は満州の地で日本人難民の救済資金の調達、避難民収容所の運営、進駐したソ連軍、中共軍、国府軍との折衝にあたる。[23]

すなわち、『夕日に立つ』は日本人難民が逃げ込んだ新京の町において、難民や住民と占領軍、さらにはその間にたって交渉する交渉団の関係を描いており、南京城内で日本軍と交渉をあたる南京安全区国際委員会と似通った形の構造で作られている。

まとめるなら、満州時代や引揚げ体験にこだわり、書き続けられた作品群と、南京事件を描く『城壁』とは構造上似通っており、両者の靭帯は南京での占領者としての記憶と、長春での被占領者としての記憶とが、つまり加害と被害の記憶とが重ね合わせられることによって生まれている。むろん、長春と南京とを相似形と見なすこの認識のあり方自体は批判されるべきであろう。そもそも榛葉を含めて長春の日本人自体が占領者でもある。とはいえ、そのことが南京事件を描くことへの使命感とも結びついていたと言えよう。

ただ、榛葉英治の日記や著述を追ってみると、特に一九七〇年代以降、抑留者やその記録に対する関心が強まっていくにつれ戦争被害者としての感情が、戦争の加害者として記憶を圧倒していくことがうかがえる。七一年の自伝的作品『極限からの脱出』で、榛葉は自身のみならず、引揚げ者や抑留者の記録に関心を向け、作中に生かしている。一九七七年には満州の憲兵隊時代の知人である五味文彦（元憲兵准尉）から『朔北の道草』を送られ、感銘を受ける(24)。ソ連に長期抑留された人々の手記や歌を集めた大部の抑留記である。その後、榛葉英治はこの抑留記をまとめた朔北会を通して、関東軍の元参謀であった草地貞吾や、五味を訪れ、取材も行い、一九八一年に『ソ連強制収容所』の形で刊行する。

抑留記や、抑留体験者からの聞き取りを通して、もしも自身がソ連にあのまま抑留されていたら、という思いを榛葉は著述や日記でくり返し記している。彼にとって、抑留者の手記に記された時間は、自分自身が過ごすことになったかもしれないもう一つの戦後の時間であ

った。(25)

あのときに脱走しなかったら、私は死んでいたと思う。今度、この本を書くに当って、当時、シベリアに送られた人たちの多くの手記を読んで、いっそうこの感を強くした。あのときにシベリアへ送られていたら、体力がなくて労働にも馴れない私は、極寒の苛酷な状況の中で死んでいたに違いない。(『ソ連強制収容所』)

もしあのときに、自分が捕虜収容所から脱出しないで、シベリアに送られていたら、生活の事情は違うにしても、自分の息子も残留孤児になっていたかもしれない。(『満州国崩壊の日』下)

あのときに脱出していなければ、自分は間違いなくシベリヤで死んでいた。現在までの自分はないわけだ。(『日記』一九八一年一二月五日)

榛葉英治にとっての戦後の時間は、もしも抑留されていたら、といういわば仮想抑留者としての恐怖と怒りの中で想像、再構成されていく。時間がたてば記憶は薄れるが、仮想抑留者にはその逆の現象が起こる。仮想の分岐点からの時間が長ければ長いほど、つまり戦後の豊かで幸せな時間があればあるほど、抑留されていた場合の喪失の総量は増え続け、恐怖は増していく。

『戦争とは何か』を『城壁』へと引き継ぎ、作品化していく過程には榛葉英治の場合、占領者としての記憶と、被占領者としての記憶との結びつきが、戦争の加害と被害の意識の結びつきがあった。しかし、その後、仮想抑留者としての被害者意識の強まっていくなか、戦争の加害者、占領者としての側の意識が満州の記憶の後景にしりぞいていく。

しかし問題は、一作家の内面の変容ではなく、南京事件を描いた『城壁』の行方である。この小説は一九六四年に刊行されるが、今日ではその作品を知る人もなく、ほとんどその研究や評価もないというのが現状である。刊行から三〇年を経て、晩年の榛葉英治は日記にこう記している。

> 昨日、一日がかりで「城壁」を読んだ。よく調べたよい作品だと再確認した。これは小説新潮賞候補になったが外れた。それにしても埋れているのが惜しい。文庫にでもなればいいが無理だろう。（『日記』一九九六年二月二三日）

いったい刊行から今までに、この小説に何が起こったのだろうか。そもそも日本文学において南京事件はどのように描かれ、そこに『城壁』はどう作用したのだろうか。

4　流通しない「南京事件」物語

南京事件を正面からとりあげた長編小説は多くない。いちはやく描いているのは、日中戦争のさなかに執筆、発表された石川達三『生きてゐる兵隊』である。石川達三は南京事件の翌年、一九三八年一月に南京で取材にあたり、この小説を執筆する。この作はその年三月号の『中央公論』に多くの伏せ字をともなって発表されるが発禁処分となり、彼は起訴され有罪となる。戦場での日本兵の民間人殺害や略奪、強姦を示唆する表現が処罰の対象となった。

この小説は南京事件を正面からとりあげたというよりも、南京入城までの戦闘が多くを占める。戦後国際検察局の聞き取りに対して石川は、南京城内での出来事を作中の別の戦線を描く場合に用いたりすることで小説化をしていると述べており[26]、確かに南京事件での聞き取りをもととはしているものの、「事件そのものを叙述しようという意図はなく、むしろそのことは回避しようとしたふしがある」との指摘もある。[27] とはいえ、戦後、伏せ字復元版が出版され、この小説の発表の経緯を含めて、現在まで読み継がれ、研究もなされてきたという点では、『城壁』のように閑却されてきたわけではない。[28]

南京事件そのものに取り組んだ小説ではやはり堀田善衛『時間』（新潮社、一九五五年四月）が重要だろう。一九五三年の一一月から複数の雑誌に掲載され、五五年に長編小説『時間』として刊行された。『城壁』の一〇年前ほど前である。この小説は、南京の海軍部で官吏として勤務する中国人の陳英諦の日記という形で、つまり南京戦の被害者となる市民の視点から占領される南京を描いていく。堀田は刊行の翌年、東京裁判の記録や南京事件についての写真や中国人から聞き取りをもとしたと語っている[29]。

この小説における南京事件の描き方は、ちょうど『城壁』における描き方と対照的な特徴をもっている。それは『時間』が中国人側の視点、『城壁』が主に日本の将兵や南京安全区国際委員会の側の視点という対照性のみではない[30]。一言で言えば、南京事件を物語として描くか、物語にならないように描くか、という対照がそこにはある。榛葉英治の『城壁』の場合、南京戦の背景や全体を俯瞰しつつ、南京事件に関わる多様な人物の背景、心情を三人称で時系列にそって描き出す。一方、『時間』は日記の形で一人称で語りながら、目の前の出来事に思索や記憶が交錯し、ときに記憶の混濁、語り直し、あるいはそこからの回避を交えたモノローグの形で事件を描き出す。『時間』ではむしろ「戦争の話術、文学小説の話術で語らぬこと」、「小説的（ロマネスク）な記述を故意に拒否」しようとする語り方を選び取っている[31]。

南京事件の全体像を分かりやすく、また関わった多くの人々の視点からうかびあがらせているのが『城壁』の特徴だが、それはまたこの小説の長所でもあり、短所とも言えるだろう。南京事件における膨大な被害者や加害者の個々の一人一人の体験や内面を、そもそも分かりやすい言葉にすることに無理がある。また、南京事件を生み出す要因にしても、個々の兵士のレベルから、現地指令部、参謀本部といったレベルから、さらにはその背景となる歴史、経済的な要因を含め、広範な広がりがあり、それを言葉で具体的にイメージさせていくこともまた難しい。具体的な物語を作るとは、これら無数の細かな線を一本の太い線で上書きしてしまうような行為でもある。一方で「戦記もの」の出版ブームで戦争が安易に物語化されていく五〇年代に、南京事件を物語にならない物語としてとして語る堀田善衛『時間』は重要な意味をもつ[32]。

だがそれは、南京事件を物語として語る努力と試みを放棄することであってはならない。そもそも戦争の物語化を批判、解体する手法が意味をもつためには、まずは戦争の物語化が必要だが、南京事件の場合、まずこの物語にされるということ自体がほとんどなされないという異常な事態が続いていく。終戦後、南京事件が日本の社会で歴史認識、戦争認識として定着せず、七〇年代以降、いわゆる南京事件を否定するような言論が登場する土壌が生まれていった要因を笠原十九司は論じ、次のように述べている。

国民は南京事件はあったようだという漠然とした、あいまいな認識にとどまり、具体的な歴史イメージや南京事件像に裏打ちされた明確な記憶をもたなかったということである[33]。

小説を通して具体的なイメージとして南京事件を描き出す、という試みは、それを読者が追体験し、疑似体験することでより具体的な像として記憶に定着していく力をもっている。この点で、『城壁』は、南京事件を歴史知識にもとづきながら想像可能な物語にして広く発信していった小説としてその重要性を認める必要がある。そしてまた、その重要性にもかかわらず、今日まで顧みられなかった理由を、忘却されていった過程を、とらえなおしてみる必要がある。

南京事件の歴史、記憶を忌避し、否定する言論状況はむろんその忘却の大きな要因となっていよう。南京事件についての歴史研究の成果が広く共有されることなく、七〇年代以降に事件を否定する言説が登場し、いわゆる南京事件論争がはじまっていく。八〇年代には多くの証言や資料集の刊行もなされ、事件自体を裏付けるその成果も次第に共有されてゆくことになるが、『城壁』が出版、受容されていく六〇年代半ばから七〇年代は南京事件を描いた『城壁』にとってはまさに冬の時代であったといえよう。

刊行時には「在郷軍人会とおぼしいあたりから、多少のいやがらせがあった程度」とこの時期に榛葉は書いているが、伝記には「河出書房から出版された『城壁』は、どういう理由か絶版になった」と記している。[34] 同時代の評には南京事件自体を否定するような評はまだなく、『城壁』は第十二回小説新潮賞の候補作に選ばれている。南京事件は記憶としてはある程度共有されていたことがうかがえるが、この小説新潮賞の選考過程から、六〇年代でもすでに、南京事件の記憶からの忌避、その抑圧がメディアの中で生じていることも見えてくる。選考では主に女性の委員が『城壁』を評価しているが、男性委員側の忌避の「空気」を伝える円地文子の言葉が注目される[35]。

「城壁」は力作である。その点に私は感心したが、男性委員には戦争の体験を持つ方たちが多く、この作品を否定する理由もはっきりしているので成程と思って棄権した[36]。

榛葉英治の著述を忘却させていった要因にはまた、彼が引揚げ体験を描く作家であったことも作用していよう。引揚げ体験は戦後、膨大な手記や回想記を生み出してきた。しかし、朴裕河はこれらが、加害者としての日本を含む「植民者たちの物語」であったがゆえに、戦後の論壇や学界、されには文壇や文学研究領域でも見過ごされ、忘却されてきたことに注意を向けている[37]。こうした「引揚げ文学」の忘却も、榛葉英治の著述が見過ごされてきた要因ともなっていよう。

南京事件を描いた小説であるがゆえの忌避、忘却、そして、引揚げ体験を描いた文学に対する忘却に加え、もう一つ重要なこの小説、そして作家の忘却の要因、責任は、私を含め近代文学研究者にあることは言うまでもない。日本の近代文学の研究は、著名な純文学作家やその作品を扱う慣習を、半ば暗黙の了解のように引き継いできたのだから。そしてまたそのことが現実の歴史や政治を、文学性や芸術性といった漠然としたヴェールの向こうに押しやってしまいもする。

むろん、榛葉英治のすべての小説が評価されるべきだとは私は考えていない。榛葉英治は性や恋愛に焦点をあてた小説で読者を獲得してきたが、男性中心的で硬直した性意識や女性蔑視がいたるところに見られるのも確かである。『城壁』にしても、登場人物の多くはかなり典型化されており、苦悩する知識人（江藤少尉）と苦悩しない職業軍人（倉田軍曹）といった『生きてゐる兵隊』とも共通する図式化についても批判が必要だろう。[38]ただ、小説はごく少数の文芸評論家や、文学好きの研究者のためにのみ存在しているのではない。中間小説や大衆小説という枠組みで看過されてきた表現が、広く読者に対してどう作用し、どういう意味を持ち得たのかをも考え、評価することが必要だ。

おわりに

『城壁』は、南京事件を具体的なイメージとして、当時手に入る記録や資料をベースに多方向からその出来事をうかびあがせる物語とした点で重要な可能性をもっている。また、その小説がなぜ、どのようにして忘却されてきたかを探っていくうえでも、やはり貴重な意味をもっている。加えて、もう一つ重要な点を指摘しておかねばならない。それは、この小説が、南京事件をいかに記録し、記憶するかという問いをはっきりと組み込んでいることである。

この小説は南京事件を描きつつ、この事件を言葉にする新聞記者や評論家を、あるいは日記や書簡、報告書として書き付けるその行為を描いた小説でもある。南京事件を前に、『城壁』では、ラーベに「人類共通の問題として、のちの時代につたえたい」と語らせ、江藤少尉に向けてミルス神父に「あなたが南京で経験したことを一生、忘れることができないでしょう」と語らせている。あるいは「この南京占領は、歴史にどう書かれるだろう？ここで日本軍隊が何をやったかということを、国民も、後世の人も知らずにすぎるだろうか」と記者に語らせる。(39) 南京事件をどういう立場から、どういう言葉で残し、記憶していくのか。この後、半世紀にわたって続く論争に先だって、読者にこの問いを投げかけているこの小説の意味は大きい。

また、具体的に指摘してきたように、この小説では、南京において対峙する複数の視点の対照性や、関係性を強めるために『戦争とは何か』の書簡や報告文書自体の記録部分を書き替え、作り替えてもいた。したがって小説、フィクションにおける記録、歴史史料の扱いについての問いもそこにははらまれている。『城壁』は、南京事件を複数の視点から描き出したばかりではなく、それをいかに歴史として残していくかを問うた最初の小説として、記憶されてなくてはならない。

南京事件の享受、広がりを、『戦争とは何か』という書物の翻訳、授受や戦後に作り替えられ、受容されていく過程の中から論じてきた。書物は国境を越えた遠くの地へも、あるいは時代を隔てた別の時期へも広がるが、それはただ自然に広がるわけでも、自動的に遺されたものが引き継がれていく過程でもない。忘却され、あるいは意図的にその記憶は抑圧されもする。書物の読者への広がる経路やその障害を、本書が意識的に掘り起こしていくのはそれゆえである。

終章　書物の流れを追いかけて

1　書物の広がりから問えること

本書では、書物の読者への広がりをとらえることで国内の文化統制を、あるいは海外への文化工作を、さらにはその両者の連続性を解明していった。なぜこうした方法が必要なのか、そしてそれによって何が問えるのかを、各章で示してきた。その有効性は大まかに二つにまとめることができよう。一つには、文化の発信、宣伝を発信者、すなわち書物の書き手からのみではなく、それを教え、紹介し、訳し、広げる人や組織によってとらえることができる。書物が刊行されたということからだけでは、実際にそれがどれだけ読まれ、どこにどう作用したかということは分からない。実際のそれら書物の役割をとらえるには、それらを広げる人や組織、すなわち仲介者の存在が大きく関わる。

書物の読者への広がりを問うことのもう一つの有効性は、国内に向けた学知や文化の統制と、対外的な文化工作との連続性を明かしてくれるということである。日本国内において日本の言語や文化を価値づけ、浸透させていくことと、海外に向けてその価値を発信していくということは、いずれも日本の価値を教え、広げていく営為であり、その方法や人、組織が戦時期において重なり、あるいは密接に結びついている。

書物の読者への広がりをとらえること、それは知や情報を広げていく技術を解きほぐしていくことであり、それら書物を教え、あるいは訳し、紹介する国内、そしてさらには海外に向けた教育や宣伝の仕組みを明かしていくこととなる。第一部では日本の言語や文化を価値づけ、教え、広げていく大学という場をとらえていった。また、戦時下の読書指導運動を、こうした書物を読者へと広げていく技術としてとらえていった。読者を調べ、見出していく読書傾向調査と、それら読者にみあった図書の選定、さらにはそれらを読む読書会の組織化は、相互に結びつき合い、読書を統制する一連の技術となる。その技術は国内の統制のみならず、海外における文化工作においても用いられていた。海外における文化工作の多様な実践はまた、東亜文化圏の会の活動からとらえてもいる。

このように、第一部では戦時下の文化の統制や文化工作について、すなわち知を伝え、教え、広げていく人や組織の活動を、いわばこれら仲介者の役割を明かしていった。第二部でも、こうした知の広がりと、そこでのこれら仲介者の活動に同じく関心を向けている。そして、それをとらえるために、日本が文化工作を行った現地に遺された日本語資料を重要な手がかりとしている。それが主にベトナムやインドネシアに日本から送られ、今日遺されている戦時期の日本語資料である。これらが本書でのアプローチに有用であることは言うまでもない。それは書物の広がりを、具体的なタイトル、形をもって示してくれるからである。書物が日本で刊行されたということと、それがベトナムやインドネシアに遺っているということは異なる意味をもつ。日本の対外文化工作を考える際に、特にこの違いは大きい。それは現地での文化工作の実践との具体的な結びつきを示してくれるからである。

しかしながら、これらの東南アジア諸国に遺された戦前の日本語資料は、これまで十分に研究がなされてこなかった。それらがあるということさえ、一般に知られていなかったと言ってよい。これら現地の日本語資料は目録さえもこれまで存在していなかったため、本書での調査は、数年間にわたる目録の作成と並行しながらの作業となった。そしてむろんこれら資料を用いてその全体像をとらえるはじめての研究となる。

ただ、なぜこれらの日本語資料が、戦後半世紀以上を経た今日までほとんど研究がなされてこなかったのかという点については今少し説明が必要となろう。これについては、次節で改めてふれることとしたい。

第二部では、これら書物の広がりを通して、ベトナム、そしてフランスでの日本の文化工作を、現地に設置された日本文化会館や、占領、進駐した日本軍の活動の中で描き出していった。それはまた、戦時下の日本国内で統制、再編されていった学知が、東南アジアの国々でどう広げられ、用いられていったか示してくれるものであった。ベトナムに遺された日本語蔵書は学術色の強いものであり、日本の言語と文化を中心として、アジア学や東洋学を体系的に作りだし、押し広げていく実践的な営みをうかがうことができた。また、インドネシアにおける日本語の文庫も、日本の文化工作の中で必要とされ、生まれていった。日本の歴史や文化を、アジア諸国を代表するかのようによう価値づけていく文化工作の理念の中で岡倉天心の著述が活用利用されてもいた。インドネシアに遺された日本語資料はまた、文化工作の中で用いられていく小説や物語の重要性を示唆してくれるものであった。講談ジャンルの話形をここではとりあげ、その国内での統治や、海外への文化工作に果たす物語について論じていった。中でも東南アジアにおける文化工作の中で重要な役割を果たす話形として山田長政の伝記小説群をとりあげ、それらが日本の海外発展の事蹟を物語るとともに、その事蹟の科学的な解明、発見の物語ともなっていたことを明かしてきた。

第三部では、この書物の読者への広がりをとらえるという方法を、より遠い場所への広がり、あるいは時間を隔てた広がりとして展開している。第二部では日本の進駐、占領下東南アジア地域を主な対象として論じているが、さらに日本から離れたブラジルへの広がりをもとに論じている。それはまた、ブラジル側の国内における文化統制の力と、日本からの移民地に向けられた文化工作の力とがぶつかり合う読書空間をとらえることともなった。また、空間的な広がりのみならず、戦時期の書物が国境と時間を隔ててどう受け渡され、広がっていくのかを、南京事件を描いた書物をもとにとらえることも試みている。それは一方でその書物の広がり、継承を阻み、忘却させていく要因をとらえ、考えることにも結びついていくアプローチともなるものであった。

書物の読者への広がりをとらえることを通して、文化の統制や宣伝をとらえるという方法は、読書の歴史を研究するという自身のこれまでの問題意識の中で行ってきたものである。読書は、しばしば心の内の、個人的な営みとしてとらえられがちだが、読書は書物を読者へともたらす仕組みを欠いては成り立たないし、また書物について教え、紹介し、あるいは批判する人や組織から切り離されて成り立っているわけでもない。こうした読書の歴史について、体系的に調べる方法については、すでにいくつかの形でこれまでにまとめ、発信してきた。[1]

こうした書物の広がりをとらえる実践として、これまでに日本の書物が米国、カナダへと広がっていく歴史を調査し、刊行してきたが、本書ではその対象は東南アジアの国々に変わっている。[2]しかし、それは単に同じ方法で対象を広げたということではない。対象を拡大することが、調査、研究する方法そのものを更新してくれるからこそ、私達は新たな研究する場所へと赴くのである。実際に、本書で対象となった国々において、日本の書物の広がりや受容は北米とは大きな異なる。それは、先にふれた、なぜ本書で扱った日本語資料が戦後長く目を向けられてこなかったのかという問いにも関わっている。

2　東南アジア各国の戦前日本語資料

東南アジアの各国で、一定規模の日本語蔵書をもつ機関の一覧があればよいのだが、残念ながらそうした情報そのものが存在していない。そうした情報を把握し、この地域への書物の広がりをとらえようと、二〇一三年から七年あまり、私は東南アジア各国の日本語資料所蔵機関を回って調査にあたっていた。インドネシア、カンボジア、シンガポール、タイ、フィリピン、ベトナム、マレーシア、ミャンマー、ラオスの九カ国、約五〇の機関で調査を行った。国際交流基金に協力してもらい、それぞれの国に置かれた日本文化センターや連絡事務所、アジア・センターを通して、日本語資料の所蔵機関の情報を集めてもらい、その情報をもとにメールや訪問調査を通して調べていった。また、それぞれの国の国立図書館や主要大学、日本人会に連絡をとって、協力を仰いだ（表20）。

当初は、主要な日本語蔵書の全体像をとらえることを目的としていたが、その目的は次第にかわっていった。そもそも、これらの国で、数万冊の規模の日本語資料を所蔵している研究機関は数えるほどしかない。訪問した機関ではインドネシア国立大学、タイのチュラロンコーン大学、ベトナムの社会科学院、ホーチミン国家大学人文社会科学大学、シンガポール国立大学くらいであり、五万冊を越える規模となると最後の二つの機関のみである。日本語を扱うことができる図書館職員が存在するのはこの二つの機関と、ベトナム社会科学院、シ

表 20　調査対象機関の一覧

インドネシア	ジャカルタ日本人会（2013）、インドネシア国立大学（2013）、JF ジャカルタ日本文化センター、インドネシア国立図書館（2013–2019）
カンボジア	王立プノンペン大学、カンボジア国立図書館（2015）、カンボジア国立公文書館（2015）、アプサラ・オーソリティ国際文書センター（2015）、EFEO 図書館シェムリアップ（2015）
シンガポール	シンガポール日本人会（2014）、ジャパン・クリエイティブ・センター（2014）、シンガポール国立図書館（2017）
タイ	チュラロンコーン大学（2013）、タマサート大学（2013）、シラパコーン大学（2013）、チェンマイ大学（2013）、JF バンコク日本文化センター（2013）、タイ国立図書館（2019）
フィリピン	フィリピン大学（2013）、アテノデマニラ大学（2013）、デラサル大学（2013）、フィリピン国立図書館（2013）、マニラ日本人会（2013）、JF マニラ日本文化センター（2013）
ベトナム	ベトナム国立図書館（2013）、ベトナム社会科学院東北アジア研究所（2013）、ベトナム社会科学院社会科学情報研究所（2013-2019）、ハノイ外国語大学（2013）、JICA ベトナム日本人材協力センター（2013）、ホーチミン国家大学人文社会科学大学（2013）、JF 文化交流センター・ベトナム（2013）、ベトナム国家大学ハノイ人文社会科学大学（2015）、漢喃研究所（2016）
マレーシア	マラヤ大学東アジア研究所（2014）、マラヤ大学図書館（2014）、マレーシア国立公文書館（2014）、クアラルンプール日本人会（2014）、JF クアラルンプール日本文化センター（2014）
ミャンマー	外国語大学（2017）、ミャンマー大学（2017）、ヤンゴン日本人会（2017）、国立図書館ヤンゴン（2017）
ラオス	ラオス国立大学（2018）、ラオス日本センター（2018）、ラオス国立図書館（2018）、JF アジアセンタービエンチャン連絡事務所（2018）

＊() は調査にあたった年を記す。

ンガポール国立大学、インドネシア国立大学、あとはシンガポール、ベトナム、ミャンマーの国立図書館だった。調査の時点から変化もあろうし、調査対象からもれてしまった機関もあろうが、いずれにせよその数はごく限られていた。

図書分類や管理の仕方も様々で、例えばチュラロンコーン大学やシンガポール国立大学はLC分類と呼ばれる米国議会図書館の図書分類、インドネシア国立大学は日本十進分類、ベトナムの機関ではBBKと呼ばれるロシアの分類が用いられていた。目録の取り方やその担当者、そのデータを図書館のオンライン目録に組み込むかどうかもまちまちであり、ほとんどの機関では正確な冊数そのものの把握からして難しい。

各国の日本語資料の所蔵情報を収集していくなか、まず緊急に取りかからなければならない課題がはっきりしてくる。それが、本書でとりあげた、戦中・戦前の日本語資料についての調査、整理とそれらの保存である。これら資料の所蔵図書館で日本語資料を扱うことのできる職員が雇用されている場合は稀であり、かつ過去の日本語資料の整理にまで手は回らない。各国で日本語教育はさかんではあるが、用いるのはむろん現在の日本語資料であり、戦前・戦中の資料は利用者との接点さえなくなってしまう。

本書ではインドネシア国立図書館と、ベトナム社会科学院の日本語蔵書をとりあげた。前者の機関では日本語を扱う職員はいない。後者は研究機関であり、日本研究を専門とする職員はいるものの、図書資料の管理を職務としているわけではない。いずれも二〇一三年にま

図12　インドネシア国立図書館の日本語蔵書
現在は貴重書庫にまとめて配架されている。

とまった量の戦前・戦中の日本語資料が保存されていることが確認できたものの、いつまでその状態が保たれているかは分からないし、正確な目録情報を欠いたまま分散して保管されたり、アクセスの出来ない倉庫や書庫に移されればもう二度と目にすることが出来なくなるかもしれない。インドネシア国立図書館の場合、二〇一七年には新たな建物への移転も予定されていた。

こうした状況もあり、自身で進めていた東南アジアでの日本語資料の調査は、特に戦前・戦中の資料所蔵機関に重点をあてて、その整理や保存に協力しながら研究を進めていくこととした。そしてこれら二つの機関の蔵書の内容を把握するためには、まず資料をすべて目録化しなくてはならない。数年がかりになることが予想されたが、避けることはできない。とはいえ、これらの蔵書を一冊一冊記録していくのはとても刺激的な作業でもあった。それはまた、戦時中になぜ、誰がそれら図書を送り、どう使われていたのか、ということを考え、調べていくこととともなった。

幸い、ベトナムの場合、国文学研究資料館の支援も得、また関心をもつ研究者の協力を得ることで共同研究として作業が進み、二万冊に及ぶ資料の目録情報を二〇一八年には作り終えることが可能となった。一方、インドネシア国立図書館の日本語資料は一二〇〇冊とそれほど大規模なものではなかったため、一人で毎年調査に訪れ、二〇一六年までに目録を取り終えた。翌年、図書館は移転したが、新しい図書館でもこれら日本語資料はまとまった形で保管されている（図12）。

戦前・戦中の日本語資料の所蔵は、これら機関以外では、シンガポール国立大学の所蔵がもっとも多く、二一四七タイトル（三四五一冊）の所蔵がある。[3]シンガポール国立大学が専門司書を置いて日本語蔵書の整備に力を入れるのは一九八二年以降だが、前身となるマラヤ大学時代の日本語蔵書や、一九六二年に合併した南洋大学が所蔵していた日本語文献に含まれていた資料となる。[4]これらはすべて目録化され、オンラインで検索も可能な形となっている。これ以外の機関ではシンガポール国立図書館に一四八点の所蔵資料が確認できるほか、同館には二〇一二年に二〇〇〇〇点に及ぶ江川淑夫資料が寄贈されており、戦前・戦中の日本語資料もそこには含まれている。[5] また、フィリピンの各大学が所蔵する日本語図書は全体的に小さな規模ではあるが、フィリピン大学では特別資料室で日本占領期の対日心理戦に用いられた資料群を目にしたし、アテネオデマニラ大学の米国歴史史コレクションにも日本占領期の日本軍の文書や刊行物が含まれていた。[6]

とはいえ、東南アジアの図書館、学術機関で戦前・戦中の日本語資料を所蔵する機関は、多くはない。ただ、それは存在しないということを意味するのではなく、所蔵していてもアクセスできない資料がまだまだあろうかと思う。東南アジアの国々の国立図書館では、シンガポール、ベトナム、ミャンマーを除けば日本語を扱える職員はいない。となれば問い合わせがあっても、そもそもそれら所蔵機関自体、所蔵の有無を把握しがたい。また、たとえ過去の資料が引き継がれ、保存されていたとしても、それらを整理し、あるいは公開する術もないのである。

例えばタイの場合、本書で言及したように、戦時期には日本文化会館が設置され、図書館もそこには存在したし、日タイ関係史についての日本語資料をタイの国立図書館で収集、所蔵していたとの記録もある。[7] しかしこれら日本語資料を今日確認することはできない。所蔵機関自体が文字通り確認できないのである。しかし、それはまた今後そうした資料が見つかることも十分あり得るということでもある。

3　書物の広がりのその先に

東南アジアの各国において、戦前・戦中の日本語資料の所蔵状況について見てきたが、その置かれている状況は厳しく、日本の図書館や研究機関による今後の積極的な取り組みが望まれる。東南アジアへの軍事的な侵略や支配の歴史をもつ日本には、この地への自らの関わりを明かすこれら資料に積極的に目を向け、関わっていく責任があろう。

東南アジア諸国の中で、日本語資料の所蔵が充実しており、かつ専門の司書によりそれらを整備・提供する体制を整えているのはシンガポール国立大学である。日本や中国研究を抱える欧米の研究機関に近い日本語図書館といってよいが、こうした機関が、東南アジアの各国が利用できる日本研究の情報拠点のような役割を担うということも、将来的には考えられるかもしれない。

とはいえ、日本語の学術書を広く、かつ継続的に集め、提供するような大規模な日本語図書館を東南アジアの国々に作り、維持していくということはあまりに難しいし、またこうした発想や意義自体を、見直してみることも重要だろう。海外で、日本語図書館がもっとも充実しているのは、言うまでもなく米国であり、日本語を扱う専門司書も豊富で十万冊規模の整備された日本語図書館も珍しくはない。日本語資料の管理・提供体制や研究支援体制では確かに海外ではもっとも機能的で、充実した事例と言えようが、米国の事例は決してすべての国が模倣すべきスタンダードではなく、むしろ特殊な事例である。米国で日本語図書館や日本研究のプログラムがここまで整備されてきた背景には、対日戦や米国による日本の占領、統治が大きく作用している。またそれら日本語図書館が急増し、大規模な国家予算が投入されていくのは冷戦期に、日本が米国の安全保障上重要な地域であったからである。したがって米国と同じような規模や機能をもった日本語図書館を別の地域や国で同様に発想すること自体に無理がある。

これは、過去の、というよりもこれからの日本の書物の広がりを、さらには日本についての知や情報の広がりを、どう考えていくのかという問いになろう。本書では、書物の読者への広がりをとらえ、日本国内への統制を、さらには海外の読者への宣伝や、文化工作をとらえてきた。それは、戦時期の統制や、宣伝活動を、日本について情報を、教え、広げていく人々や組織の活動としてとらえ直すこと、そしてその歴史的な役割や責任をも見つめ直していくことでもある。しかしそれはまた、過去にむけてのみならず、現在、そしてこれから、私たちが日本の言語や文化をどう発信し、また、海外の文化とどう関わり合っていくのかを考えていく土台ともなる。日本の言語や文化に永続的で自明の価値を見出し、それを一方的に押し広げていくような文化工作の事例からは、その限界や弊害が容易に見出せよう。それは日本を中心として都合良く作り出された技術にすぎない。そしてまた日本文化の正確なコピーを世界各地に作ることに価値があるわけでもない。

その一方で、書物の広がりは実際には読者に享受される中で現地で新たな言語や文化をも作り出していく。日本の書物の読者への広がりは、知や情報を均質に広げていくというよりも、むしろそれらが広がっていった地域、場所で新たな読書環境を生みだし、また、新たな表現を作り出していくこととなる。互いの言語や文化を国境を越えて学びあい、伝えあうことにはらまれる可能性は、こうした場を手がかりに考えていくことが必要だろう。

書物の各地での広がりや享受を追うなか、こうした点で、興味深かったのは、その地で生活する日本人コミュニティの活動である。先に東南アジアの各国で五万冊規模の日本語図書を抱える研究機関を二つあげたが、実は東南アジアにはこれ以外にもこの規模の日本語図書館が存在する。それは研究機関ではなく、シンガポール日本人会や、マレーシアのクアラルンプール日本人会の図書館であり、いずれも五万冊を越える規模をもち、専門の司書さえも勤務する(8)。

シンガポール日本人会の場合、すでにその活動は半世紀以上の歴史をもっている。シンガポールに日本人会が最初にできるのは一九一五(大正四)年である。実際にはさらにそれよりも以前から存在してはいたが、第二次世界大戦でその活動は途絶える。ただ、一九五二年に日本領事館が再開され、それまでにシンガポールにあった日本人共同墓地を管理していくため、在留邦人が集まって一九五七年に日本人会が再度発足し、すでに半世紀以上の歴史をもつ。その機関誌『南十字星』は一九六五年から刊行されるが、六九年の同誌にはすでに図書館の新着図書案内がみられ、その初期から日本語図書を提供していたことがうかがえる[9]。

注目したいのは、シンガポール日本人会では、日本研究に関心をもつシンガポール国立大学の学生を支援するプログラムや、史跡調査部を設けて在留邦人の現地での記録の収集、整備といった資料保存活動、アーカイブズの活動をも行っているという点である。別に日本が対外文化政策として行っているわけではない。むしろ現地で生まれてきた日本語の読書空間であり、そこから生まれた新たな教え、伝えるネットワークである。こうした場と、現地の教育機関と、そしてまた日本の研究・教育機関が連携していくことで、持続可能な新たな日本研究の拠点を作り出していくことも将来的には可能かもしれない。

本書でもとりあげたブラジルのサンパウロ人文科学研究所は、こうした可能性を具体化した事例とも言える。戦後まもなく発足し、現地の日系社会の歴史、文化を研究するとともに、その地で生まれた新聞、雑誌から個人の日記まで、豊富な資料を受け入れ、保存している機関である。調査に訪れていた際には、同研究所はＪＩＣＡの派遣プログラムで日本からアーキビストを派遣してもらっており、さらにそのアーキビストがブラジルの他機関の日本語資料の調査や整備にも協力することで同地の資料保存に効果的に貢献していた。こうした海外における日本語資料の保存や活用を考えていくこともまた、書物の広がりをとらえるという問題の延長線上にあろう。

書物を紹介し、あるいは、教え、訳し、広げる人々や組織に目を向けるのは、こうした役割がこれまでの研究で見落とされてきたからである。例えば文学研究を例にとれば、作家や作品の研究が主であり、それを広げる人々の活動に目が向けられない。しかし、書物は実際に広がらなければ意味をなさないし、そこにこれら人々の活動が大きく作用することは明らかであろう。戦時期の教化や宣伝もまたこれらの活動に支えられてた仕組みであり、技術なのである。

知や情報を教え、広げる仲介者の歴史的な役割や、またそれをうかがう資料は、これまで十分にとらえられてきていない。しかしだからこそ、この領域はまだまだこれから新たな研究で掘り起こしていくことのできる可能性に充ちているのである。これからの研究者が拓いていく領域といってもよいだろう。そうした地平へと関心を向ける人々のために、本書が露払いのような役に立てばと思う。

注

序章 〈日本〉を発信する

（1）外務省文化事業部『支那に於ける日本語教育状況』（外務省文化事業部、一九三八年一一月）。
（2）『北支文化機関調査書』（近現代資料刊行会編『中国占領地の社会調査Ｉ』一三巻、近現代資料刊行会、二〇一〇年一二月）。
（3）東方文化研究所、及び東方文化学院の華北における文化機関調査、及び文化工作案の作成については阿部洋『「対支文化事業」の研究』（汲古書院、二〇〇四年一月）が詳しい。
（4）「国際文化事業局開設ニ関スル建議案」（『官報号外』一九三三年八月五日、衆議院議事速記録第二十二号）。
（5）『官報号外』（一九三四年一月二十四日、衆議院議事速記録第三号）。
（6）柳沢健「国際文化事業とは何ぞや」（『外交時報』七〇四号、一九三四年四月）、同「国際文化事業とは何ぞや（続）」（『外交時報』七〇六号、一九三四年五月）、三枝茂智『極東外交論策』（斯文書院、一九三三年六月）。
（7）芝崎厚士『近代日本と国際文化交流』（有信堂高文社、一九九九年八月）八六頁。
（8）三枝茂智『極東外交論策』（前掲）六四五～六五七頁。
（9）「国際文化局設置理由説明書」（外務省文化事業部、一九三三年八月、国立国会図書館松本学関係文書、R二三・二九二）。
（10）対支文化事業は義和団事件賠償金等をもとにした「対支文化事業特別会計法」の支出によるが、国際文化局は一般財源支出を前提として構想されている。
（11）大蔵省の予算削減を受け、「已むなく民間方面」の財団組織に至ったと「外交考査」にはあるが、実状は異なっているわけである。（外交考査部「国際文化事業」（『外交時報』七〇一号、一九三四年二月一五日））。
（12）荻野富士夫『戦前文部省の治安機能』（校倉書房、二〇〇七年七月）。

(13) 文部省思想局『思想局要項』(文部省思想局、一九三四年一一月)。
(14) 「日本文化協会概要」(『思想時報』一、一九三四年九月)。
(15) 「日本文化協会近況」(『思想時報』二、一九三五年三月)。
(16) 日本文化協会出版部『近代戦と思想戦』(日本文化協会出版部、一九三七年一〇月)。
(17) 「日本文化連盟設立趣意書」(国立国会図書館松本学関係文書、R一六・二五九)。
(18) 「日本文化中央連盟要旨」、及び「財団法人日本文化中央連盟事業大要　一九四一年三月」(国立国会図書館松本学関係文書、R一六・二五九)。
(19) 内政史研究会『松本学氏談話記録(下)』(内政史研究資料、第五六—五八集、一九六七年)。
(20) 松本学関係文書には徳田秋声「如何なる文芸院ぞ」(『改造』一六巻三号、一九三四年三月)や江口渙「文芸院と文芸家」(『文化集団』二巻三号、一九三四年三月)などの批判的な論文が集成されている。
(21) 「三つの集ひ　「文芸院」問題懇談の夕」(『東京朝日新聞』一九三四年一月三〇日)。松本学文書にも目配りし、文芸院懇話会の設立前後をとらえ、その日本主義への志向を論じている重要な研究に村山龍『〈宮澤賢治〉という現象』(花鳥社、二〇一九年五月)がある。ただ、やはりその分析は国内での統制機能にとどまっている。
(22) 中河与一「『新日本文化の会』の仕事」(『ホームライフ』三巻九号、一九三七年九月)。
(23) 芝崎厚士『近代日本と国際文化交流』(前掲)七一頁。
(24) 『戦前の情報機構要覧　情報委員会から情報局まで』(一九六四年三月、『言論統制文献資料集成』二〇、日本図書センター、一九九二年二月)。
(25) 『情報局関係極秘資料』(六巻、及び七巻、二〇〇三年九月)。思想戦講習会については佐藤卓己「総力戦体制と思想戦の言説空間」(吉見俊哉編『一九三〇年代のメディアと身体』青弓社、二〇〇二年三月)で内容が検討、戦後のつながりが論じられている。その実践への結びつきを問う必要がある。
(26) 太田七郎稿「支那事変ニ関連シ文化工作ニ付テノ各方面ノ意見(文化事業部第一課、一九三七年一〇月)」(粟屋憲太郎、茶谷誠一編『日中戦争　対中国情報戦史料』一巻、現代史料出版、二〇〇〇年一月)。

(27) 蝋山政道「文化問題としての日支関係 下」(『読売新聞』一九三七年九月三〇日夕刊)。

(28) 「大東亜戦争ニ対スル情報宣伝大綱(一九四一年一二月)」(『戦前の情報機構要覧 情報委員会から情報局まで』前掲)二九二~二九九頁。

(29) 本庄比佐子、内山雅生、久保亨編『興亜院と戦時中国調査』(岩波書店、二〇〇二年一一月)。

(30) 外交問題研究会編『松岡外相演説集』(日本国際協会、一九四一年六月)。

(31) 企画院「大東亜建設基本方策(大東亜建設審議会答申 一九四二年七月)」(JACAR:C12120393500)。

(32) 宣伝戦研究所「高嶋少将史料 宣伝戦根本方策大綱 宣伝戦研究所の関与・実施せんとする要綱」(一九四三年一二月、JACAR:C14010458400)。

(33) 日本文化会館についての先行研究としては、藤岡洋保、朝田十太「「文化会館」の系譜」(『日本建築学会計画系論文集』五二四号、一九九九年一〇月)が参考となる。

(34) 寺見元恵「日本軍に夢をかけた人々」(池端雪浦『日本占領下のフィリピン』岩波書店、一九九六年七月)。

(35) 吉田三郎『思想戦』(国民精神文化研究所、一九四一年三月)六〇頁。

(36) ニューヨーク日本文化会館蔵書については拙著『書物の日米関係』(新曜社、二〇〇七年二月)、ハノイ日本文化会館については本書第四章、及び第五章を参照。

(37) 拙著『書物の日米関係』(前掲)。

(38) この移動図書館の運営やその後については拙著『書物の日米関係』(前掲)で詳しく論じている。

(39) 日高大使、重光外務大臣宛「羅馬日本文化会館敷地ノ件」(一九四三年八月一九日、JACAR:B04012362200)。

(40) 藤原貞朗『オリエンタリストの憂鬱』(めこん、二〇〇八年一一月)、桑原規子「国際文化事業から対外文化工作へ 一九四一年の国際文化振興会主催「仏印巡回現代日本画展覧会」」(五十殿利治編『帝

国と美術』国書刊行会、二〇一〇年一一月）所収。
（41）小松清「南方映画工作序論」（『東亜文化圏』一巻七号、一九四二年八月）。
（42）蘆原英了「仏印に於ける日本語教育」（『日本語』四巻八号、一九四四年八月）。
（43）ジョゼフ・ナイ『ソフト・パワー』（山岡洋一訳、日本経済新聞社、二〇〇四年九月）二六頁。
（44）金子将史・北野充編『パブリック・ディプロマシー』（ＰＨＰ研究所、二〇〇七年一〇月）。
（45）芝崎厚士『国際文化交流と近現代日本』（有信堂高文社、二〇二〇年二月）では、二〇一〇年前後から、グローバル化した市場経済の中で経済戦略としての観点から文化外交論への関心が高まっていったとする。そのうえで、こうした関心と、国家の理念や目的が具体的にどう結びつきあっているのかをとらえる必要を指摘している。
（46）宣伝戦研究所「高嶋少将史料　宣伝戦根本方策大綱　宣伝戦研究所の関与・実施せんとする要綱」（前掲）。
（47）吉田三郎「文化戦の根基」（『東亜文化圏』一巻六号、一九四二年七月）。
（48）吉見俊哉「メディアを語る言説」（『内破する知』東京大学出版会、二〇〇〇年四月）、「民族社会学のナショナリティと宣伝学の知」（福間良明『辺境に映る日本』柏書房、二〇〇三年七月）、佐藤卓己『ファシスト的公共性』（岩波書店、二〇一八年四月）。
（49）アーロン・Ｓ・モーア『「大東亜」を建設する』（塚原東吾訳、人文書院、二〇一九年一二月）。
（50）樺俊雄『文化と技術』（鮎書房、一九四三年八月）。
（51）青年文化協会『青年文化協会事業報告』（青年文化協会、一九四一年一二月）、同第二集（青年文化協会、一九四三年四月）。

第一部　国内の文化統制から対外文化工作へ

第一章　再編される学知とその広がり──戦時下の国文学研究から

（1）「国務大臣に対する質疑」（『官報号外』一九三四年一月二十四日、衆議院議事速記録第三号）。
（2）西郷信綱「日本的といふことに就ての反省」（『国語と国文学』二三巻三号、一九四六年三月）。
（3）近藤忠義「国文学再建のために」（『国語と国文学』二三巻三号、一九四六年三月）。
（4）村井紀「文学者の十五年戦争」（『批評空間』一六号、一八号、一九九八年一月、七月）。
（5）品田悦一『万葉集の発明』（新曜社、二〇〇一年二月）やハルオ・シラネ他編『創造された古典』（新曜社、一九九九年四月）等の試みが指摘されよう。
（6）安田敏朗『植民地のなかの「国語学」』（三元社、一九九八年八月）、同『「国語」の近代』（中央公論新社、二〇〇六年一二月）、駒込武『植民地帝国日本の文化統合』（岩波書店、一九九六年三月）、中生勝美『近代日本の人類学史』（風響社、二〇一六年三月）やヨーゼフ・クライナー編『日本民族学の戦前と戦後』（東京堂出版、二〇一三年三月）など。
（7）駒込武他編『戦時下学問の統制と動員　日本諸学振興委員会の研究』（東京大学出版会、二〇一一年三月）。
（8）坪井秀人「〈国文学〉者の自己点検」（『日本文学』九巻一号、二〇〇〇年一月）。
（9）笹沼俊暁『「国文学」の思想』（学術出版会、二〇〇六年二月）、及び『「国文学」の戦後空間』（学術出版会、二〇一二年九月）。
（10）この時期の教育への統制については荻野富士夫『戦前文部省の治安機能　「思想統制」から「教学錬成」へ』（校倉書房、二〇〇七年七月）が詳しい。
（11）「日本諸学振興委員会規程」（『官報』一九三六年九月一一日）。
（12）駒込武他編『戦時下学問の統制と動員　日本諸学振興委員会の研究』（前掲）。駒込は同書で人文科学における科学研究費の配分が戦時下に始まったことに注意を向けている。研究に対する支援と統制との連続性をそこに見ることができよう。

(13) 木戸幸一「学会挨拶」、藤村作「明治以降の国文学界」(『日本諸学振興委員会研究報告　第三編（国語国文学）』教学局、一九三八年三月）所収。

(14) 『明治文学研究』では「各大学専門学校に於ける明治文学研究の現状」を創刊号（一九三五年一月）から掲載している。

(15) 石山徹郎「国文学界の諸学派」(『国文国史』一九三七年三月)。

(16) 藤村作「古典文学と国語教育」(国語教育学会編『日本文学の本質と国語教育』岩波書店、一九三五年三月）所収。

(17) 蓑田胸喜や、三井甲之ら原理日本社の思想と当時の大学批判の動向についての研究に竹内洋、佐藤卓己『日本主義的教養の時代　大学批判の古層』(柏書房、二〇〇六年二月）がある。

(18) 岡崎義恵『日本文芸の様式』(岩波書店、一九三九年九月）一七〇頁。岡崎は同名の講演を一九三七年教学局主催の日本文化研究講習会で行い、『日本文芸の様式』(教学局、一九三八年三月）として刊行している。また、戦後は「文芸的価値といふやうなものは、結局社会的変動の為にはどのやうにでも変つてゆく」とそれまでの自身の考えを批判する（「日本文芸学の将来」『国語と国文学』二三巻三号、一九四六年三月）。

(19) 戸坂潤「日本イデオロギー論」(『戸坂潤全集　第二巻』勁草書房、一九六六年二月)。

(20) 戸坂潤「日本の民衆と「日本的」なるもの」(『戸坂潤全集　第四巻』勁草書房、一九六六年七月）二〇七頁。

(21) 戸坂潤「思想動員論」(『戸坂潤全集　第五巻』勁草書房、一九六七年二月)。

(22) 「第七四回帝国議会衆議院議事速記録第三一号」(『官報　号外』一九三九年三月二五日)。

(23) 「文部省訓令　第二九号」(『官報』一九四〇年一二月二四日)。

(24) 早稲田大学大学史編集所編『早稲田大学百年史　第三巻』(早稲田大学出版部、一九八七年三月)。

(25) 早稲田大学大学史編集所編『早稲田大学百年史　第四巻』(早稲田大学出版部、一九九二年一二月)四八頁。
(26) 早稲田大学第一・第二文学部編『早稲田大学文学部百年史』(早稲田大学第一・第二文学部、一九九二年九月)一九六頁。
(27) 五十嵐力「古文学に現れたる日本精神」(文部省教学局編『教学叢書　第十輯』、一九四一年四月)所収。
(28) 岡一男「東亜の新情勢に対応する国文学の任務」(教学局『日本諸学振興委員会研究報告　第三編(国語国文学)』一九三八年三月)所収。早稲田大学からはまた、岩本堅一が一九四二年六月に報告、国民性と随筆を写実という概念で結び、その内容は後に『日本文学の写実精神』(中央公論社、一九四三年二月)として刊行されている。
(29) 岡一男「明治における文学史研究　藤岡作太郎博士から五十嵐力博士へ」(『国語と国文学』四二巻一〇号、一九六五年十月)。
(30) 五十嵐力「国文学研究上の第一着眼点」(『国文学研究』一二年一号、一九四四年九月)。
(31) 五十嵐力『新国文学史』(早稲田大学出版部、一九一二年五月)一〇四頁。
(32) 五十嵐力「教科書の編者として見たる坪内先生」(五十嵐力『六十一茎集』早稲田大学出版部、一九三五年一一月)。
(33) 五十嵐力編『純正国語読本　巻一〜八』(早稲田大学出版部、一九二九年八月)。
(34) 文部省編『国体の本義』(文部省、一九三七年三月)九三頁。
(35) 五十嵐力『純正国語読本編纂趣意書』(早稲田大学出版部、一九三二年一二月)九頁。
(36) 五十嵐力『省労抄　純正国語読本参考書　巻一』(早稲田大学出版部、一九二九年一月)七三頁、二三〇頁。巻十まで、十冊にわたって刊行されている。
(37) 前掲の『純正国語読本編纂趣意書』には「純正国語読本御採用校一覧表」として一七四校の校名を掲げた表が掲載されている。

(38) こうした情報の流通という視点からの調査、研究方法については拙著『読書の歴史を問う』(笠間書院、二〇一四年七月)を参照。
(39) 石黒修「支那に対する日本語普及と教科用書編纂」(『教育』八巻二号、一九四〇年二月)。
(40) 吉岡英幸「早稲田国際学院の日本語教育」(『早稲田大学日本語教育センター紀要』一一号、一九九八年六月)。
(41) 名取順一「在米日系第二世の思想と日本精神」(『在外邦人第二世問題』移民問題研究会、一九四〇年三月)。
(42) 「起つた日系二世」(『早稲田大学新聞』一九四二年四月二九日)。
(43) 柳田泉『明治・大正の海洋文学』(くろがね会、一九四二年三月)。
(44) 柳田泉『海洋文学と南進思想』(日本放送出版協会、一九四二年一一月)一〇三頁。
(45) 柳田泉『南進思想の文学について』(南洋資料二四七号、南洋経済研究所、一九四三年八月)。
(46) 南洋文学の研究で成果をあげた神谷忠孝は、柳田の研究について「戦争への協力という内容ではなく、実証的であり、文学史的価値は失われていない」と評価しており(「「南進」文学の系譜ノート」『基督教文化研究所研究年報』一九八三年)、また土屋忍はこれまでの南洋研究をあとづけていく中で、「南洋文学研究の嚆矢」として位置づけている(『南洋文学の生成』新典社、二〇一三年九月)。
(47) 「吉江喬松年譜」(西条八十他編『吉江喬松全集　第六巻』白水社、一九四一年一二月)。
(48) 吉江喬松「海洋文芸論」(西条八十他編『吉江喬松全集　第四巻』白水社、一九四一年八月)二九一頁。
(49) 吉江喬松編『心を清くする話』(新潮社、一九三九年一一月)。
(50) 吉江喬松「『心を清くする話』について」(『新日本少年少女新聞』三号、新潮社、一九三九年一一月七日)。
(51) 家永三郎『津田左右吉の思想』(岩波書店、一九七二年六月)。
(52) 早稲田大学大学史編集所編『早稲田大学百年史　第三巻』(前掲)。

(53)暉峻康隆『文学の系譜』(古今書院、一九四一年四月)一一頁。
(54)暉峻康隆『文学の系譜』(前掲)二八六頁。
(55)稲垣達郎『作家の肖像』(大観堂、一九四一年五月)。小泉信三の鴎外論(『大学生活』岩波書店、一九三九年一二月)の指摘を承ける形で展開されている。
(56)稲垣達郎「文学の一念と自己の真実」(『早稲田文学』一二巻一号、一九四五年二月)。
(57)例えば佐藤良邦「日本近代リアリズムの特質」(『国文学研究』六集、一九三六年六月)はかなり図式的な唯物史観による文学史記述であり、対極的なものとしては国策への積極的参加を呼びかける鵜月洋「類型文学論」(『国文学研究』一七集、一九四一年一二月)などがあげられよう。
(58)西尾実「国語国文学特別学会所感」(『日本諸学』二号、一九四二年一〇月)。
(59)羽仁新五「国文学研究法に対する二三の反省」(『国文学研究』一四輯、一九四〇年六月)、同「古典評価考再論」(『国文学研究』一八集、一九四三年一二月)。
(60)玉井敬之「ある近代文学者の軌跡」(『漱石研究への道』桜楓社、一九八八年六月)。
(61)この変化については、戦後の羽仁の仕事も視野に入れつつ肯定的な可能性を見ようとする玉井敬之(前掲)の論点があることも付記しておきたい。
(62)窪田空穂(通治)についてはは十分言及することができなかったが、田渕久美子『窪田空穂「評釈」の可能性』(岩波書店、二〇二一年六月)が、空穂の研究方法を時代背景とともに析出しており、示唆に富む。
(63)戸坂潤「日本イデオロギー論」(前掲)。
(64)暉峻康隆「近世小説における挿絵の位相」(『国文学研究』一二年一号、一九四四年九月)。

第二章　読書の統制と指導―読書傾向調査の時代

(1)川越淳二『戦時期早稲田大学学生読書調査報告書』(不二出版、二〇二一年一二月)として刊行。

（2）「故川越淳二所長略歴・業績目録」（『愛知大学綜合郷土研究所紀要』三九号、一九九四年三月）。

（3）図書館の閲覧、利用者統計にも、この時期には具体的な書名や著者名を伴うデータが見られる場合がある。早稲田大学図書館の場合、「学生図書閲覧成績調査」（『図書館雑誌』二四六号、一九四〇年七月）でそうしたデータが公開されている。ただし、早稲田大学図書館の場合、こうした詳しい調査資料は一九四〇年一一月の報告のみしか大学には保存されていない。これら遺されている戦時期の早稲田大学図書館の資料については拙論「大学図書館文書からうかがえる戦中・占領期の図書没収『戦時期早稲田大学学生読書調査報告書』復刻補遺」（『リテラシー史研究』一五号、二〇二二年一月）を参照されたい。

（4）早稲田大学図書館「学生図書閲覧成績調査」（『図書館雑誌』前掲）がある。

（5）奥泉和久「戦前の図書館における「読書指導」の導入について　1935～1940年」（『図書館界』四四巻一号、一九九二年五月）、同「戦時下における「読書指導」の展開」（『図書館界』四六巻一号、一九九四年五月）、高岡裕之編『資料集総力戦と文化　第二巻』（大月書店、二〇〇一年四月）、山梨あや『近代日本における読書と社会教育』（法政大学出版局、二〇一一年二月）。

（6）中野綾子「戦時下学生の読書行為　戦場と読書が結びつくとき」（『日本文学』六一巻一一号、二〇一二年一一月）、同「〈柔らかな統制〉としての推薦図書制度　文部省及び日本出版文化協会における読書統制をめぐって」（『Intelligence』一五号、二〇一五年三月）。

（7）石川春江「勤労青少年の図書群について（乾）」（『図書館雑誌』二八一号、一九四三年四月）、同「勤労青少年の図書群について（坤）」（『図書館雑誌』二八二号、一九四三年五月）、「勤労青年の読書生活」（『教育』一一巻三号、一九四三年三月）。

（8）信濃毎日学芸部編『農村青年報告　第二輯』（竹村書房、一九四〇年三月）一一九頁。

（9）大澤益二郎「青年学校生徒の読書傾向に就て」（『教育』一一巻三号、一九四三年三月）。

（10）日本出版文化協会の機関誌として『日本読書新聞』が再発足してく経緯については吉田則昭『戦時統制とジャーナリズム』（昭和堂、二〇一〇年六月）が詳しい。

(11)『日本読書新聞』の記事、及び本稿での引用論文以外に、桐原葆見「青年の読書に関する調査」(『労働科学研究』一六巻八号、一九三九年九月)、田島清「図書館利用状況調査報告」(『図書館雑誌』二四六号、一九四〇年五月)、高橋慎一「工場における読書指導」(『図書館雑誌』二六九号、一九四二年四月)、日本放送協会『農村文化の課題』(日本放送協会、一九四四年一二月)、労働科学研究所編『青少年の勤労生活観』(大阪屋号書店、一九四二年七月)を参照した。

(12)堀内庸村『国民読書と読書群』(青年文化振興会、一九四三年五月)。

(13)堀内庸村『国民読書と読書群』(前掲)四五~五九頁。三冊は島影盟『読書の技術』(教材社、一九四〇年八月)、加田哲二編『何を読むべきか』(慶應出版社、一九四一年九月)、田中菊雄『現代読書法』(柁谷書院、一九四二年一月)。

(14)永末十四雄『日本公共図書館の形成』(日本図書館協会、一九八四年四月)三二九頁。一方、松下浩幸「戦時下の国民読書運動」(『日本文学』六五巻一一号、二〇一六年一一月)は中田の読書指導の思想に、後の国民読書運動にはらまれた階層性や選民意識に結びつきかねない要素があった点を指摘している。

(15)中田邦造「農村民教養の現状と読書指導　石川郡米丸村読物調査の結果に鑑みて」(『石川県立図書館月報』七六~七八号、一九三〇年七月~九月)。

(16)中田邦造「石川群北部読書学級の成立」(『石川県図書館協会報』二三号、一九三二年三月)。

(17)中田邦造「図書館の対象学について」(『図書館研究』一一巻一号、一九三八年一月)。ここでいう「対象」とは利用者、読者を指す。

(18)奥泉和久「戦前の図書館における「読書指導」の導入について　1935 ~ 1940 年」(前掲)。

(19)「文部大臣諮問答申」(『図書館雑誌』二二四号、一九三八年七月)。

(20)「大政翼賛会実施要綱」、「実践要綱基本解説」(一九四一年八月)(北川賢三編『資料集総力戦と文化』第一巻、大月書店、二〇〇〇年一二月)。

(21)岸田国士「文化機構の一翼としての図書館の使命に就いて」(『図書館雑誌』二五八号、一九四一年六月)。
(22) 日本図書館協会「大東亜共栄圏建設と国民読書指導方策」(『図書館雑誌』二七一号、一九四二年六月)。
(23) 有山崧「金沢市に於ける文部省主催「読書会指導に関す研究協議会」」(『図書館雑誌』二七六号、一九四二年一一月)。
(24) 文部省社会教育局編『読書会指導要綱』(文部省、一九四二年九月)二、一五頁。
(25) 梶井重雄「読書発表会　清明塾青少年文庫」(『図書館雑誌』二七六号、一九四二年一一月)。
(26) 有山崧「金沢市に於ける文部省主催「読書会指導に関す研究協議会」」(前掲)。
(27) 「戦力増強の糧に　国民読書運動を展開します」(『大政翼賛』一四〇号、一九四三年一一月)。
(28) 堀内庸村『国民読書と読書群』(前掲)二七〇頁。
(29) 東京市社会局庶務課編『小学児童思想及読書傾向調査』(東京市社会局庶務課、一九二六年三月)。当時、東京帝国大学で社会学の戸田貞三の指導を受けていた。
(30) 日本図書館協会『図書館における読書傾向調査』(日本図書館協会、一九三四年三月)一頁、及び松本喜一による序。
(31) 日本図書館協会『職業婦人読書傾向調査』(日本図書館協会、一九三五年三月)、同『労務者読書傾向調査』(日本図書館協会、一九三六年三月)。
(32) 駿河台図書館「児童の学年(年齢)と読書傾向」(『東京市立図書館と其の事業』一九三三年三月)、京橋図書館「こどもはどんな本を好んで読むか」(『東京市立図書館と其の事業』一九三四年三月)。
(33) 松本金寿、安積すみ江「女学校生徒に於ける課外読物の一調査」(『教育』四巻四号、一九三六年四月)、同「小学校児童に於ける課外読物の一調査」(『教育』四巻一一号、一九三六年一一月)。
(34) 文部省「学生生活に関する調査」(『思想調査資料』三二集、一九三六年八月)、思想調査資料集成刊行会編『文部省思想局思想調査資料集成』九巻、一九八一年六月)所収。
(35) 教学局『学生生徒生活調査』(教学局、一九三八年一一月調査)。
(36) 「全国学生生徒生活調査」(『日本読書新聞』一九三九年一〇月五日)。

(37) 村田隆興「児童読物の調査及び選択に就いて」(『教育』四巻四号、一九三六年四月)。
(38) 「卑俗な子供雑誌に〝浄化せよ〟と警告」(『朝日新聞』一九三八年八月二八日夕刊)。
(39) 平澤薫「児童図書推薦と読物調査について」(『社会教育』一一巻八号、一九四〇年八月)。
(40) 井本農一「推薦図書に関する出版関係者懇談会開催にふれて」(『社会教育』一〇巻九号、一九三九年九月)。
(41) 平澤薫「文部省推薦児童図書の読書状況調査について」(『図書館雑誌』二五三号、一九四一年一月)。
(42) 江尻総四郎「学童の読物調査　秋田市児童の読書傾向の概観と指導態度」(『教育』八巻二号、一九四〇年二月)。
(43) 飯島篤信「勤労青年の読書傾向」(『青少年指導』一九四一年八月)。
(44) 石川春江「勤労青少年の図書群について(坤)」(前掲)。
(45) 鈴木舜一『勤労文化』(東洋書館、一九四二年二月)一八七頁。
(46) 板垣邦子『昭和戦前・戦中期の農村生活　雑誌『家の光』にみる』(三嶺書房、一九九二年二月)、河内聡子『雑誌『家の光』の研究』(博士論文、東北大学、二〇一五年)。
(47) 栃折好一「農村における読書指導　農村読書指導状況調査を中心に」(『産業組合』四一七号、一九四三年一月)。
(48) 宮部一郎「協同読書運動に就て」(『産業組合』四四〇号、一九四二年六月)。
(49) 鷹野良宏『青年学校史』(三一書房、一九九二年一〇月)。
(50) 高橋慎一「工場における読書指導　山口文庫を中心として」(『図書館雑誌』二六九号、一九四二年四月)。
(51) 「岐阜第二中学校の調査報告」(『日本読書新聞』一九四〇年五月二五日)。
(52) 『図書館雑誌』(三六巻九号、一九四二年九月)。
(53) 文部省社会教育局編『読書会指導要綱』(前掲)一六、一七頁。
(54) 文部省社会教育局編『読書会指導要綱』(前掲)一九頁。

(55)「適書推薦と個人別閲覧票・読書日録　町村図書館の社会的働（3）」（『石川県立図書館月報』一三一号、一九三五年二月）。
(56)日本図書館協会編『読書日録』（日本図書館協会、一九四二年一一月）一頁。
(57)岸田国士「文化機構の一翼としての図書館の使命に就いて」（前掲）。
(58)宮部一郎「協同読書運動に就て」（前掲）。
(59)坂本一郎『子供の読書と文化』（岩崎書店、一九五六年一二月）。
(60)堀内庸村『国民読書と図書群』（前掲）二六六頁。
(61)中田邦造「開拓地の黎明　待望裡に生れた満州開拓読書協会」（『日本読書新聞』一九四三年一二月一一日）。
(62)東田平治『私の読書会経営』（有朋堂、一九四四年七月）、また、杉森久英「大政翼賛会前後　10「赤」の時代」（『諸君』二〇巻三号～六号、一九八八年三月から六月）。
(63)奥泉和久「戦時下における「読書指導」の展開」（前掲）。
(64)山梨あや『近代日本における読書と社会教育』（前掲）。

第三章　「東亜文化圏」という思想——文化工作の現場から

(1)神谷忠孝、木村一信『南方徴用作家』（世界思想社、一九九六年三月）。
(2)「大陸文化工作の使命を帯び大鹿、水谷、窪田三氏渡支」（『東亜文化圏』三巻三号、一九四四年三月）。
(3)『東亜文化圏』については、池田浩士「「大東亜共栄圏文化」とその担い手たち」（同編『大東亜共栄圏の文化建設』人文書院、二〇〇七年二月）が、主に雑誌内容についてふれており、文化工作の実践性や、理念とのずれに注意を喚起している。
(4)「大東亜省、情報局間ノ協力並ニ事務分界ニ関スル大東亜次官、情報局次長申合（一九四三年三月）」（『戦前の情報機構要覧　情報委員会から情報局まで』一九六四年三月、『言論統制文献資料集成』二

（5）　〇、日本図書センター、一九九二年二月）。
日本語教育振興会の関係資料は、東京外国語大学日本研究センターで所蔵、公開されている。それらを用いて同会の日本語普及事業について論じたものとして河路由佳『日本語教育と戦争』（新曜社、二〇一一年一一月）がある。

（6）　「事業報告」（秋葉健編『青年文化協会事業報告　第二輯』一九四三年四月）。

（7）　坂元さおり「日本近代文学における〈ネイティヴ〉の表象―大鹿卓『野蛮人』を中心に」（『プロブレマティーク　文学／教育』四、二〇〇三年七月）、河原功『台湾新文学運動の展開』（研文出版、一九九七年一一月）など。

（8）　中国での取材活動については、当時のエピソードも交えて水谷清「上海の頃」（『文芸日本』一九五三年三月）からもうかがうことができる。

（9）　「事業報告」（秋葉健編『青年文化協会事業報告　第二輯』前掲）。

（10）　青年文化協会の日本語普及事業については、前掲の事業報告をもとに長谷川恒雄『第2次大戦期　興亜院の日本語教育に関する調査研究』（二〇〇五年三月、基盤研究B（1）研究成果報告書）が論じている。

（11）　柳沢健「国際文化事業とは何ぞや」（『外交時報』七〇四号、一九三四年四月一日）。

（12）　秋葉健編『青年文化協会事業報告　第二輯』（前掲）一四頁。

（13）　外国人留学生の支援機関には一九三五年設立の国際学友会があり、その日本語教育への関わりについて河路由佳『日本語教育と戦争』（前掲）が詳しく論じてる。

（14）　青年文化協会編『日本語練習用日本語基本文型』（国語文化研究所、一九四二年一〇月）。

（15）　秋葉健編『青年文化協会事業報告　第二輯』（前掲）六三頁。

（16）　蝋山政道「文化問題としての日支関係　下」（『読売新聞』一九三七年九月三〇日夕刊）。

（17）　「思想戦展覧会要綱（一九三九年一一月九日）」（『戦前の情報機構要覧　情報委員会から情報局まで』前掲）一五八頁。

(18) 秋葉健編『青年文化協会事業報告　第二輯』(前掲)一頁、一〇頁。

(19) 阿部市五郎『地政治学入門』(古今書院、一九三三年一一月)、チェレーン『生活形態としての国家』(阿部市五郎訳、叢文閣、一九三六年一二月)。阿部については高木彰彦『日本における地政学の受容と展開』(九州大学出版会、二〇二〇年三月)に詳しい。

(20) 小原敬士『社会地理学の基礎問題』(古今書院、一九三六年一二月)。

(21) 波多野澄雄「「東亜新秩序」と地政学」(三輪公忠編『日本の一九三〇年代』彩光社、一九八〇年五月)所収、高木彰彦『日本における地政学の受容と展開』(前掲)、柴田陽一『帝国日本と地政学』(清文堂、二〇一六年三月)。

(22) 高木彰彦『日本における地政学の受容と展開』(前掲)。

(23) 柴田陽一『帝国日本と地政学』(前掲)。

(24) 「巻頭言　大東亜戦争二周年に際し思想戦体制確立を要請す」(『東亜文化圏』二巻一二号、一九四三年一二月)。

(25) 「設立趣旨」(青年文化協会『青年文化協会事業報告』(青年文化協会、一九四一年一二月)。

(26) 小牧実繁「西方アジアの地政学的考察」(『東亜文化圏』一巻五号、一九四二年六月)。

(27) 室賀信夫「日本地政学と教育」(『東亜文化圏』一巻九号、一九四二年一〇月)。

(28) 吉見俊哉「メディアを語る言説」(『内破する知』東京大学出版会、二〇〇〇年四月)。

(29) 福間良明「民族社会学のナショナリティと宣伝学の知」(『辺境に映る日本』柏書房、二〇〇三年七月)。

(30) 佐藤卓己『ファシスト的公共性』(岩波書店、二〇一八年四月)は、小山栄三の戦中の研究と、戦後のマスコミュニケーション研究への連続性を指摘する。これら学知に戦後明確な批判が向けられなかったのは、その学知と、それを広げていく実践との結びつきがとらえられてこなかったがゆえではなかろうか。

(31) 米山桂三「転換期に於ける政治的宣伝の研究」(『法学研究』一八巻二号、一九三九年八月)。ここでは、ファシスト的宣伝、革命主義的宣伝、民主主義的宣伝、保守主義的宣伝の四分類がなされている。

(32) 米山桂三「思想戦としての宣伝戦とわが国宣伝の向ふべき方向」(『東亜文化圏』一巻一〇号、一九四二年一一月)。
(33) 志村陸城「対外文化政策の問題」(『東亜文化圏』一巻二号、一九四二年三月)。
(34) 津田左右吉『支那思想と日本』(岩波書店、一九三八年一一月)。小野清一郎「東洋は存在しないか」(『中央公論』一九三九年一一月)、同『日本法理の自覚的展開』(有斐閣、一九四二年一二月)。
(35) 青木節一「亜細亜諸国に対する文化工作」(『新亜細亜』一九三九年一二月)。
(36) 中生勝美「戦時中の日本民族学　岡正雄の民族研究所」(ヨーゼフ・クライナー編『日本民族学の戦前と戦後』東京堂出版、二〇一三年三月)。
(37) 駒込武『植民地帝国日本の文化統合』(岩波書店、一九九六年三月)。
(38) 輿水実「南方日本語対策」(『東亜文化圏』一巻六号、一九四二年七月)。
(39)「財団法人日本語教育振興会　沿革及事業概要(一九四四年一〇月現在)」(河路由佳『日本語教育と戦争』前掲)。
(40) 日本語教育振興会『日本語教育振興会役員及職員名簿(一九四一年一〇月一〇日現在)』(「戦前・戦中・占領期日本語教育資料」東京外国語大学日本研究センター所蔵)。
(41) 宮武正道「南方に於ける日本語工作の問題」(『東亜文化圏』一巻六号、一九四二年七月)。
(42) 大岩誠「映画の政治性」(『東亜文化圏』一巻七号、一九四二年八月)。
(43) 津村秀夫「世界第二次大戦とアメリカ映画企業の行方」(『東亜文化圏』一巻七号、一九四二年八月)。
(44) 小松清「南方映画工作序論」(『東亜文化圏』一巻七号、一九四二年八月)。
(45) 鈴木寿雅「比律賓の映画と映画工作　宣伝班の映画工作を回顧して」(『東亜文化圏』二巻二号、一九四三年二月)。
(46) 市川彩『アジア映画の創造及建設』(国際映画通信社、一九四一年一一月)。
(47) 藤田徳太郎「大東亜文化工作の現状」(『東亜文化圏』三巻四号、一九四四年四月)。
(48) 国際文化振興会編『現代日本文学解題』(国際文化振興会、一九三八年二月)、Kan Kikuchi, *History*

and Trends of Modern Japanese Literature, KBS, 1936.

(49) 窪田雅昭、藤村又彦他「文化時評　対外出版物の方向」(『東亜文化圏』二巻九号、一九四三年九月)。

(50)「海外向文学作品決定報告」(『国際文化』二九号、一九四四年一月)。

(51) 窪田雅昭、藤村又彦他「文化時評　対外出版物の方向」(前掲)。

(52) 鈴木善一「東亜青年文化運動運動の提唱」(『東亜文化圏』二巻六号、一九四三年六月)。

(53) 南風「編集後記」(『東亜文化圏』一巻五号、一九四二年六月)。

(54) 石井正則「仏印の内幕」(『東亜文化圏』二巻一一号、一九四三年一一月)。

(55) 尾崎士郎「比島の文化工作」(『東亜文化圏』二巻二号、一九四三年二月)、塚原四郎「大言壮語は禁物」(『東亜文化圏』二巻一一号、一九四三年一一月)。

(56)「編集後記」(『東亜文化圏』二巻一一号、一九四三年一一月)。

(57)「編集後記」(『東亜文化圏』三巻一号、一九四四年一月)、「本会今年の計画」(『東亜文化圏』二巻一号、一九四三年一月)。

(58)「編集後記」(『東亜文化圏』三巻三号、一九四四年三月)。

(59) 鈴木善一「東亜青年文化運動の提唱」(『東亜文化圏』二巻六号、一九四三年六月)。

(60) 鈴木善一「東亜青年文化運動の提唱」(前掲)。

(61)「巻頭言　民間人材を活用せよ」(『東亜文化圏』二巻一一号、一九四三年一一月)。

(62)「巻頭言　文化戦闘員の現地派遣に就いて」(『東亜文化圏』三巻七号、一九四四年七月)。

第二部　外地日本語蔵書から文化工作をとらえる

第四章　アジアをめぐる日仏の文化工作—ベトナムに遺された日本語資料

(1) 和田敦彦「ベトナム社会科学院所蔵・旧フランス極東学院資料　共同研究と調査の進展」(『リテラシ

ー史研究』九号、二〇一六年一月)、同「ベトナム社会科学院所蔵・旧フランス極東学院日本語資料調査　共同研究成果報告」(『リテラシー史研究』一二号、二〇一九年一月)。

(2) 拙著『書物の日米関係』(新曜社、二〇〇七年二月)、同『越境する書物』(新曜社、二〇一一年八月)参照。

(3) CEAL Statistic Database, (https://ceal.unit.ku.edu/) 二〇二〇年一二月参照。

(4) Takaki, Yasaka, *A Survey of Japanese Collections in the United States*, Institute of Pacific Relations, 1935. 松宮一也『日本語の世界的進出』(婦女界社、一九四二年一〇月)。高木の調査の詳細は拙著『越境する書物』(前掲)で論じている。

(5) タイ日本文化会館の事業計画案やその経緯については松宮一也『日本語の世界的進出』(前掲)に詳しい。

(6) 松宮一也『日暹文化事業実施並調査報告書』(一九三八年一一月、「戦前・戦中・占領期日本語教育資料」東京外国語大学日本研究センター所蔵)。

(7) 市川健二郎「日泰文化協定をめぐる異文化摩擦」(『大正大学研究紀要 人間学部・文学部』七九号、一九九四年三月)。

(8) 加納寛「1942年日泰文化協定をめぐる文化交流と文化政策」(『愛知大学国際問題研究所紀要』一一五号、二〇〇一年三月)。

(9) 平等通照『我が家の日泰通信』(印度学研究所、一九七九年一二月)。柳沢健『巴里を語る』(中央公論社、一九二九年一〇月)。平等によれば菊池寛の『父帰る』や『恩讐の彼方に』の泰語訳刊行や、『山田長政』の劇作がなされている。

(10) 柳沢健『泰国と日本文化』(不二書房、一九四三年四月)。

(11) ポール・ドミエヴィル「フランスにおけるシナ学研究の歴史的展望　下」(川勝義雄・興善宏訳『東方学』三四号、一九六七年六月)。

(12) 山下太郎「極東フランス学院図書館に就て」(『図書館雑誌』二五七号、一九四一年四月)。

(13) 藤原貞朗『オリエンタリストの憂鬱』(めこん、二〇〇八年一二月)。
(14) L. Aurousseau, "Claude Eugène Maitre", *le Bulletin de l'École française d'Extrême-Orient* XXV, 1925.
(15) クリストフ・マルケ「雑誌『Japon et Extrême-Orient／日本と極東』と1920年代フランスにおける日本学の萌芽」(人見有羽子訳、『日仏文化』八三号、二〇一四年一月)。また、この時期のフランスと日本の文化交流については、和田桂子他編『両大戦間の日仏文化交流』(ゆまに書房、二〇一五年三月)の諸論が参考となろう。
(16) エリセーエフについては倉田保雄『エリセーエフの生涯』(中央公論社、一九七七年四月)がある。
(17) ノエル・ペリについては杉山直治郎「ノエル・ペリーの生涯と業績」(『日仏文化』新第九集、一九四四年四月)が詳しい。またペリの能楽研究については古川久『欧米人の能楽研究』(東京女子大学学会、一九六二年一二月)の論がある。
(18) Christophe Marquet, The Hanoi French School of Asian Studies (EFEO) Library Collection of Japanese Book from the Edo and Meiji Periods: Perspectives on its Creation and its Relevance to the History of Artistic Heritage Studies,『リテラシー史研究』一四号、二〇二一年一月。
(19) Japon, l'École Française d'Extrême-Orient, Depuis Son Origine Jusqu'en 1920, *le Bulletin de l'École française d'Extrême-Orient*, XXI, 1922.
(20) 渡辺匡一「ベトナム社会科学院蔵・旧フランス極東学院日本語資料調査の経過報告　和装本資料群の特徴について」(『リテラシー史研究』一〇号、二〇一七年一月)。
(21) 杉山直治郎「日仏文化関係　起源、現状及び展望」(『日仏文化』新第五集、一九三三年一二月)。年ごとの財源ではフランスの外務省から約一二万円、日本の文部省から二万円の補助を得ている。
(22) 松崎碩子「パリ大学日本学研究所」(和田桂子他編『満鉄と日仏文化交流誌『フランス・ジャポン』』ゆまに書房、二〇一二年九月)所収。
(23) 金永鍵「遠東博古学院と印度支那研究」(『大陸』九号、一九四〇年九月)。また、この時期の金永鍵については河内聡子「金永鍵の収集資料の検討」(『リテラシー史研究』一四号、二〇二一年一月)が詳しい。
(24) 立川京一『第二次世界大戦とフランス領インドシナ』（彩流社、二〇〇〇年五月）、村上さちこ『仏印進駐』（村上覚、一九八四年九月）。
(25) 柳沢健「国際文化事業とは何ぞや」（『外交時報』七〇四号、一九三四年四月一日）、同「国際文化事業とは何ぞや（続）」（『外交時報』七〇六号、一九三四年五月一日）、三枝茂智『極東外交論策』（斯文書院、一九三三年六月）。
(26) 柳沢健「国際文化事業とは何ぞや」（前掲）。
(27) 杉山直治郎「日仏文化関係　起源、現状及び展望」（前掲）。
(28) 杉山直治郎「日仏文化関係　起源、現状及び展望」（前掲）。
(29) 「対支文化事業改善案並北平ニ於ケル文化事業振興案ニ関スル件（一九三五年九月一九日）」(JACAR：B05015129900)。
(30) 「第二近衛内閣国政基本政策　閣議決定（一九四〇）」(JACAR：B04120012700)。
(31) 関野房夫「泰国及仏領印度支那に於ける日本語教育の現状（二）」（『日本語』四巻八号、一九四四年八月）。
(32) 蘆原英了「仏印に於ける日本語教育」、小関藤一郎「南部仏印に於ける日本語学校の問題」（『日本語』三巻八号、一九四三年八月）。
(33) 藤原貞朗『オリエンタリストの憂鬱』（前掲）。
(34) 東京国立博物館編『アンコールの美術　フランス極東学院交換品目録』（東京国立博物館運営協力会、一九八八年七月）。
(35) 「仏印にも文化会館　日本との協力に数々の計画　小川総領事談」（『読売新聞』一九四二年四月二九日朝刊）。
(36) 「戦時内閣は考えず　首相言明」（『朝日新聞』一九四三年二月一九日夕刊）、及び「大東亜省追加予算を検討」（『読売新聞』一九四三年一月十二日朝刊）。

(37) 住所については中野綾子「河内日本人会会員名簿について」(『リテラシー史研究』一一号、二〇一八年一月)を参照。
(38) 横山正幸「日仏印文化交換に就て」(『日仏文化』新第九集、一九四四年三月)。
(39) 横山正幸「文化会館解散ニ関スル件(一九四六年六月三十日)」(JACAR：B04011321400)。
(40) 小牧近江『ある現代史』(法政大学出版局、一九六五年九月)一五六頁。
(41) 小牧近江『ある現代史』(前掲)、小松清『ヴェトナムの血』(河出書房、一九五四年四月)。
(42) 小牧近江『ある現代史』(前掲)二〇〇頁。
(43) 「国際会議報告　ベトナム社会科学院社会科学図書館和古書コレクション(フランス極東学院旧蔵書)その課題と可能性」(『リテラシー史研究』一四号、二〇二一年一月)。

第五章　日本を中心とした東南アジア研究へ―ハノイ日本文化会館蔵書から

(1) 金永鍵「東洋学を語る」(『新亜細亜』一四巻四号、一九四一年四月)。ただし、羽田明の名は出ておらず「父君は京都帝国大学の教授で、所謂西域文化の研究では世に知られた、学者」とある。
(2) 「羽田明博士の略歴と主要著作目録」(『西南アジア研究』三四号、一九九一年三月)。
(3) エドワード・サイード『オリエンタリズム』(今沢紀子訳、平凡社、一九八六年一〇月)。
(4) 「大東亜建設基本方策(大東亜建設審議会答申　一九四二年七月)」(JACAR：12120393500)。
(5) Noël Peri, *Le nô*, Tokio : Maison Franco-Japonaise, 1944.
(6) 「大東亜建設に処する文教政策答申　一九四二年五月二一日、大東亜建設審議会決定」(JACAR：12120393700)。
(7) 雑誌は一四四タイトル含まれる。所蔵雑誌については河内聡子「ベトナム社会科学院所蔵・旧フランス極東学院日本語資料調査　逐次刊行物の目録一覧からの検討」『リテラシー史研究』一二号、二〇一九年一月)を参照。

（8）中野綾子「所蔵資料からみる日本研究の様相　洋装本の日本十進分類法（NDC）での分類から」（『リテラシー史研究』一四号、二〇二一年一月）。中野は雑誌を含めての分類データを作成している。本書では、そこから図書のみのデータを抽出した。また分類の際に、図書に含まれるハングル等、日本語以外の資料八冊を除いた。

（9）川西正鑑『東亜地政学の構想』（実業之日本社、一九四二年三月）一頁。

（10）国松久弥『東亜共栄圏の地理』（柁谷書院、一九四三年一〇月）七二頁。

（11）吉田秀夫『国防国土学』（ダイヤモンド社、一九四二年八月）。

（12）楢崎敏雄『東亜交通論』（千倉書房、一九三九年一二月）や、『東亜交通政策要論』（ダイヤモンド社、一九四一年十一月）。

（13）藤岡啓『大東亜経済建設の構想』（アルス、一九四二年五月）。藤岡は『東京日日新聞』経済部長で、『戦時経済と其前途』（太陽閣、一九三七年一〇月）の著術がある。

（14）岡本正一『南方資源統計要覧　大南方資源地図解説』（霞ヶ関書房、一九四三年八月）や山下芳雄『南方圏の分析』（大木書房出版社、一九四二年一二月）。

（15）関野房夫「泰国及仏領印度支那に於ける日本語教育の現状（二）」（『日本語』一九四三年九月）。

（16）ハノイ日本文化会館の蔵書には「北部日本語普及会」の蔵書印をもった資料も含まれている。

（17）藤原貞朗『オリエンタリストの憂鬱』（前掲）は、EFEOがフランス文化の代表者としてアジアでの重要な役割を占めることをフランス本国には印象づけつつ、日本にそうした発信はなされていない点を指摘する。

（18）舟越康寿『東南アジヤ文化圏史』（三省堂、一九四三年五月）。

（19）杉本直治郎『阿倍仲麻呂伝研究』（育芳社、一九四〇年一二月）五頁。

（20）杉本直治郎・金永鍵『印度支那に於ける邦人発展の研究　古地図に印されたる日本河に就いて』（冨山房、一九四二年八月）。

（21）たとえば南方圏研究会『南方新建設講座』（大阪屋号書店、一九四三年四月）の幣原坦「南方建設の文化政策」などの諸論。

（22）ノエル・ペリ「日本町の研究（仏国）」、同「日本町の研究（下）」（『学生』七巻二号、三号、一九一六年二月、三月）。

（23）川島元次郎『朱印船貿易史』（内外出版、一九二一年九月）、辻善之助『海外交通史話』（東亜堂書房、一九一七年六月）。

（24）中西武夫『東亜の舞踊』（教育図書、一九四三年一月）。

（25）田辺尚雄『大東亜の音楽』（協和書房、一九四三年四月）。

（26）横山正幸「日仏印文化交換に就て」（『日仏文化』新第九集、一九四四年三月）。

（27）仏印における文学作品の翻訳については、拙著『越境する書物』（前掲）でも扱っている。

（28）柳沢健『泰国と日本文化』（不二書房、一九四三年四月）一〇四、一〇五頁。

（29）国際文化振興会『昭和十五年度事務報告書　自昭和十五年四月一日至昭和十六年三月三十一日』（国際交流基金ライブラリー所蔵）。

（30）和田清『東亜史論藪』（生活社、一九四二年一二月）。同書で和田は満蒙学を「国学」とすべきとしている。

（31）梅原末治「関東州史前文化所見」（同『東亜考古学論攷』星野書店、一九四四年七月）。

第六章　戦時下インドネシアにおける日本語文庫構築

（1）「大東亜建設に処する文教政策答申　大東亜建設審議会決定（一九四二年五月二一日）」（JACAR：C12120393700）。

（2）「目の辺りに日本の真姿」（『マニラ新聞』一九四三年五月一三日）、「南方共栄圏に芽ぐむ新文化」（『朝日新聞』一九四四年五月五日朝刊）。

（3）蘭印経済部中央統計局編『蘭印統計書 1940 年版』（大江恒太郎、中原善男訳、国際日本協会、一九四二年六月）。
（4）石沢豊『蘭印現状読本』（新潮社、一九四二年二月）。
（5）中村孝志「蘭領東印度の文化施設」（『国際文化』一八号、一九四二年二月）。
（6）門田勲「ジャワ・ボルネオの新聞」（『国際文化』二七号、一九四三年九月）。
（7）協同出版社編集部『日本出版年鑑　昭和18年版』（協同出版社、一九四三年一二月）。また、当時の出版会の経営状況については吉田則昭『戦時統制とジャーナリズム』（昭和堂、二〇一〇年六月）、佐藤卓己『キングの時代』（岩波書店、二〇〇二年九月）。
（8）『日本出版年鑑　昭和18年版』（前掲）より一九四一年七月から一年（教科書を除く数値）で合算。
（9）『小売店名簿（昭和17年12月現在）』（戸家誠編『内地外地書店名鑑』三巻、金沢文圃閣、二〇一五年八月）。
（10）村山良忠「戦前期オランダ領東インドにおける邦人経済進出の形態」（『アジア経済』二六巻三号、一九八五年三月）。
（11）外務省調査部『海外各地在留本邦人人口表　昭和十年十月一日現在』（外務省調査部、一九三六年）。
（12）外務省通商局『海外各地在留本邦人職業別表』（外務省通商局、一九二五年一〇月一日現在調）。
（13）花岡泰次「ジャワの在外指定・日本人小学校」（ジャガタラ友の会『ジャガタラ閑話』ジャガタラ友の会、一九七八年一〇月）所収。
（14）初期の邦字新聞については後藤乾一「戦前期インドネシアにおける日本人ジャーナリストの活動」（『社会科学討究』二四巻三号、一九七九年三月）や同『火の海の墓標』（時事通信社、一九七七年三月）が詳しい。
（15）谷口五郎「戦前の邦字紙」（『ジャガタラ閑話』（前掲）所収）。
（16）爪哇日報社「営業部広告」（『爪哇日報』一九二九年一月一日）。
（17）「新鮮な初夏の匂ひをつけて新刊『七月号』到着」（『爪哇日報』一九三〇年七月八日）。
（18）横浜商会「広告」（『爪哇日報』一九三一年一月一日）。

(19) 望月政治『わが国出版物輸出の歴史』(望月正捷、一九七一年四月)。ただし、同書にインドネシアでの販売活動の記載はない。
(20) 後藤乾一『昭和期日本とインドネシア』(勁草書房、一九八六年三月)。
(21) 宣伝班長の町田敬二には『戦う文化部隊』(原書房、一九六七年二月)、『ある軍人の紙碑』(芙蓉書房、一九七八年一一月)の回想がある。
(22) 南方徴用作家については、龍渓書舎から南方軍政関係史料として南方徴用作家叢書が刊行されており、関連する文学者の著作が数多く復刻されている。
(23) 大江賢次「ジャワ日本語学校建設記」(『日本語』四巻八号、一九四四年八月)や「燎原　中」(『征旗』一九四四年一一月)。
(24) 浅野晃『ジャワ戡定余話』(白水社、一九四四年一月)。
(25) 爪哇軍政監部総務部調査室『爪哇に於ける文教の概況』(龍渓書舎、一九九一年一一月)。一九四四年の報告書の復刻版、一九四三年一二月段階で作成されている。
(26) 町田敬二『戦う文化部隊』(前掲)。
(27) 門田勲「ジャワ・ボルネオの新聞」(前掲)。
(28) 「マライ版麦と兵隊　啓民文学部の事業計画」(『ジャワ新聞』一九四三年四月一六日)。
(29) 大宅壮一「南方と文化宣伝」(『日本評論』一九四四年年一月)。
(30) 大宅壮一「ジャワでの宣伝活動　(下)」(『東京新聞』一九四三年一一月一五日)。
(31) 富沢有為男『ジャワ文化戦』(日本文林社、一九四三年七月)。
(32) 爪哇軍政監部総務部調査室『爪哇に於ける文教の概況』(前掲)。
(33) 「ジャワの少年少女へ」(『ジャワ新聞』一九四三年二月五日)。
(34) 浅野晃『ジャワ戡定余話』(前掲)一四二頁。
(35) 「日配南方出張所設置要綱」(一九四三年三月)。
(36) 協同出版社編集部『日本出版年鑑　昭和18年版』(前掲)三三六頁。

（37）国際文化振興会「第一二六回理事会」（一九四四年二月四日、国際交流基金JFICライブラリー所蔵資料）。
（38）国際文化振興会「第一一四回理事会」（一九四三年一月一五日、国際交流基金JFICライブラリー所蔵資料）。
（39）「謹告　来ル二十三日ヨリ書店開業」（『ジャワ新聞』一九四三年一二月二二日）。
（40）ジャワ出版配給社「広告」（『ジャワ新聞』一九四四年六月一三日）。
（41）ジャワ出版配給社「読者の皆様にお知らせ」（『ジャワ新聞』一九四四年一〇月一六日）。
（42）谷村順蔵「読書を愉しむ心」（『ジャワ新聞』一九四四年一〇月六日）。
（43）同図書館の成立経緯については以下の論があるが、日本語蔵書についてはふれられていない。S. W. Massil, The History of the National Library of Indonesia: The Bibliographical Borobudur, *Libraryies & Culture*, Vol. 24, No.4 (Fall, 1989).
（44）町田敬二『戦う文化部隊』（前掲）二六四頁。
（45）野村秀雄『ジャワ年鑑』（ジャワ新聞社、一九四四年七月）。
（46）宣伝部内南方文化研究室「ジャワ学術文化研究機関　二」（『ジャワ新聞』一九四二年一二月二〇日）。
（47）爪哇軍政監部総務部調査室『爪哇に於ける文教の概況』（前掲）一〇九頁。
（48）浅野晃「岡倉天心「東洋の理想」」（『読書人』一九四三年二月）。
（49）戦前の岡倉天心像の生成や変化は村井則子「翻訳により生まれた作家　昭和一〇年代の日本における「岡倉天心」の創出と受容」（河野至恩・村井則子編『日本文学の翻訳と流通』勉誠出版、二〇一八年一月）に詳しい。
（50）浅野晃「岡倉天心「東洋の理想」」（前掲）。
（51）岡倉天心『東洋の理想』（浅野晃訳、創元社、一九三八年二月）。
（52）岡倉覚三『The awakening of the East』（聖文閣、一九四〇年六月）。なお、浅野この訳書も「東洋の覚醒」（『岡倉天心全集』二巻、聖文閣、一九三九年一〇月）として刊行している。

(53) 浅野晃『ジャワ戡定余話』(前掲)九四頁。
(54) 浅野晃「亜細亜は一なり (上)」(『うなばら』一九四二年五月十四日)。
(55) 岡倉天心『東洋の理想』(前掲)二頁。
(56) 井上司朗「亜細亜の文芸復興　民族結合へ逞しき歩調」(『文学報国』一九四三年九月一〇日)。
(57) 木下長宏『岡倉天心』(ミネルヴァ書房、二〇〇五年三月)二四一頁。
(58) Okakura Kakuzo collected English writings 1, Heibonsha ltd., Publishers, 1984. 訳については『岡倉天心全集』(第一巻、平凡社、一九八〇年二月)一六頁。
(59) 岡倉天心「日本の覚醒」(『岡倉天心全集』一巻、平凡社、一九八〇年二月)二四八頁。
(60) 岡倉天心「茶の本」(『岡倉天心全集』一巻、前掲)二七〇頁。
(61) 岡倉天心「東洋の理想」(『岡倉天心全集』一巻、前掲)一〇九頁、一一二頁。
(62) 国際文化局構想については序章一節を参照。
(63) 三枝茂智『極東外交論策』(前掲)、柳沢健「国際文化事業とは何ぞや」(前掲)。
(64) 浅野晃『岡倉天心論攷』(思潮社、一九三九年一〇月)一六三頁。
(65) 大宅壮一「ジャワでの宣伝活動 (下)」(前掲)。
(66) 浅野晃『ジャワ戡定余話』(前掲)九四頁。

第七章　文化工作と物語

(1) 内閣情報局『週報』(二二八号、一九四〇年一二月十一日)。
(2) 国際文化振興会『昭和十六年度事業概要』(一九四二年六月二六日、国際交流基金JFICライブラリー所蔵資料)。
(3) 「日本文学報国会逞しき発足　一元的組織確立日本文化の創造へ」(『日本学芸新聞』一三三号、一九四二年六月一日)。

(4) 国際文化振興会「第一二五回理事会」(一九四四年一月十四日、国際交流基金JFICライブラリー所蔵資料)。
(5) 「海外向文学作品決定報告」(『国際文化』二九号、一九四四年一月)。
(6) 市古貞次、大久保正編『増訂版日本文学全史4 近世』(學燈社、一九九〇年三月)。
(7) 吉沢英明『講談作品事典』(上、中、下、講談作品事典刊行会、二〇〇八年一〇月)、同『講談作品事典 続編』(二〇一一年三月)の労作は、こうした研究基盤を整備する重要な研究と言えよう。
(8) 一八七二年の布告(教則三条)、続く省令(一八七三年教部省達十号)。
(9) 浅野晃『ジャワ戡定余話』(白水社、一九四四年一月)九四頁。
(10) 社史編纂委員会『講談社の歩んだ五十年』(明治・大正編、昭和編、講談社、一九五九年一〇月)。
(11) 社史編纂委員会『講談社の歩んだ五十年』(前掲)
(12) 高橋哲之助「雑誌に就ての一考察」(『社内報』五五号、一九三九年六月一七日、講談社所蔵資料)。
(13) 川村新次郎『非常時局と雑誌の重大使命』(大日本雄弁会講談社、一九三九年一一月、講談社所蔵資料)。
(14) 野間清治編『講談全集』(一巻、大日本雄弁会講談社、一九二八年一〇月)六、七頁。
(15) 社史編纂委員会『講談社の歩んだ五十年』(前掲)
(16) 野間清治編『少年少女講談全集』(一二巻、一九三一年一〇月、大日本雄弁会講談社)巻末広告。なお、大橋崇行「「愛国」におおわれる世界 道徳教育としての「少年講談」」(『昭和文学研究』七九巻、二〇一九年九月)は、明治末に「少年講談」が生まれていく過程を愛国という視点から解明している。
(17) 百田宗治「児童読物統制の諸問題」(『教育』六巻一〇号、一九三八年一〇月)、「児童読物の浄化」(『教育』六巻一二号、一九三八年一二月)。
(18) 佐伯郁郎『少国民文化をめぐって』(日本出版社、一九四三年一一月)一〇〇頁。
(19) 有山崧「金沢市に於ける文部省主催「読書会指導に関す研究協議会」」(『図書館雑誌』二七六号、一九四二年一一月)、梶井重雄「読書発表会 清明塾青少年文庫」(前掲)。

(20) 修身課教科書における偉人表象の調査には唐沢富太郎『世界の理想的人間像』(中央公論社、一九六三年五月)がある。
(21) 第二章における読書傾向調査一覧を参照。
(22)『少年少女講談全集』広告」(野間清治『少年少女教育講談全集』一二巻、大日本雄弁会講談社、一九三一年)。
(23) 野間清治編『少年少女教育講談全集』(三巻、一九三一年一月、大日本雄弁会講談社)一二四頁、一六〇頁。
(24) 野間清治編『少年少女教育講談全集』(一二巻、前掲)一六九頁、一七四頁。
(25) 野間清治編『少年少女教育講談全集』(四巻、一九三一年一月、大日本雄弁会講談社)二〇頁、三七頁。
(26) 野間清治編『少年少女教育講談全集』(四巻、前掲)三八〇頁、同一二巻(前掲)一七四頁。
(27) 野間清治編『少年少女教育講談全集』(一一巻、一九三一年九月、大日本雄弁会講談社)三七八頁。
(28) 野間清治編『少年少女教育講談全集』(六巻、一九三一年四月、大日本雄弁会講談社)。
(29) 土屋了子「山田長政のイメージと日タイ関係」(『アジア太平洋討究』五号、二〇〇三年三月)。
(30) 新村出監修『海表叢書』(巻五、更生閣書店、一九二八年六月)。
(31) 三木栄「山田長政の真の事蹟」(『山田長政資料集成』山田長政顕彰会、一九七四年三月)。
(32) 齋藤正謙『鐵研齋輶軒書目』(早稲田大学図書館所蔵)。
(33) 合山林太郎「近世日本における山田長政伝説と「暹羅物語」」(『文学』一六巻六号、二〇一五年一一月)。
(34) 国史講習会編『国史上疑問の人物　忠臣か逆臣か実在か伝説か』(雄山閣、一九二四年二月)。
(35) E. M. Satow, Notes on the intercourse between Japan and Siam in the seventeenth century, *Asiatic Society of Japan*, 13, 1885。イ・エム・サトー『山田長政事蹟考合』(宮内省、一八九六年)。橋本順光「ポカホンタス伝説としての山田長政物語」(『タイ国日本研究国際シンポジウム論文報告書 2014』二〇

一五年）は大鳥圭介『暹羅紀行・暹羅紀略』（工部省、一八七五年六月）のサトウの発想への影響を指摘している。

(36) 三木栄『日暹交通史考』（古今書院、一九三四年一〇月）、郡司喜一『十七世紀に於ける日暹関係』外務省調査部、一九三四年一〇月）。

(37) 内田銀三『国史総論及日本近世史』（同文館、一九二一年九月）の「暹羅日本交通史料解説」に詳しい。また、これら資料収集の経緯やタイ国立図書館での所蔵については三木栄『日暹交通史考』（前掲）が記している。

(38) 一九三五年から三七年まで『台北帝国大学文政学部史学科研究年報』に掲載された「南洋日本町の盛衰」をまとめたものが、岩生成一『南洋日本町の研究』（地人書館、一九四〇年一月）となる。

(39) 村上直次郎『六昆王山田長政』（朝日新聞社、一九四二年四月）。

(40) W・A・R・ウッド『タイ国史』（郡司喜一訳、冨山房、一九四一年一二月）。

(41) 矢野暢「山田長政神話の虚妄」（『講座東南アジア学　東南アジアと日本』弘文堂、一九九一年二月）ではこれらの海外資料の情報を山田長政に結びつけること自体に疑問を向けている。結びつき自体の妥当性は今後も問われるべき点ではあるが、ここではその結びつきを生み出した要因や、結びついた結果生じた物語の機能や役割に関心を向けている。

(42) 東恩納寛惇の一九三三年の発掘作業については東恩納寛惇『泰ビルマ印度』（講談社、一九四一年五月）。

(43) 角田喜久夫『山田長政』（同光社、一九四四年一一月）。戦時下の山田長政表象については、その映画化とあわせ、異種婚姻表象の系譜の中で位置づけた橋本順光「ポカホンタス伝説としての山田長政物語」『タイ国日本研究国際シンポジウム論文報告書 2014』（二〇一五年三月）がある。

(44) 高木義賢『山田長政』（大日本雄弁会講談社、一九四〇年三月）。

(45) 木村三郎『山田長政図南録』（大衆文芸社、一九四二年九月）四三頁。

(46) 光風館編『中学国文教科書教授備考』（修正二十三版用、巻二、一九三五年九月）には斉藤拙堂「海

外異伝」の書き下し文が収録されており、中等学校教科書で用いられていたことが確認できる。
(47) 白井喬二『山田長政　張鶱』田中宋栄堂、一九四二年七月）二一頁、三〇頁。
(48) 池田宣政『南進日本の先駆者　山田長政』三省堂、一九四一年七月）三頁。
(49) 水谷まさる『我等の偉人　第一巻』（金の星社、一九四一年五月）七〇頁。
(50) 澤田謙『山田長政と南進先駆者』（潮文館、一九四二年四月）三頁。
(51) 佐藤春夫『山田長政』（聖紀書房、一九四三年一〇月）一四一頁。
(52) 中田千畝『日泰関係と山田長政』（日本外政協会、一九四三年三月）二七頁。
(53) 澤田謙『山田長政と南進先駆者』（前掲）、三上紫郎『海の先駆者』（熊谷書房、一九四三年六月）。

第三部　流通への遠い道のり

第八章　戦時期の日系人移民地の読書空間―日本語出版情報誌から

(1) 文化協定の役割、位置づけについて検討したものとして清水雅大『文化の枢軸』（九州大学出版会、二〇一八年八月）がある。
(2) 箕輪三郎「文化協定締結ヲ提唱ス（一九三八年七月）」（JACAR：B04013433400）。
(3) 外務省文化事業部「日伯文化協定関係一件（一九四〇年）」（JACAR：B04013457900）。
(4) 青柳郁太郎『ブラジルに於ける日本人発展史　下巻』（同刊行委員会、一九四一年一二月）。
(5) 半田知雄『半田知雄日記　1940年～1943年』（サンパウロ人文科学研究所所蔵）。
(6) 青柳郁太郎『ブラジルに於ける日本人発展史　下巻』（前掲）。
(7) 半田知雄『移民の生活の歴史』（サンパウロ人文科学研究所、一九七〇年六月）。
(8) 日本移民80年史編纂委員会『ブラジル移民八十年史』（移民80年祭祭典委員会、一九九一年六月）。
(9) Edward Mack「日本文学の「果て」サンパウロの遠藤書店」（『立命館言語文化研究』二〇巻一号、二〇〇八年九月）。

(10) 日本移民80年史編纂委員会『ブラジル移民八十年史』（前掲）。

(11) パウリスタ新聞社『コロニア五十年のあゆみ』（パウリスタ新聞社、一九五八年一〇月）。

(12) 半田知雄『移民の生活の歴史』（前掲）。

(13) 『アバレー時報』（一九三六年五月一〇日）、同（一九三七年六月一〇日）の掲載広告より。

(14) 「アバレーに入る雑誌一ヶ月に二百五十冊」（一九三七年九月一〇日『アバレー新聞』）。

(15) Edward Mack, Diasporic Markets: Japanese Print and Migration in São Paulo, 1908-1935, *Bulletin of the Bibliographical Society of Australia and New Zealand*, 29, 2006.

(16) 『ブラジル時報』掲載の記事（一九二二年一月一三日、一九二一年一二月二日）からその経緯をうかがうことができる。

(17) 「国際文化局設置理由説明書」（外務省文化事業部、一九三三年八月、国立国会図書館松本学関係文書、R二三・二九二）。

(18) 外務省文化事業部「昭和六年　伯国ニ於ケル外国人文化事業ノ概要（一九三一年六月）」（JACAR：B10070612600）。

(19) 「アリアンサ読書会生る」（『アリアンサ時報』一九三九年八月二二日）。

(20) 第三アリアンサ移住地開拓六十年記念写真集編纂委員会『第三アリアンサ移住地開拓六十年記念写真集』（第三アリアンサ区長会、一九九〇年三月）。

(21) 二〇一〇年頃までは存在が確認できたが、その後廃棄された（嶋崎正男、著者による聞き取り。二〇一九年九月二一日）。

(22) 根川幸男『ブラジル日系移民の教育史』（みすず書房、二〇一六年一〇月）。

(23) 『ブラジル時報』（一九三六年八月五日）。

(24) 無署名「青年巡回文庫図書到着」（『アバレー新聞』一九三六年一〇月二五日）や無署名「教育普及会編纂教科書当アバレーに到着」（『アバレー新聞』一九三七年二月二〇日）。

(25) サンパウロ市父兄教育会は、一九三六年三月に日本人教育普及会に改組する。さらに三七年一〇月には日本人文教普及会となる。
(26) 安藤全八「図書難」(『文化』一号、一九三八年一一月)。
(27) 遠藤常三郎は「渡泊当時を顧みて」(『文化』七号、一九三九年六月)を執筆している他、「座談会　子弟の教育を語る」(『文化』二号、一九三八年一二月)に参加している。
(28) 半田知雄『移民の生活の歴史』(前掲)。
(29) 関口次郎「良書によつて思想を養へ　特に農村青年及び学生諸君に望む」(『文化』九号、一九三八年一一月)。
(30) 半田知雄『半田知雄日記　1938~39-1940』(サンパウロ人文科学研究所所蔵)による。
(31) 香山六郎『移民四十年史』(香山六郎、一九四九年一一月)三一五頁。
(32) 細川周平『日系ブラジル移民文学Ⅰ』(みすず書房、二〇一二年一二月)六九頁。
(33) 馬場秀吉「新設の遠藤書店印刷所に働く」(『力行世界』三八〇号、一九三六年八月)。遠藤は日本力行会の出身者である。
(34) 「講談社の絵本」広告」(『文化』二号、一九三八年一二月)。
(35) 入選の発表は八号でなされ、入選者十名には雑誌『文化』一年分が贈呈されることになっていたが、『文化』は次の九号で終巻を迎える。
(36) 半田知雄、他七名「第二世諸君と日本文化を語る」(『文化』一号、一九三八年一一月)。
(37) 久松潜一「源氏物語と大和魂」(『文化』四号、一九三九年二月)。
(38) 無署名「文化随想」(『文化』四号、一九三九年二月)。
(39) 安藤全八「ブラジル永住の文化史的新課題」(『文化』八号、一九三九年七月)や半田知雄「永住と混血の問題」(『文化』六号、一九三九年四月)。
(40) 遠藤書店「第一回植民文学賞について」(『文化』四号、一九三九年二月)。
(41) 「編集室」(『文化』四号、一九三九年二月)。

（42）呉佩珍「ナショナル・アイデンティティとジェンダーの揺らぎ」（筑波大学文化批評研究会編『〈翻訳〉の圏域：文化・植民地・アイデンティティ』同会刊、二〇〇四年二月）や、当時の移民表象との差異性を浮き彫りにする内藤千珠子「目に見えない懲罰のように　一九三六年、佐藤俊子と移動する女たち」（『検閲の帝国』新曜社、二〇一四年八月）で問題化されている。

（43）田村俊子「侮蔑」（『文藝春秋』一六巻二二号、一九三八年一二月）。

（44）日比嘉高「国際スポーツ・イベントによる主体化　一九三二年のロサンゼルス・オリンピックと田村（佐藤）俊子「侮蔑」」（『名古屋大学文学部研究論集　文学』六二号、二〇一六年三月）。

（45）式場隆三郎「文芸時評　2」（『東京日日新聞』一九三八年一二月四日夕刊）。

（46）佐々木剛二「統合と再帰性　ブラジル日系社会の形成と移民知識人」（『移民研究年報』一七号、二〇一一年三月）。

（47）「新法令に準じて「文化」の編集方針を改新」（『文化』八号、一九三九年七月）。

（48）ポルトガル語部分の翻訳にあたって、Dayne Alvarez, Helena M. Xavier, Murio Furlan Melio の協力を得た。

（49）香山六郎『移民四十年史』（前掲）。

（50）これは一九三七年に古川猛がアルゼンチンで行った日本文化研究所（Instituto Cultural Argentino Japonés）での日本文学史講義のスペイン語版をもとにしたものと思われる。同講義は一九三八年に刊行されている（Furukawa Takeshi, *Literatura japonesa*, Instituto cultural argentino-japonés, 1938）。

（51）Tomodaxi, Haikais Brasileiros, vol. 5, March 1939, *Revista Cultural e Literária.*, Tomodaxi, O Brasil e os Filhos de Japonêses, vol. 7, June 1939, *Revista Cultural e Literária.*

第九章　戦争表象を引き継ぐ――『城壁』の描く南京大虐殺事件

（1）南京事件調査研究会『南京事件資料集　一　アメリカ関係資料編』（青木書店、一九九二年一〇月）。

洞富雄編『日中戦争南京大残虐事件資料集　二　英文資料編』（青木書店、一八八五年一一月）に訳出、解説されている。

（2）H.J. Timperley ed., *What war means : the Japanese terror in China*, Victor Gollancz, 1938.

（3）H.J. Timperley, *Ce que signifie la guerre, la terreur japonaise en Chine*, traduit de l'anglais par l'abbé Gripekoven et M. Harfort Amitiés chinoises.

（4）洞富雄編『日中戦争南京大残虐事件資料集　二　英文資料編』（前掲）三頁。なお、洞は『近代戦史の謎』（人物往来社、一九六七年十月）や『南京事件』（同、一九七二年四月）で『城壁』がティンパーリーの著書の日本語訳を用いたことにも言及している。

（5）榛葉英治『城壁』（河出書房新社、一九六四年一一月）。なお、この小説は『城壁』（文学通信、二〇二〇年六月）として復刊されている。

（6）この小説がほとんど研究されていない中、『城壁』を『生きてゐる兵隊』、『時間』を継承した作ととらえ、その多元的な視点を評価する陳童君「南京虐殺事件の戦後日本文学表現史」（『中国研究月報』二〇一八年一二月）は重要な研究と言えよう。

（7）榛葉英治『八十年現身の記』（新潮社、一九九三年一〇月）あとがき。

（8）榛葉英治『赤い雪』（和同出版社、一九五八年二月）、同『極限からの脱出』（読売新聞社、一九七一年八月）、同『満州国崩壊の日』（上、下巻、評伝社、一九八二年一一月）。

（9）『アウシュビッツの女囚』（原題「The Last Stage」、ポーランド、一九四八年、ワンダ・ヤクボフスカ監督）。

（10）榛葉英治『八十年現身の記』（前掲）二四二頁。

（11）榛葉英治はティンバーリイ『外国人の見た日本軍の暴行』（訳者不詳、評伝社、一九八二年一一月）「解説」では「旧軍人の団体から、編集部宛に、掲載中止の申し入れがあり、これは実行された」と記している。

（12）笠原十九司・吉田裕編『現代歴史学と南京事件』（柏書房、二〇〇六年三月）。

(13) 榛葉英治『城壁』(前掲) あとがき。
(14) 杉山平助『支那と支那人と日本人』(改造社、一九三八年五月)。
(15) 改変箇所の対照関係については和田敦彦「解説」(『城壁』前掲、文学通信版)で詳しく論じている。
(16) ミニー・ヴォートリン『南京事件の日々』(岡田良之助・伊原陽子訳、大月書店、一九九九年一一月)。
(17) エルヴィン・ヴィッケルト『南京の真実』(平野卿子訳、講談社、一九九七年一〇月)。
(18) 洞富雄編『日中戦争史資料 9 南京事件2』(河出書房新社、一九七三年一一月)。
(19) ティン・バーリイ『復刻版 外国人の見た日本軍の暴行』(龍渓書舎、一九七二年二月)。この復刻版には使用原本などの書誌的な説明や解説は付されていない。
(20) 榛葉英治『極限からの脱出』(前掲) 二四〇頁。
(21) 成田龍一『「戦争経験」の戦後史 語られた経験/証言/記憶』(岩波書店、二〇一〇年二月)は男性の引揚げ手記には引揚げの道程は描かれない傾向にあると述べる。
(22) 高碕達之助『満州の終焉』(実業之日本社、一九五三年七月)、渋川哲三『高碕達之助伝』(ダイヤモンド社、一九六六年六月)。
(23) 一九四五年八月一九日に長春日本人居留民会(新京日本人会、小野寺直助)が結成され、各地の日本人会を統括する組織として在満邦人救済委員会(満州日本人救済総会、高碕達之助)が作られる。
(24) 「あとがき」(『ソ連強制収容所』評伝社、一九八一年一二月)、朔北会『朔北の道草 ソ連長期抑留の記録』(朔北会、一九七七年二月)。
(25) 榛葉英治『ソ連強制収容所』(評伝社、一九八一年一二月)二六四頁、同『満州国崩壊の日』(下、評伝社、一九八二年一二月)二九一頁。
(26) 原文は英語。粟谷憲太郎・吉田裕編『国際検察局(IPS)尋問調書』(第五〇巻、日本図書センター、一九九三年八月)。
(27) 笠原十九司「日本の文学作品に見る南京虐殺の記憶」(都留文科大学比較文化学科編『記憶の比較文化論』(柏書房、二〇〇三年二月)所収)。

(28) 『生きてゐる兵隊』の検閲や流通の過程については近年でも牧義之『伏字の文化史』(森話社、二〇一四年一二月)や河原理子『戦争と検閲』(岩波書店、二〇一五年六月)で、その描き方については五味渕典嗣『プロパガンダの文学』(共和国、二〇一八年五月)でも関心が向けられている。

(29) 堀田善衛・佐々木基一「創作対談　日本・革命・人間」(『新日本文学』一〇巻六号、一九五五年六月)。

(30) 陳童君(前掲論)は、中国人側の視点が描かれていることも評価しているが、日本人将兵、南京安全区国際委員会側と拮抗するほどの視点構成になっているとは言いがたい。

(31) 『時間』の引用は『堀田善衛全集』(筑摩書房、一九九三年六月)による。

(32) 戦記ブームとこの時期の戦争観については、吉田裕『日本人の戦争観』(岩波書店、一九九五年七月)を参照。

(33) 笠原十九司『増補　南京事件論争史』(平凡社、二〇一八年一二月)一〇七頁。

(34) 榛葉英治「伏字と発禁」(『ザ・ドリンクス』一九七三年三月)。

(35) 「小説新潮賞」は「中間小説」を対象とする賞で、この年の選考委員は石坂洋次郎、平林たい子、井上友一郎、広津和郎、井上靖、円地文子、丹羽文雄、今日出海、船橋聖一で、受賞作は芝木好子「夜の鶴」となった。

(36) 円地文子「小説新潮賞選後評」(『別冊小説新潮』一八巻二号、一九六六年二月)。

(37) 朴裕河『引揚げ文学論序説』(人文書院、二〇一六年一一月)。

(38) こうした点は、すでに同時代評で、河上徹太郎「文芸時評　上」(『読売新聞』一九六四年七月二七日夕刊)や平林たい子(「小説新潮賞選後評」前掲)が批判している。

(39) 榛葉英治『城壁』(前掲、文学通信版)九九頁、一八三頁、二三六頁。

終章　書物の流れを追いかけて

(1) 拙著『読書の歴史を問う』(改訂増補版、文学通信、二〇二〇年八月)。

（2）拙著『書物の日米関係』（新曜社、二〇〇七年二月）、同『越境する書物』（新曜社、二〇一一年八月）。

（3）Tham Wai Fong（シンガポール国立大学）、二〇一四年一月一七日、著者による聞き取り。

（4）南洋大学は一九五三年にシンガポールにできた中国語による高等教育機関。三二万冊の図書を蔵しており、一九八〇年にシンガポール大学の蔵書に組み込まれている。University of Singapore, *Nineteenth Annual Report, 1979–1980*, University of Singapore.

（5）江川淑夫の寄贈日本語資料はシンガポールの東南アジア研究図書館（ISEAS Library）にも所蔵されている。それぞれに目録が刊行されている。Janice Loo, *The Toshio Egawa Collection at the National Library Sigapore, National Library Board Singapole*, 2016. ISEAS Library, ISEAS-Yusof Ishak Institute, *Toshio Egawa Private Archive Collection in the ISEAS Library, Singapore: A Catalogue*, 2017.

（6）一九九〇年代のデータでは、日本研究を行うマニラの七大学をもとにした調査で、日本語図書は総計でも六八四五冊である。Porpirio G. Liwanag, *Japanese Studies Resrources in Selected Academic Libraries in Metro Manila Area*, Istitute of Library Science, University of the Philippines Dilman.

（7）三木栄『日暹交通史考』（古今書院、一九三四年一〇月）。

（8）杉野一夫（シンガポール日本人会）、二〇一四年一月一六日、著者による聞き取り。山下賢祐（クアラルンプール日本人会）、二〇一四年一月一九日、著者による聞き取り。

（9）シンガポール日本人会『「南十字星」記念復刻版』（シンガポール日本人会、一九七八年三月）。

あとがき

本書のもととなっている調査で、最後の海外調査はちょうど二年前、二〇一九年の冬、ジャカルタとタイとを回っての調査である。二〇一三年から進めてきた調査がほぼ完了したその直後、パンデミックで海外渡航は困難となり、今日に至っている。それからの時間は、遠くに調査に出かけることが難しくなったので、これまでの調査データをまとめて、分析するための時間にあて、本書を仕上げていった。パンデミックにならなければ、追加の海外調査や収集資料が積み重なって、こうした本の形で研究がまとまるのはもっと先になったのかもしれない。

大学と自宅をひたすら行き来するのみの毎日ではあったが、本書を書き、まとめている間、私の心は世界各地を回ることができた。それぞれの場所で調べた資料を整理したり、見直したりしながら、出会った人たちや場所を思い起こす貴重な時間でもあったと思う。再びこれらの地へと実際に調査に行くことができる日はいつくるのだろう。今のところそれははっきりとはしないが、私自身が行くかわりに、とりあえず今はこの本だけでもそれらの場所に届けることができれば嬉しい。

本書の調査、執筆にあたって、数多くの人々の情報提供や調査協力を頂いた。海外では東南アジア各国やブラジルの多くの機関にお世話になった。機関として多くの方々に協力頂いたのは、国際交流基金、ベトナム社会科学院、インドネシア国立図書館、サンパウロ大学である。国際交流基金では、JFライブラリーの栗田淳子氏を通して、東南アジア各地の国際交流基金の日本文化センターやアジアセンターの方々を紹介頂いて、さらにそこから各地の機関につないで頂いた。ブラジルでの調査でも、調査機関以外で、慣れない場所での調査を陰に陽に支えて頂いたのは橋本りか氏をはじめとするサンパウロ大学の教員や学生の皆さんだった。

また、東京外国語大学日本研究センターでは、旧言語文化研究所関係資料（戦前・戦中・占領期日本語教育資料）を、講談社資料センターでは講談関係の雑誌や社内資料等を利用する便宜をはかって頂いた。アリアンサ移住記念館（北原地価造・輪湖俊午郎記念館）で調査のみならず宿泊や食事もさせて頂いたことも忘れがたい。そしていつもながら、所属する早稲田大学図書館には特別資料室をはじめ多くの協力を頂いた。校正の段階では、小関有希氏にご協力頂いた。こうした人々や機関のおかげで、ようやくここまで調査をまとめることが可能となった。

こうした基礎調査の常として、調べたことのすべてがうまく研究に生かせるわけではない。むしろ集まった膨大なデータの中で、活字の形になっていくのはごく一部分でしかない。せっかく協力を頂きながらも、本書では残念ながら生かすことの出来なかった情報も数多い。

多くの方々にご協力頂いたが、ここでは本書で活用させて頂いた資料や情報を中心に、以下、協力者を記しておきたい。括弧内は、調査時、またはかつての所属・関係機関となる（敬称略）。

市川利雄（ブラジル富山県人会）／内田裕（国際交流基金）／栗田淳子（国際交流基金）／小塚昌弘（講談社）／後藤愛（国際交流基金）／島崎正雄（第三アリアンサ）／清水邦俊（サンパウロ人文科学研究所）／杉野一夫（シンガポール日本人会）／高取秀司（国際交流基金）／高山儀子（サンパウロ人文科学研究所）／友常勉（東京外国語大学国際日本研究センター）／堀川光一（国際交流基金）／山口学（国立国会図書館）／山下賢祐（クアラルンプール日本人会）／弓場稔子（弓場農場）／吉岡憲彦（国際交流基金）／Asmadi Bin Hassan（マラヤ大学）／Bui Thi Thai（ベトナム社会科学院）／Dyah Cantik（インドネシア国立図書館）／Gracie Lee（シンガポール国立図書館）／Ho Si Qui（ベトナム社会学院）／Hongphanith Phoukham（ラオス国立図書館）／Kanlayanee Sitasuwan（チュラロンコーン大学）／Le Thi Lan（ベトナム社会科学院）／Le Thi Thu Trang（ベトナム国立図書館）／Nguen Duong Do Quyen（ベトナム社会科学院）／Nguyen Tien Luc（ホーチミン国家大学人文社会科学大学）／Sirimonporn Suriyawongpaisal（チュラロンコーン大学）／Tacs G. Landa（フィリピン大学アジアセンター）／Teguh Purwanto（インドネシア国立図書館）／Tham Wai Fong（シンガポール国立大学）／Vu Hung Cuong（ベトナム社会科学院）／

Yeni Budi Rachman（インドネシア大学）

なお、本書は半分ほどを書き下ろしで、それ以外に以下の拙論をもととして作っている。ただ、以下のいずれも本書の執筆にあたって大幅な加筆や、部分的な利用、構成やデータの修正・補完を行っている。

「戦時下早稲田大学の国文学研究　再編される学知とその流通」（『日本文学』六八巻九号、二〇一九年九月）

「サンパウロ遠藤書店刊行『文化』の位置付・総目次」（『リテラシー史研究』一三号、二〇二〇年一月）

「ベトナム社会科学院所蔵・旧フランス極東学院日本語資料調査 共同研究成果報告」（『リテラシー史研究』一二号、二〇一九年一月）。

「日本占領下インドネシアの日本語文庫構築と翻訳事業」（『日本文学の翻訳と流通　近代世界のネットワークへ』勉誠出版、二〇一八年一月）

「図書館蔵書から読書の歴史を探る　日本占領期インドネシアの日本語図書から」（『日本文学』六五巻一一号、二〇一六年一一月）。

「解説　榛葉英治の難民小説」（『城壁』文学通信、二〇二〇年六月）。

「読書傾向調査の系譜　図書推薦制度から国民読書運動へ」(『戦時期早稲田大学読書傾向調査』(不二出版、二〇二一年一二月)。

Reading Spaces in Japanese-Occupied Indonesia: The Project to Create and Translate a Japanese-Language Library, *The Edinburgh History of Reading: Subversive Readers*, Edinburgh University Press, 2020

また、本書のもととなった調査や研究は科学研究費補助金(基盤研究C)「日本語文献の海外流通から見た第二次世界大戦期日本の文化戦略に関する研究」(二〇一九〜二〇二三年)、同「近・現代東南アジア地域における日本語文献の受容・流通についての研究」(二〇一六〜二〇一八年)、国文学研究資料館共同研究「ベトナム社会科学院所蔵旧フランス極東学習資料についての研究」(二〇一五〜二〇一七年)の支援を受けた。

本書の刊行にあたっては、ひつじ書房の松本功氏、海老澤絵莉氏にお世話になった。今から二五年ほど前、はじめて自身の本を形にしてくれた出版社でもある。今回の出版は、本の形、価格を含めてかなりはっきりとした出したい本のイメージが自身にはあった。それを受けとめて形にして頂いたひつじ書房に心より感謝したい。(二〇二一年一一月)

ら

ろ

わ

人名索引

す

せ

そ

た

ち

事項索引

【著者紹介】

和田敦彦（わだ あつひこ）

〈略歴〉1965年生まれ。早稲田大学大学院文学研究科博士課程単位取得退学。博士（文学）。早稲田大学教育・総合科学学術院教授。
〈主な著書〉『読むということ』（ひつじ書房、1997）、『メディアの中の読者』（ひつじ書房、2002）、『書物の日米関係』（新曜社、2007）、『越境する書物』（新曜社、2011）、『読書の歴史を問う』（改訂増補版、文学通信、2020）ほか。

未発選書　第30巻

「大東亜」の読書編成
— 思想戦と日本語書物の流通

Reforming the Systems of Reading for the Greater East Asia:
Thought War and Book Distribution
WADA Atsuhiko

発行	2022年 2 月 15 日　初版 1 刷
定価	2900円＋税
著者	© 和田敦彦
発行者	松本功
装丁者	中垣信夫＋中垣呉（中垣デザイン事務所）
印刷所	日之出印刷株式会社
製本所	株式会社 星共社
発行所	株式会社 ひつじ書房
	〒112-0011 東京都文京区千石 2-1-2 大和ビル 2F
	Tel.03-5319-4916　Fax.03-5319-4917
	郵便振替 00120-8-142852
	toiawase@hituzi.co.jp　https://www.hituzi.co.jp/

ISBN978-4-8234-1129-8